教育部高等学校统计学类专业教学指导委员会推荐教材

21世纪统计学系列教材

Econometrics
计量经济学

李占风　孟德峰　编著

北京大学出版社
PEKING UNIVERSITY PRESS

图书在版编目(CIP)数据

计量经济学/李占风,孟德峰编著. —北京:北京大学出版社,2016.10
(21 世纪统计学规划教材)
ISBN 978-7-301-27402-6

Ⅰ.①计⋯ Ⅱ.①李⋯②孟⋯ Ⅲ.①计量经济学—高等学校—教材 Ⅳ.①F224.0

中国版本图书馆 CIP 数据核字(2016)第 189316 号

书　　　名	计量经济学 JILIANG JINGJIXUE
著作责任者	李占风　孟德峰　编著
责 任 编 辑	尹照原
标 准 书 号	ISBN 978-7-301-27402-6
出 版 发 行	北京大学出版社
地　　　址	北京市海淀区成府路 205 号　100871
网　　　址	http://www.pup.cn　新浪微博:@北京大学出版社
电 子 信 箱	zpup@pup.cn
电　　　话	邮购部 62752015　发行部 62750672　编辑部 62752021
印 刷 者	三河市北燕印装有限公司
经 销 者	新华书店
	787 毫米×980 毫米　16 开本　17.25 印张　356 千字 2016 年 10 月第 1 版　2016 年 10 月第 1 次印刷
定　　　价	45.00 元

未经许可,不得以任何方式复制或抄袭本书之部分或全部内容。
版权所有,侵权必究
举报电话:010-62752024　电子信箱:fd@pup.pku.edu.cn
图书如有印装质量问题,请与出版部联系,电话:010-62756370

"21世纪统计学规划教材"编委会

主　编：何书元
编　委：（按姓氏拼音排序）
　　　　房祥忠　金勇进　李　勇　唐年胜
　　　　王德辉　王兆军　向书坚　徐国祥
　　　　杨　瑛　张宝学　朱建平

内 容 简 介

　　本书是"计量经济学"课程的入门教材,主要介绍本科"计量经济学"课程的基础知识。本书共分为八章,并配有三个附录。

　　第一章为绪论,主要向读者介绍计量经济学的产生和发展历程,以及计量经济学的内容体系;第二章和第三章主要向读者介绍经典的计量经济模型,内容包括一元线性回归模型和多元线性回归模型;第四章主要向读者介绍违背经典假设的计量经济模型;第五章到第七章主要介绍三种专用计量经济模型,内容包括:虚拟变量模型、滞后变量模型和联立方程模型;第八章主要向读者介绍时间序列计量经济模型。

　　除了以上八章内容,本书还配有三个附录:附录一主要介绍本书所需的一些统计学的基础知识;附录二向读者介绍了计量经济分析软件包EViews的基础知识和操作;附录三汇总了一些统计表,方便读者查询数据。

　　本书针对的读者对象主要是初学计量经济学的统计学、经济学、工商管理学的学生和教师,以及实际的经济工作者。本书内容深入浅出,以实际应用计量模型的训练为主要目的,通过本书的学习达到具备实证分析的能力。因此,读者只要具有高等数学和统计学的基础知识,就可以学习本书。而一些烦琐的理论证明和解释,都放在了附录里,教师可以依据课时情况考虑是否讲授。

前　　言

现代计量经济学是一门经济理论与社会实际紧密结合的学科，需要大量运用统计学知识和统计软件。得益于计算机技术的飞速发展，使我们在分析数据时更加准确快捷。因此计量经济学已成为统计学与经济管理类本科学生必修的课程。

本科计量经济学课程的教学目的是使学生掌握计量经济学的基本方法，并能应用学到的计量分析知识解决实际问题。因此，本教材主要以基础计量经济学的内容为主，同时介绍一些计量经济学中应用较广的现代计量经济理论。书中主要介绍了经典计量经济模型、违背经典假定的计量模型和专用计量经济模型（虚拟变量模型、滞后变量模型、联立方程模型和时间序列模型）。在讲述理论知识的同时，书中还配有说明计量经济学原理的设定数据案例，让学生理解计量分析的原理；也有依据实际数据的案例，有利于学生掌握解决问题的计量经济方法。

本书的编写目标是简明易懂，重点在于实证分析的应用。在教授学生计量经济学的思想、方法的基础上，以获得实践分析能力为目的，重点培养学生实际应用能力，保证学生学习之后，能熟练应用统计软件对数据进行计量经济分析。因此，本书在内容安排上保留了少量必要的理论证明和推导，重要的理论证明和推导都以各章的附录形式出现。本书可为经济和管理类专业计量经济学课程使用，同时也适合统计学专业计量经济学课程使用，适用于高等学校本科 40—50 左右学时选用。

计量经济学的学习需要一定的统计学基础知识与软件的应用能力，为此本书在附录添加了统计学基础和 EViews 软件说明的内容。需要补充这两方面知识的读者可以参考学习。

本书由中南财经政法大学统计与数学学院李占风教授、广西师范大学经济管理学院孟德峰博士编写。在本书的编写过程中，作者参考了一些国内出版的其他书籍，借用了一些案例，引用了一些观点，在此谨向有关参考书的作者表示感谢。由于数据所限，本书所列的各省份数据均为全国除港、澳、台以外的 31 个省级行政区。

由于作者水平所限，书中难免会有不足之处，恳请读者批评指正。

李占风

2016 年 1 月于武汉

目 录

第一章　绪论 ·· 1

　§1.1　计量经济学的产生和发展 ·· 1

　§1.2　计量经济学的内容体系 ·· 3

　练习题一 ·· 8

第二章　一元线性回归模型 ·· 9

　§2.1　回归分析的相关概念 ·· 9

　§2.2　一元线性回归模型 ·· 11

　§2.3　最小二乘估计 ·· 16

　§2.4　置信区间与假设检验 ·· 28

　§2.5　回归分析结果的报告与评价 ·· 35

　§2.6　回归分析的应用——预测 ·· 36

　§2.7　应用案例 ·· 40

　练习题二 ·· 42

第三章　多元线性回归模型 ·· 45

　§3.1　多元回归模型的定义 ·· 45

　§3.2　最小二乘估计 ·· 50

　§3.3　多元线性回归模型的检验 ·· 59

　§3.4　回归模型的函数形式 ·· 64

　§3.5　多元回归模型的设定偏误 ·· 72

　练习题三 ·· 75

第四章　违背经典假定的回归模型 ·· 78

　§4.1　异方差性 ·· 78

　§4.2　自相关 ·· 87

　§4.3　多重共线性 ·· 100

　§4.4　随机解释变量 ·· 107

附录 4.1　加权最小二乘法的基本原理 …………………………………… 113
　　附录 4.2　DW 统计量的推导过程 ………………………………………… 114
　　附录 4.3　多重共线性所引起的后果 ……………………………………… 116
　　附录 4.4　随机解释变量对最小二乘法估计的影响 ……………………… 117
　　练习题四 …………………………………………………………………… 118

第五章　虚拟变量模型 …………………………………………………… 122
　　§5.1　虚拟变量的设定 …………………………………………………… 122
　　§5.2　虚拟解释变量模型 ………………………………………………… 123
　　§5.3　分段回归模型 ……………………………………………………… 128
　　§5.4　二元选择模型 ……………………………………………………… 131
　　练习题五 …………………………………………………………………… 137

第六章　滞后变量模型 …………………………………………………… 139
　　§6.1　滞后变量模型的概念 ……………………………………………… 139
　　§6.2　分布滞后模型 ……………………………………………………… 141
　　§6.3　自回归模型 ………………………………………………………… 147
　　§6.4　格兰杰因果关系检验 ……………………………………………… 153
　　附录　自回归模型随机干扰项对普通最小二乘估计的影响 …………… 156
　　练习题六 …………………………………………………………………… 157

第七章　联立方程模型 …………………………………………………… 160
　　§7.1　联立方程模型的概念 ……………………………………………… 160
　　§7.2　联立方程模型的识别 ……………………………………………… 163
　　§7.3　联立方程模型的估计 ……………………………………………… 168
　　附录　联立方程模型估计量的统计性质 ………………………………… 175
　　练习题七 …………………………………………………………………… 177

第八章　时间序列计量经济模型 ………………………………………… 179
　　§8.1　时间序列的基本概念 ……………………………………………… 179
　　§8.2　单整、趋势平稳与差分平稳随机过程 …………………………… 184
　　§8.3　时间序列模型 ……………………………………………………… 185
　　§8.4　协整与误差修正模型 ……………………………………………… 194
　　练习题八 …………………………………………………………………… 198

附录一　统计学基础知识 ·· 199

　§A1.1　随机变量 ·· 199

　§A1.2　随机变量的几种重要的分布 ································ 203

　§A1.3　大数定律与中心极限定理 ···································· 206

　§A1.4　参数估计 ·· 209

　§A1.5　估计量的评价 ·· 214

　§A1.6　假设检验 ·· 217

　§A1.7　物价和物量 ·· 220

　§A1.8　指数 ·· 223

附录二　计量经济分析软件包 EViews 基础 ························ 227

　§A2.1　EViews 软件使用初步 ·· 227

　§A2.2　线性回归分析 ·· 238

附录三　统计表 ··· 248

　表 A3.1　标准正态分布表 ··· 248

　表 A3.2　t 分布表 ··· 250

　表 A3.3　χ^2 分布表 ··· 252

　表 A3.4　F 分布表 ··· 254

　表 A3.5　DW 检验临界值表 ·· 259

　表 A3.6　EG 和 AEG 检验临界值表 ······························· 260

参考文献 ·· 261

第一章 绪 论

§1.1 计量经济学的产生和发展

在现代经济学、管理学和社会学等相关学科的研究中,普遍用到定量分析方法。计量经济学是进行定量分析的主要学科。为了深入学习计量经济学的理论与方法,需要从总体上对计量经济学的性质、沿革、研究方法等进行讨论,便于读者全面了解计量经济学的理论体系和分析程序。

一、计量经济学的产生与发展

计量经济学(econometrics),又称为经济计量学,是由挪威经济学家、第一届诺贝尔经济学奖得主拉格纳·弗瑞希(Ragnar Frisch)1926 年仿照"生物计量学"(biometrics)一词提出的。1930 年,一些国家的经济学家在美国的克里夫兰市成立了国际计量经济学会,学会的宗旨是"为了促进经济理论在与统计学和数学的结合中发展的国际学会"。1933 年 1 月,该学会创办了《计量经济学》学术刊物。在《计量经济学》的创刊号上弗瑞希对什么是计量经济学作了详细的阐述:"对经济的数量研究可以从好几个方面着手,但任何一方面都不能与计量经济学混为一谈。计量经济学与经济统计学决非一码事,它也不同于我们所说的一般经济理论,尽管经济理论大部分具有确定的数量特征;计量经济学也不应视为数学应用于经济学的同义语。经验证明,统计学、经济理论和数学三个方面观点之一是实际理解现代经济生活中数量关系的必要条件,但任何一种观点本身都不是充分条件。这三者的统一才是强有力的工具,正是由于这三者的结合才构成了计量经济学。"

荷兰经济学家、第一届诺贝尔经济学奖另一得主丁伯根(J·Timbergen)1951 年指出:"计量经济学的范围,也包括用数学表示那些从统计检验观点所做的经济假设和对这些假设进行统计检验的实际过程。"

第二届诺贝尔经济学奖得主保罗·萨缪尔森(Paul. A. Samuerson)给计量经济学下的定义为:"计量经济学运用数理统计知识分析经济数据,对构建于数理经济学基础上的数学模型提供经验支持,并得出数量结果。"

1980 年诺贝尔经济学奖得主劳伦斯·克莱因(Lawrence. R. Klein)将计量经济学定义为:"计量经济学是数学方法、统计技术和经济分析的综合。就其字义来说,计量经济学不仅是指对经济现象加以测量,而且包含根据一定的经济理论进行计算的意思。"

威廉·格林(William. H. Greene)给出的计量经济学定义为:"计量经济学是经济学的

一个领域,它运用数理统计和统计推断工具对经济理论所假定的关系进行实证研究。"

计量经济学自从 20 世纪 30 年代成为一门独立的学科以来发展很快,已经在经济学科中占有很重要的地位,是一门从数量上研究具有随机性特征的经济关系、经济活动规律的应用科学。在发展初期的十多年中,以弗瑞希的《用完全回归体系的统计合流分析》、特里夫·哈维默的《经济计量学的概率研究方法》为标志,计量经济学方法体系基本上建立起来。之后计量经济学家们提出了二阶段最小二乘法、分布滞后处理方法、ARMA 模型、VAR 模型、协整理论、面板数据模型等现代研究理论与方法等,尤其是计算机的发展和应用,使大量复杂的计量经济模型得以建立和使用,从而促进了计量经济学理论和应用进入了一个新的发展阶段。

近些年来,计量经济学理论和方法都有了长足发展,首先,计算机快速发展和广泛应用,新的计算方法大量提出,计量经济模型的应用规模越来越大和复杂;其次,更为重要的是非经典计量经济学的理论和应用有了新的突破;最后,微观计量经济学、非参数计量经济学、时间序列计量经济学和动态计量经济学等的提出,使计量经济学产生了新的理论体系。协整理论、面板数据、博弈论、贝叶斯方法等理论在计量经济学中的应用已成为新的研究课题。计量经济学的应用和发展为现代经济学的发展奠定了良好的基础。几乎所有的经济学家都要应用计量经济学方法,所有的经济理论成果也都体现了计量经济学的最新成果。正像美国著名的经济学家萨缪尔森所说:"第二次世界大战后,经济学是计量经济学的时代。"

二、计量经济学与相关学科的关系

计量经济学就其学科的性质而言,是与经济学、统计学和数学密切相关的一门交叉学科。计量经济学可以涉及经济学的一切领域,但它不同于经济学;它利用统计资料,但它不同于经济统计学;它应用数学、数理统计方法,但又完全区别于数学和数理统计学。

经济理论和数理经济学之间没有本质的区别。两者都以精确的方式表达经济行为的关系,不过经济理论用文字叙述,数理经济学则用数学符号表达。在这些表达中,无论是经济理论,还是数理经济学,一般都不考虑影响经济行为发生变化的随机因素,也不为表达经济行为的方程式参数提供具体数值。计量经济学如同数理经济学一样,需用数学符号表明经济变量之间的数量关系,但它并不假定这种经济关系是精确的。在数学表达式中只列出起主要作用的经济变量,并含有一个表示随机变化的随机误差项,利用统计资料,应用数学、数理统计方法和计量经济学特有的方法给表达式参数以具体的估计值。

经济统计学是指对经济统计资料的收集、加工和整理,并列表图示,以描述在整个观察期间的发展变化形式。经济统计学在经济现象的数量研究中,侧重于对经济行为的描述,它对各种经济变量的发展不作推测,也不对反映经济变量关系的参数进行估计。

数理统计学是一门以概率论为基础,研究随机现象规律性的学科。它是由在实验室进行可控试验发展起来的,偏重于纯粹的数学推导。对它的结论,事先规定了一些严格的条件和假定,若不满足这些条件和假定,就不能应用这些结论。我们知道经济关系中的数据是不能按照控制试验的方法得到的,例如在研究需求量与收入的关系时,谁也无法让价格、消费和人们的偏好等因素保持不变。因此,研究经济现象只能认为它粗略地满足数理统计的一些假设条件,但它仍具有自身特殊的统计规律。所以在测度经济问题时,需要有一种特殊的数理统计方法,这就是计量经济学方法。

计量经济学与数学有密切的关系,但又有本质的区别。由于计量经济学运用到较多的数学知识,数学为计量经济理论和方法的发展提供基础,但不能将计量经济学等同于数学。数学研究的是抽象的数量规律,计量经济学则是研究具体的、实际现象的数量规律;数学研究的是没有量纲或计量单位的抽象的数,计量经济学研究的是有具体实物或计量单位的数据;计量经济学与数学研究中所使用的逻辑方法不同,数学研究所使用的主要是演绎,计量经济学则是演绎与归纳相结合,占主导地位的是归纳。

综上分析可以看出,计量经济学与经济理论、统计学和数学有着密切的联系,但又有着根本性的区别。它是这些学科的综合和发展,但又完全不同于这三个学科中的任何一个学科。

§1.2 计量经济学的内容体系

计量经济学作为一门独立的经济学科,在其发展过程中,逐步形成了自己的学科体系,其内容可以分为理论计量经济学和应用计量经济学。

一、理论计量经济学与应用计量经济学

理论计量经济学主要是寻找适当的方法,去测度由计量经济模型设定的经济关系式。应用计量经济学就是应用计量经济学的理论与方法,去研究经济学或商业中的某些特殊领域,诸如生产函数、消费函数、投资函数、供求函数、证券组合理论等等。计量经济学的实际应用过程主要是建立、估计和检验各类计量经济模型,以达到结构分析、经济预测和政策评价的目的。根据各类计量经济模型实际应用的范围,可分为个体模型、企业模型、部门模型、地区模型和宏观模型。根据经济现象和数量关系,可分为计量经济模型、投入产出模型、最优化模型、控制论模型和系统动力学模型。

应用计量经济学以经济理论和事实为出发点,应用计量方法,解决经济系统运行过程中的理论问题或实践问题。其目的是:(1)应用计量模型对经济变量之间的关系进行数量分析,即结构分析;(2)用计量模型进行定量分析,提供现有样本数据以外的某些变量的预测值,给出变量值在未来时期中或其他空间上的预测结果,即经济预测;(3)通过计量经济模型仿真各种经济政策措施的效果,对不同的政策方法进行比较和选择,即政策评价。图1.1为其示意。

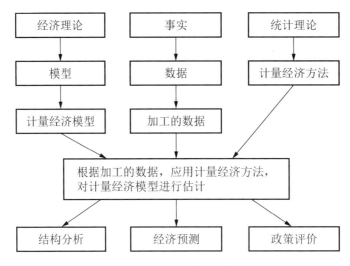

图 1.1　计量经济分析流程

从图 1.1 中可以看出,应用计量经济学的核心环节是建立和应用计量经济模型。计量经济模型应用的经济结构分析、经济预测和政策评价三个方面有密切关系。经济结构分析的结果,可用于经济预测,经济预测的结果是政策评价的依据,而政策评价本身是一种条件预测。

二、计量经济分析工作

用计量经济方法研究社会经济问题是以计量经济模型的建立和应用为基础的,其分析工作过程可分为四个连续的步骤:建立模型、估计参数、验证模型和使用模型。

1. 建立模型

计量经济分析是从建模开始的。通常是在经济理论指导下将复杂的现实经济问题简化为假说,由此建立计量经济模型。建立模型是根据经济理论和某些假设条件,区分各种不同的经济变量,建立单一方程式或方程体系,来表明经济变量之间的相互依存关系。例如,凯恩斯著名的边际消费理论:全社会的消费取决于全社会的收入,消费随着收入的增加而增加,但消费的增长低于收入的增长。消费随着收入的增长而增长的速度愈来愈慢,这就是说边际消费倾向的规律是递减的。根据这一理论,假定以 C 表示全社会的消费,D 表示可支配收入,则可写为:

$$C_t = \beta_0 + \beta_1 D_t + u_t \tag{1.1}$$

这是一个随机方程,是根据经济行为构造的函数关系式。由于任何一种经济行为都受众多因素的影响,我们在构造函数关系式时,不可能、也不必要把全部因素都罗列到函数式中来。有些因素影响很小,而且没有规律性,它们的作用结果一般无法观测到,我们称这类因素为随机因素,可综合地用随机误差项 u 来表示,因此方程式中引进随机误差项 u。随机误差项在方程中看起来微不足道,但它们的性质对于随机方程的参数估计问题有极其重要的影响。所以,随机误差项在理论计量经济学中始终扮演着重要的角色。由于计量经济模型中的随机方程是根据经济行为构造的,因此,也常称它们为**行为方程**。

对于一个方程来说,等号左边的因变量称为**被解释变量**(explained variable),等号右边的自变量称为**解释变量**(explaining variable)。

2. 估计参数

模型建立后,必须对模型的参数进行估计,获得模型参数的具体数值,用于解释经济学问题。获得模型变量的数据是进行参数估计的前提。数据收集与处理是计量经济分析工作的重点和难点。很多情况下数据的收集与处理工作就占据分析工作的一半工作量。

一般而言,模型所含经济变量的数据可分为以下几种类型:

(1)时间序列数据

时间序列数据是指某一经济变量在各个时期的数值,按时间先后顺序排列所形成的数列。例如 1980—2014 年间每年国民收入的数据构成这个变量的时间序列。在应用时间序列数据作样本时,有两点要特别注意:一是数据的统计口径问题,如果出现在不同的样本点上统计口径不一致的情况,必须进行换算调整;二是用时间序列数据作样本,容易产生模型中随机误差项的序列相关,最好选用相对数据。

(2)截面数据

截面数据是指在同一时点或时期上,不同统计单位的相同统计指标组成的数据。例如人口普查数据、工业普查数据、家庭调查数据等。利用截面数据作样本,容易产生异方差性,在选择估计方法时应充分注意这一点。

(3)混合数据

混合数据是指兼有时间序列和截面数据两种成分的数据。例如,在研究生产成本与企业规模和技术进步的关系时,选择不同规模企业在不同时间上的数据作为样本观测值,如果不同时期的企业完全相同,这些观测值数据就是面板数据。如果不同时期的企业不相同,则为混合数据。

获得模型参数估计值的方法有多种,按计量经济模型的种类可分为两类:单一方程估计方法和联立方程估计方法。在某种特定情况下采用哪种方法,取决于模型满足的假设条件和数据条件。例如,有内生解释变量时就需要使用工具变量法,有异方差时就需要使用加权最小二乘法等。

3. 验证模型

模型估计之后,必须验证模型参数估计值在经济上是否有意义,在统计上是否令人满意。为此,人们选用三种准则对模型进行验证:经济理论准则、统计准则、计量经济准则。

(1) 经济理论准则

经济理论准则即根据经济理论所阐明的基本原理,以此对模型参数的符号和取值范围进行检验。换言之,就是据经济理论对计量经济模型中参数的符号和取值范围施加约束。例如上述模型的消费方程为

$$C_t = \beta_0 + \beta_1 D_t + u_t \tag{1.2}$$

根据经济理论分析得知,消费与可支配收入成正相关关系,即可支配收入越多,消费就越多,这样就从经济理论分析确定了参数 β_1 的符号,以及 β_1 的取值范围为 $0 \leqslant \beta_1 \leqslant 1$。假如参数实际估计值的符号和大小与经济理论分析不符,就应舍弃,除非有充足理由使人们相信,在某种特定情况下经济理论的原理不成立。因此,如果需要接受具有"错误"符号和大小的所求参数估计值时,必须说明理由。然而,在多数情况下,所求参数估计值的符号和大小产生错误的原因,可归因于模型的估计中所用的实际资料不足。换言之,就是所用样本观测值不能代表这种关系,或是样本观测值的数目不适当,或是违反了计量经济模型的某些假定。一般而言,如果所求参数估计值不能满足经济理论准则,则参数估计值在经济上是没有意义的。

(2) 统计准则

统计准则是由统计理论决定的,统计准则的目的在于考察所求参数估计值的统计可靠性。由于所求参数的估计值是根据计量经济模型中所含经济变量的样本观测值求得的,便可以根据数理统计学的抽样理论中的几种检验来确定参数估计值的性质,主要是 t 检验和 F 检验,分别检验个别参数的显著性和模型整体显著性。还有其他对模型性质的判断,如:

(i) 根据样本观测值计算的判定系数是一种统计量,它表示由解释变量说明被解释变量的程度。

(ii) 参数估计量的标准差是参数估计量与参数真实值的离差的一种度量。参数估计量的标准差愈大,则它的可靠性愈小,参数估计量的标准差愈小,则它的可靠性愈大。

应该着重指出,若根据经济理论准则,验证所求参数估计值具有"错误"符号或大小,即使这些参数估计值在统计上是显著的,也应当舍弃这些参数的估计值。换言之,统计准则对经济理论准则而言,是第二位的或是次要的。

(3) 计量经济准则

计量经济准则是由理论计量经济学决定的,其目的在于研究任何特定情况下,所采用的计量经济方法是否违背了计量经济模型的假定。计量经济准则作为二级检验,可视为统计准则的再检验。这些准则有助于我们确定所求参数估计值是否具有合乎最佳线性无偏估计量的性质,即无偏性、一致性和有效性等。

由于计量经济模型满足的假定不同,对应着各种计量经济方法。因此,每一种计量经济方法都有它各自的计量经济准则。如果计量经济模型不能满足计量经济方法的假定,则所求参数的估计值就不具备合乎需要的性质。通常需要重新确定模型,即引入新的变量或略去一些变量,或者改换模型的数学形式,以便得出一个与计量经济方法假定相符合的新模

型。然后,对新模型再进行估计,并再一次应用经济理论准则、统计准则和计量经济准则进行验证。若仍不能满足这三类准则的要求,则需重复上述过程。原则上要求所求参数的估计值能通过所有的准则。

综上所述,验证模型是一个极其复杂的动态过程。计量经济研究人员在接受或舍弃这些参数估计值之前,必须对它们用上述三种准则进行验证。若检验不能通过,则需修正模型,再设定,再估计,再检验。只有通过检验的模型参数估计值才具有合乎需要的性质,才能应用模型进行计量分析。

4. 使用模型

对经济现象的计量研究是为了使用计量经济模型。计量经济模型的使用主要是用于进行经济结构分析、预测未来和制定或评价经济政策。

(1)结构分析

结构分析就是利用已估计出参数值的模型,对所研究的经济系统变量之间的相互关系进行分析,目的在于了解和解释有关经济变量的结构构成和结构变动的原因。诸如产业结构、产品结构、消费结构、投资结构等问题中的结构分析。它研究的是当一个或多个变量发生变化时会对其他变量以至经济系统产生什么样的影响,从这个意义上讲,我们所进行的经济系统定量研究工作,就是结构分析。结构分析所采用的主要方法是弹性分析、乘数分析与比较静态分析。

弹性分析是指某一变量的相对变化引起另一变量的相对变化的度量,即变量的变化率之比。在计量经济研究中,除了需要研究经济系统中变量绝对量之间的关系,还要掌握变量的相对变化所带来的相互影响,以掌握经济活动的数量规律和有效地控制经济系统。计量经济学模型结构式揭示了变量之间的直接因果关系,从模型出发进一步揭示变量相对变化量之间的关系是十分方便的。

乘数分析是指某一变量的绝对变化引起另一变量的绝对变化的度量,即变量的变化量之比,也称倍数。它直接度量经济系统中变量之间的相互影响,经常被用来研究外生变量的变化对内生变量的影响,对于实现经济系统的调控有重要作用。乘数可以从计量经济学模型的简化式很方便地求得。关于计量经济学模型的结构式和简化式的概念,将在有关章节专门介绍,简单地说,结构式的解释变量中可以出现内生变量,而简化式的解释变量中全部为外生变量或滞后内生变量。

比较静态分析是比较经济系统的不同平衡位置之间的联系,探索经济系统从一个平衡点到另一个平衡点时变量的变化,研究系统中某个变量或参数的变化对另外变量或参数的影响。显然,弹性分析和乘数分析都是比较静态分析的形式。计量经济学模型为比较静态分析提供了一个基础,没有定量描述变量之间关系的、包含变量和参数的计量经济学模型,比较静态分析将无从着手。

(2)预测未来

预测未来就是根据已估计出参数值的计量经济模型,由已知的或预先确定的解释变量,来推测被解释变量在未来时期的数值。计量经济模型本身就是试图从已经发生的经济活动中找出变化规律,然后把这种规律用于样本以外数据的预测。经济预测可以是对被解释变量未来时期的动态预测,也可以是对被解释变量在不同空间状况的空间预测。这是计量经济分析的主要目的之一。

(3) 规划政策

规划政策是计量经济模型的最重要用途,也是它的最终目的。规划政策是由决策者从一系列可供选择的政策方案中,挑选出一个最优政策方案予以执行。一般的操作步骤是先根据模型运算一个基本方案,然后改变外生变量(政策变量)的取值,得到其他方案,对不同的政策方案的可能后果进行评价对比,从而做出选择,因此又称为**政策评价**或**政策模拟**。从宏观经济领域到微观经济领域,每时每刻都存在政策评价的问题。经济政策具有不可试验性。当然,有时在采取某项政策前,在局部范围内先进行试验,然后推行,但即使如此在局部可行的在全局上并不一定可行。这就使得规划政策显得尤其重要。经济数学模型可以起到"经济政策实验室"的作用。尤其是计量经济学模型,揭示了经济系统中变量之间的相互联系,将经济目标作为被解释变量,经济政策作为解释变量,可以很方便地评价各种不同的政策对目标的影响。将计量经济学模型和计算机技术结合起来,可以建成名副其实的"经济政策实验室"。

计量经济学模型用于规划政策,主要有三种方法:一是**工具——目标法**,即给定目标变量的预期值,也就是我们希望达到的目标,通过求解模型,可以得到政策变量值;二是**政策模拟**,即将各种不同的政策代入模型,计算各自的目标值,然后比较其优劣,决定政策的取舍;三是**最优控制方法**,即将计量经济学模型与最优化方法结合起来,选择使得目标最优的政策或政策组合。

三、计量经济学与电脑

最后必须指出,计量经济学模型的建立和实际使用,离开了电脑几乎是不可能的。目前,已有很多计量经济学软件包,可以完成计量经济学模型的参数估计、模型检验、预测等基本运算。

练 习 题 一

1.1 应当如何全面理解计量经济学的概念?
1.2 简述计量经济学与相关学科间的关系。
1.3 什么是混合数据?
1.4 简述验证模型的三个准则之间的关系。
1.5 时间序列数据和截面数据有何异同?
1.6 什么是弹性分析?
1.7 什么是乘数分析?
1.8 简述计量经济分析的主要内容和工作程序。

第二章 一元线性回归模型

本章介绍一元线性回归模型的概念及一元线性回归模型所依据的理论与应用。一元线性回归模型只包含一个解释变量和一个被解释变量,是最简单的线性回归模型。通过一元线性回归模型的学习,可较容易地理解回归分析的基本理论与应用。

§2.1 回归分析的相关概念

一、回归的含义

回归一词最早由高尔顿(Francis Galton)提出。在一篇研究父母身高与子女身高相互关系的论文中,高尔顿发现,虽然有一个趋势,父母高,子女也高;父母矮,子女也矮,但给定父母的身高,子女的平均身高却趋向于或者回归到全体人口的平均身高。也就是说,当父母双亲都异常高或异常矮,则子女的身高有趋向于人口总体平均身高的趋势。这种现象被称为高尔顿普遍回归定律。这就是回归一词的原始含义。

在现代,回归一词已演变为一种新的概念。**回归分析**就是研究被解释变量对解释变量的依赖关系,其目的就是通过解释变量的已知或设定值,去估计或预测被解释变量的总体均值。在下面的几个例子中,我们可以清晰地看到回归分析的实际意义。

(1)高尔顿普遍回归定律:高尔顿的目的在于发现为什么人口的身高分布有一种稳定性。在现代,我们并不关心这种解释,我们关心的是:在给定父辈身高的情形下,找到儿辈平均身高的变化规律。就是说,我们如果知道了父辈的身高,就可预测儿辈的平均身高。假设我们得到了一组父亲和儿子身高的数据,制成如图 2.1 所示的散点图。图 2.1 按统计分组的方法将父亲身高分为若干组。

在图 2.1 中,对应于设定的父亲身高,儿子身高有一个分布范围。随着父亲身高的增加,儿子的平均身高也在增加。画一条通过儿子平均身高的线,说明儿子的平均身高是如何随着父亲身高的增加而增加的,这条线就是**回归线**。

(2)在经济学中,经济学家要研究个人消费

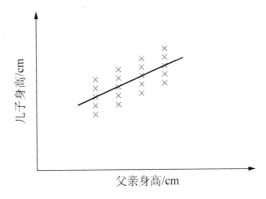

图 2.1 给定父亲身高儿子身高的分布

支出与个人可支配收入的依赖关系。这种分析有助于估计边际消费倾向,就是可支配收入每增加一元引起消费支出的平均变化。

(3)在企业中,我们很想知道人们对企业产品的需求与广告费开支的关系。这种研究有助于估计出相对于广告费支出的需求弹性,即广告费支出每变化百分之一时需求变化的百分比,这有助于制定最优广告策略。

(4)农业工作需要预计粮食产量,需要研究粮食产量与播种面积、施肥量、降雨量之间的依赖关系。

这种一个变量依赖于另一个或多个变量的事例在经济系统中普遍存在。回归分析就是要研究这种变量之间的依存关系。

二、统计关系与确定性关系

如果给定一个变量 X 的结果值就可确定另一个变量 Y 的结果值,则称变量 Y 是变量 X 的函数,即 X,Y 之间是函数关系。在经典物理学中,给定电阻 R,电流 I 和电压 V 之间的关系即为函数关系,即 $I=\dfrac{V}{R}$。这种典型的变量关系是**确定性关系**。

在经济系统中,这种变量之间的函数关系或确定性关系很少见。常见的是变量之间是一种不确定的关系,即使变量 X 是变量 Y 的原因,给定变量 X 的值也不能具体确定变量 Y 的值,而只能确定变量 Y 的统计特征,通常称变量 X 与 Y 之间的这种关系为**统计关系**。例如,企业总产出 Y 与企业的资本投入 K、劳动力投入 L 之间的关系就是统计关系。虽然资本 K 和劳动力 L 是影响产出 Y 的两大核心要素,但是给定 K,L 的值并不能确定产出 Y 的值。因为,总产出 Y 除了受资本投入 K 和劳动力投入 L 的影响外,还要受到技术进步、自然条件等其他因素的影响。

三、回归分析与相关分析

与回归分析密切相连的是相关分析。相关分析主要测度两个变量之间的线性关联度,相关系数就是用来测度两个变量之间的线性关联程度的。例如,啤酒消费与气温、统计学成绩与数学分析成绩、身高与体重等等之间的相关程度,就可用相关系数来测度。而在回归分析中,我们的主要目的在于根据其他变量的给定值来估计或预测某一变量的平均值。例如,我们想知道能否从一个学生的数学分析成绩去预测他的统计学平均成绩。

在回归分析中,被解释变量 Y 被当作是随机变量,而解释变量 X 则被看作非随机变量。而在相关分析中,我们把两个变量都看作是随机变量。例如,在学生的数学分析成绩与统计学成绩的分析中,如为回归分析,则统计学成绩是随机变量,数学分析成绩是非随机变量,即数学分析成绩被固定在给定的水平上,以此求得统计学的平均成绩。而在相关分析中,两者处于平等地位,不存在谁为解释变量,谁为被解释变量的问题,两者均为随机变量。

§2.2 一元线性回归模型

一、引例

回归分析就是根据解释变量的已知或给定值去估计或预测被解释变量的总体均值。为了说明这一过程,我们以一个人为假想例来阐述这个问题。

假定我们要研究一个局部区域的居民消费问题,该区域共有 80 户家庭,将这 80 户家庭视为一个统计总体。我们研究每月家庭消费支出 Y 与每月可支配收入 X 的关系。就是说,已知家庭每月可支配收入,要预测家庭每月消费支出的总体平均水平。为此,将 80 户家庭分为 10 组。表 2.1 给出了人为数据。

表 2.1 居民收入、消费数据

X / Y	每月家庭可支配收入/元									
	1000	1500	2000	2500	3000	3500	4000	4500	5000	5500
每月家庭消费支出/元	700	1050	1380	1780	2180	2620	2900	3320	3710	4090
	740	1070	1440	1840	2240	2680	2980	3420	3810	4200
	780	1120	1500	1900	2300	2740	3060	3520	3910	4310
	820	1170	1560	1960	2360	2820	3140	3620	4020	4420
	860	1220	1620	2020	2420	2900	3220	3720	4130	4530
	900	1270	1680	2080	2480	2980	3300	3820	4230	4640
	940	1320	1740	2140	2540	3160	3380	3920	4330	4750
		1370	1800	2200	2600		3460			
		1420	1860	2260	2660		3540			
合计	5740	10 980	14 580	18 180	21 780	19 740	22 540	25 340	28 140	30 940

从表 2.1 中可以看出,对于每月 1000 元收入的 7 户家庭,每月消费支出为 700 元到 940 元不等。同样,当 $X=3000$ 元时,9 户家庭的每月消费支出在 2180 元到 2660 元之间。表 2.1 给出了以 X 的给定值为条件的 Y 的条件分布。

对于 Y 的每一条件分布,我们能计算出它的条件期望,记为 $E(Y|X=X_i)$,即在 X 取特定值 X_i 时 Y 的期望值。例如,$X=1000$ 时,Y 的期望值为

$$700 \times \frac{1}{7} + 740 \times \frac{1}{7} + 780 \times \frac{1}{7} + 820 \times \frac{1}{7} + 860 \times \frac{1}{7} + 900 \times \frac{1}{7} + 940 \times \frac{1}{7} = 820$$

将表 2.1 中的数据在直角坐标系中描出,则得到图 2.2 的散点图。该图表明了对应于各 X 值的 Y 的条件分布。虽然个别家庭的消费支出都有变异,但图 2.2 清楚地表明随着收

入的增加,消费支出平均地说也在增加。就是说,散点图启示我们,Y 的条件均值随 X 增加而增加。如果我们观察图 2.2 中那些代表 Y 的各个条件均值的粗圆点,则表明这些条件平均值落在一条有正斜率的直线上。我们称这条直线叫作**总体回归线**,它表示 Y 对 X 的回归。

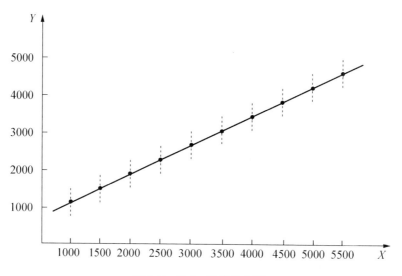

图 2.2 收入、消费散点图

总体回归线就是当解释变量取给定值时被解释变量的条件均值或期望值的轨迹。图 2.2 表明,对每一 X_i 都有 Y 值的一个总体和一个相应的均值。而回归线是穿过这些条件均值的线。

二、总体回归函数

从图 2.2 我们可以看出,条件均值 $E(Y|X_i)$ 是 X_i 的函数,即

$$E(Y \mid X_i) = f(X_i) \tag{2.1}$$

其中 $f(X_i)$ 表示解释变量 X_i 的某个函数。称式(2.1)为**总体回归函数**,简称**总体回归**。它表明在给定 X_i 下 Y 的分布的总体均值与 X_i 有函数关系,就是说它给出了 Y 的均值是怎样随 X 值的变化而变化的。在我们的引例中,$E(Y|X_i)$ 是 X_i 的一个线性函数。

函数 $f(X_i)$ 采取什么函数形式,是一个需要解决的重要问题。在实际经济系统中,我们不会得到总体的全部数据,因而就无法根据已知数据确定总体回归函数的函数形式。同时,对总体回归函数的形式只能根据经济理论与经验去推断。例如,我们可以假定消费支出与收入有线性关系,则总体回归函数为

$$\mathrm{E}(Y \mid X_i) = \beta_1 + \beta_2 X_i \tag{2.2}$$

其中 β_1 和 β_2 为未知且固定的系数，β_1 为**截距系数**，β_2 为**斜率系数**，统称为**回归系数**。称式(2.2)为**线性总体回归函数**。

三、线性的含义

1. 对变量为线性

对线性的第一种解释是指 Y 的条件期望是 X_i 的线性函数，例如式(2.2)就是线性回归函数，该回归线是一条直线。按这种解释，$\mathrm{E}(Y|X_i)=\beta_1+\beta_2 X_i^2$ 就不是线性的，因为 $\mathrm{E}(Y|X_i)$ 对 X_i 的一阶导数不是常数。

2. 对参数为线性

对线性的第二种解释是指 Y 的条件期望 $\mathrm{E}(Y|X_i)$ 是参数 β 的一个线性函数，它可以是，也可以不是变量 X 的线性函数。例如，$\mathrm{E}(Y|X_i)=\beta_1+\beta_2 X_i^2$ 是线性回归函数，但 $\mathrm{E}(Y|X_i)=\beta_1+\sqrt{\beta_2}X_i$ 则不是线性回归函数，而是非线性回归函数。

在本书中，主要考虑的是对参数为线性的回归模型，对解释变量 X 则可以不是线性的。

四、总体回归函数的随机设定

从图 2.2 可清楚地看到，随着家庭收入 X_i 的增加，家庭平均消费支出 $\mathrm{E}(Y|X_i)$ 也在增加，这表明了 X_i 与 Y 的平均水平的关系。我们想知道对具体家庭而言，消费支出 Y 与它的收入水平 X_i 的关系。从表 2.1 和图 2.2 可以看出，就个别家庭而言，收入水平增加，消费支出不一定会增加。例如从表 2.1 可以看到，对于每月 3000 元的收入水平，有一户家庭的消费支出为 2180 元，少于每月收入为 2500 元的两户家庭的消费支出(2200 元和 2260 元)。但应看到，每月收入为 3000 元的家庭的平均消费支出大于每月收入 2500 元的家庭的平均消费支出(2420 元大于 2020 元)。从图 2.2 可以看到，这些给定收入水平 X_i 的个别家庭，他们的消费支出处于在该收入水平的家庭平均消费支出左右，也就是围绕着它的条件均值。我们把个别的 Y_i 围绕它的期望值的离差表示如下：

$$u_i = Y_i - \mathrm{E}(Y \mid X_i), \quad \text{或} \quad Y_i = \mathrm{E}(Y \mid X_i) + u_i \tag{2.3}$$

其中离差 u_i 是一个不可观测的可正可负的随机变量，我们把 u_i 称为**随机干扰项**或**随机误差项**。

在式(2.3)中，给定收入 X 的水平，个别家庭的消费支出，可表示为两个成分之和：

(1) $\mathrm{E}(Y|X_i)$ 代表相同收入水平的所有家庭的平均消费支出。这是系统性或确定性成分。

(2) u_i 代表所有可能影响 Y，但又未能包括到回归模型中的被忽略变量的代理变量。这是随机性或非系统性成分。

假设 $E(Y|X_i)$ 对 X_i 为线性的,则

$$Y_i = E(Y \mid X_i) + u_i = \beta_1 + \beta_2 X_i + u_i \tag{2.4}$$

式(2.4)表示一个家庭的消费支出线性地依赖于它的收入加随机干扰项。

例如,给定 $X=1000$,各家庭的消费支出可表达为:

$$Y_1 = 700 = \beta_1 + \beta_2(1000) + u_1$$
$$Y_2 = 740 = \beta_1 + \beta_2(1000) + u_2$$
$$Y_3 = 780 = \beta_1 + \beta_2(1000) + u_3$$
$$Y_4 = 820 = \beta_1 + \beta_2(1000) + u_4$$
$$Y_5 = 860 = \beta_1 + \beta_2(1000) + u_5$$
$$Y_6 = 900 = \beta_1 + \beta_2(1000) + u_6$$
$$Y_7 = 940 = \beta_1 + \beta_2(1000) + u_7$$

五、随机误差项 u 的意义

随机误差项 u 是代表所有对 Y 有影响但未能包括在回归模型中的那些变量的替代变量。那么,为什么不能构造一个含有尽可能多的变量的多元回归模型?因为受理论和实践条件的限制而必须省略一些变量,其理由如下:

(1)理论的欠缺:虽然有决定 Y 行为的理论,但常常是不能完全确定的,理论常常有一定的含糊性。我们可以肯定每月收入 X 影响每月消费支出 Y,但不能确定是否有其他变量影响 Y,只好用 u_i 作为模型所忽略的全部变量的替代变量。

(2)数据的欠缺:即使能确定某些变量对 Y 有显著影响,但由于不能得到这些变量的数据信息而不能引入该变量。例如,从经济理论分析,家庭财富量是影响家庭消费的重要因素,应该引入该变量作为解释变量。但是,通常我们得不到有关家庭财富的数据。因此,我们只得把这个很重要的解释变量舍弃掉。

(3)核心变量与非核心变量:例如,在引例的居民消费模型中,除了收入 X_1 外,家庭的人口数 X_2、户主宗教信仰 X_3、户主受教育水平 X_4 也影响家庭消费支出。但很可能 X_2、X_3、X_4 合起来的影响也是很微弱的,是一种非系统的或随机的影响。从效果与成本角度来看,引入它们是不合算的。所以,人们把它们的联合效用当作一个随机变量来看待。

(4)人类行为的内在随机性:即使我们成功地把所有有关的变量都引进到模型中来,在个别的 Y 中仍不免有一些"内在"的随机性,无论我们花了多少力气都解释不了的。随机误差项 u_i 能很好地反映这种随机性。

(5)节省原则:我们想保持一个尽可能简单的回归模型。如果我们能用两个或三个变量就基本上解释了 Y 的行为,就没有必要引进更多的变量。让 u_i 代表所有其他变量是一种很

好的选择。

六、样本回归函数

在实际回归分析中,我们无法获得像引例中那样的总体数据,而只能获得对应于某些固定 X 的 Y 值的一个样本。因此我们只能根据抽样信息估计总体回归函数。

我们从表 2.1 随机抽取对应于固定 X_i 值的 Y_i 值的一个样本如表 2.2 所示,对应于给定的每个 X_i 值只有一个 Y_i 值。为了对比分析,按同样的方法再抽取另一个样本,如表 2.3 所示。

表 2.2 总体的一个随机样本

X	Y	X	Y
1000	900	3500	2740
1500	1320	4000	3300
2000	1620	4500	3520
2500	2140	5000	4020
3000	2480	5500	4310

表 2.3 总体的另一个随机样本

X	Y	X	Y
1000	700	3500	2820
1500	1320	4000	3380
2000	1620	4500	3420
2500	1840	5000	3810
3000	2420	5500	4640

我们可以看出,两个样本存在着差异,这是由于抽样的随机性而造成的波动。

将表 2.2 和表 2.3 的数据描点,得到图 2.3。在这个散点图中画两根样本回归线以尽好地拟合这些散点。

S_1 是根据第一个样本画的,S_2 是根据第二个样本画的。那么,两条样本回归线中哪一条代表"真实"的总体回归线呢?在未知总体数据的情况下,我们不可能知道哪一条代表真实的总体回归线。图 2.3 中的回归线称为样本回归线。因抽样波动,它们都是总体回归线的一个近似。一般地讲,由几个不同的样本会得到几个不同的样本回归线,通常这些样本回归线会彼此不同。

根据任一样本,我们可得样本回归线,其函数形式为

$$\hat{Y}_i = \hat{\beta}_1 + \hat{\beta}_2 X_i \tag{2.5}$$

其中 $\hat{Y}_i$ 为 $E(Y|X_i)$ 的估计量,$\hat{\beta}_1$ 为 β_1 的估计量,$\hat{\beta}_2$ 为 β_2 的估计量。

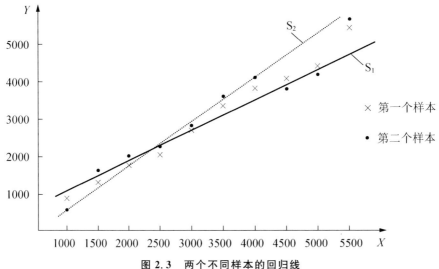

图 2.3 两个不同样本的回归线

正如总体回归函数,样本回归函数也存在随机形式:

$$Y_i = \hat{\beta}_1 + \hat{\beta}_2 X_i + e_i \tag{2.6}$$

其中 e_i 为**残差项**。概念上,e_i 类似于 u_i,并可把它当作 u_i 的估计量。将 e_i 引入样本回归函数中,其理由与总体回归函数中引入 u_i 是一样的。

综上所述,我们往往根据总体的一个样本去估计总体参数。回归分析中的主要目的就是根据样本回归函数

$$Y_i = \hat{\beta}_1 + \hat{\beta}_2 X_i + e_i \tag{2.7}$$

来估计总体回归函数

$$Y_i = \beta_1 + \beta_2 X_i + u_i \tag{2.8}$$

由于抽样的波动,我们根据样本回归函数估计出来的总体回归函数只能是一个近似结果。因此,怎样构造样本回归函数能使 $\hat{\beta}_j$ 尽可能接近真实的 β_j 就成为回归分析的核心。

§2.3　最小二乘估计

在回归分析中有很多种构造样本回归函数的方法,而最广泛使用的一种是**普通最小二乘法**(method of ordinary least squares,OLS)

一、普通最小二乘法(OLS)

普通最小二乘法是由德国数学家高斯(C.F. Gauss)最早提出和使用的。在一定的假设

条件下，最小二乘估计量有着非常好的统计性质，从而使它成为回归分析中最有功效和最为流行的方法之一。我们首先从最小二乘原理谈起：

一元线性回归模型（总体）

$$Y_i = \beta_1 + \beta_2 X_i + u_i \tag{2.9}$$

是一个不可观测的模型。因为通常得不到总体的全部观测值，我们只能通过总体的一个样本去推测它。即只能通过样本回归模型去估计总体回归模型。样本回归模型为

$$Y_i = \hat{\beta}_1 + \hat{\beta}_2 X_i + e_i = \hat{Y}_i + e_i \tag{2.10}$$

其中 $\hat{Y}_i$ 是 $E(Y|X_i)$ 的估计量。

那么，样本回归模型又是怎样确定的呢？将式(2.10)写成

$$e_i = Y_i - \hat{Y}_i = Y_i - \hat{\beta}_1 - \hat{\beta}_2 X_i \tag{2.11}$$

其中残差 e_i 是实际值 Y_i 与估计值 $\hat{Y}_i$ 之差。对于给定的 Y 和 X 的 n 对观测值，我们希望样本回归模型的估计值 $\hat{Y}_i$ 尽可能地靠近观测值 Y_i。为了达到此目的，我们就必须使用最小二乘准则，使

$$\sum e_i^2 = \sum (Y_i - \hat{Y}_i)^2 = \sum (Y_i - \hat{\beta}_1 - \hat{\beta}_2 X_i)^2 \tag{2.12}$$

尽可能地小，其中 e_i^2 是残差的平方。

由式(2.12)可以看出：

$$\sum e_i^2 = f(\hat{\beta}_1, \hat{\beta}_2) \tag{2.13}$$

也就是说，残差平方和是估计量 $\hat{\beta}_j$ 的函数，对任意给定的一组数据（样本），选择不同的 $\hat{\beta}_1$ 和 $\hat{\beta}_2$ 值将得到不同的 e_i，从而有不同的 $\sum e_i^2$ 值。微积分的知识告诉我们，$\sum e_i^2$ 对 $\hat{\beta}_1$ 和 $\hat{\beta}_2$ 的偏导数为 0 时，将使 $\sum e_i^2$ 最小。

$$\frac{\partial (\sum e_i^2)}{\partial \hat{\beta}_1} = -2 \sum (Y_i - \hat{\beta}_1 - \hat{\beta}_2 X_i) \tag{2.14}$$

$$\frac{\partial (\sum e_i^2)}{\partial \hat{\beta}_2} = -2 \sum (Y_i - \hat{\beta}_1 - \hat{\beta}_2 X_i) X_i \tag{2.15}$$

令

$$\frac{\partial (\sum e_i^2)}{\partial \hat{\beta}_1} = \frac{\partial (\sum e_i^2)}{\partial \hat{\beta}_2} = 0$$

得到下列方程：

$$\sum Y_i = n\hat{\beta}_1 + \hat{\beta}_2 \sum X_i \tag{2.16}$$

$$\sum X_i Y_i = \hat{\beta}_1 \sum X_i + \hat{\beta}_2 \sum X_i^2 \tag{2.17}$$

其中 n 是样本容量。求解该联立方程，可得

$$\hat{\beta}_2 = \frac{\sum (X_i - \bar{X})(Y_i - \bar{Y})}{\sum (X_i - \bar{X})^2} \tag{2.18}$$

$$\hat{\beta}_1 = \bar{Y} - \hat{\beta}_2 \bar{X} \tag{2.19}$$

$\bar{X} = \dfrac{\sum X}{n}, \bar{Y} = \dfrac{\sum Y}{n}$ 分别为 X 和 Y 的样本均值。

上面得到的估计量 $\hat{\beta}_1, \hat{\beta}_2$ 是从最小二乘原理演算而得的。因此，称其为**最小二乘估计量**。

在此需要交代相关的两个重要概念：估计量（estimator）和估计值（estimate）。给定 X 和 Y 的样本数据，就可以据式（2.18），（2.19）计算出 $\hat{\beta}_1$ 和 $\hat{\beta}_2$ 的结果值，这是根据一个确定样本计算出来的，称其为参数 β_1, β_2 的**估计值**。在没有确定具体样本前，式（2.18）和（2.19）是 $\hat{\beta}_1$ 和 $\hat{\beta}_2$ 的表达式，它们都是 Y_i 的函数。由于 Y_i 是随机变量，所以 $\hat{\beta}_1$ 和 $\hat{\beta}_2$ 也是随机变量，因此称其为**估计量**。

二、经典线性回归模型

如果我们的目的仅仅是估计 β_1 和 β_2，那么普通最小二乘法就足够用了。但在回归分析中，我们的目的不仅仅是获得 β_1, β_2 的估计值 $\hat{\beta}_1, \hat{\beta}_2$，而是要对真实 β_1 和 β_2 做出推断。例如，我们想知道 $\hat{\beta}_1$ 和 $\hat{\beta}_2$ 离它们的总体真值 β_1 和 β_2 有多近，或者 $\hat{Y}_i$ 距离其期望值 $E(Y|X_i)$ 有多近。为达这一目的，我们不仅要确定模型的函数形式，还要对 Y_i 的产生方式做出某些假定。在总体回归模型中，$Y_i = \beta_1 + \beta_2 X_i + u_i$，$Y_i$ 依赖于 X_i 和 u_i。因此，除非我们明确 X_i 和 u_i 是怎样产生的，否则，我们将无法对 Y_i 做出任何统计推断，同时，也无法对用 $\hat{\beta}_1$ 和 $\hat{\beta}_2$ 推断其真实值 β_1 和 β_2 的效果进行判断。就是说，为了回归估计的有效解释，对 X_i 变量和误差项 u_i 做出假设是极其重要的。

对于总体线性回归模型，其经典假定如下：

假定 1 误差项 u_i 的均值为零。对于给定的 X_i 值，随机误差项 u_i 的均值或期望值为零，即 u_i 的条件均值为零，记为

$$E(u_i \mid X_i) = 0 \tag{2.20}$$

这一假定的实际意义为：凡是模型中不显含的并因而归属于 u_i 的因素，对 Y 的均值都没有系统的影响，正的 u_i 值抵消了负的 u_i 值，它们对 Y 的平均影响为零。

假定 2 同方差性或 u_i 的方差相等。对所有给定的 X_i，u_i 的方差都是相同的。就是说，u_i 的条件方差是恒定的，即

$$\mathrm{Var}(u_i) = \mathrm{E}[u_i - \mathrm{E}(u_i)]^2 = \mathrm{E}(u_i^2) = \sigma^2 \tag{2.21}$$

其中 Var 表示方差。

该假定表示对应于不同 X 值，u_i 的方差都是某个等于 σ^2 的正的常数。

假定 3 各个误差项之间无自相关，u_i 和 $u_j(i \neq j)$ 之间的相关为零，即

$$\mathrm{Cov}(u_i, u_j) = \mathrm{E}[u_i - \mathrm{E}(u_i)][u_j - \mathrm{E}(u_j)] = \mathrm{E}(u_i u_j) = 0 \tag{2.22}$$

其中 i 和 j 为两次不同的观测，而 Cov 表示协方差。该假定还可以称为无序列相关假定或无自相关假定。

假定 4 u_i 和 X_i 的协方差为零或 $\mathrm{E}(u_i X_i) = 0$。

该假定表示误差项 u 和解释变量 X 是不相关的。也就是说在总体回归模型中，X 和 u 对 Y 有各自的影响。但是，如果 X 和 u 是相关的，就不可能评估他们各自对 Y 的影响。

假定 5 正确地设定了回归模型，即在经验分析中所用的模型没有设定偏误。

正确设定回归模型是至关重要的。如果模型遗漏了重要变量或选择了错误的函数形式，那么，要对所估计的回归模型做出有效的解释是靠不住的。回归分析以及由此而得到的结果，是以所选模型正确为条件的。因此，在建立计量经济模型时，必须谨慎小心。

假定 6 对于多元线性回归模型，没有完全的多重共线性。就是说解释变量之间没有完全的线性关系。

至此，我们完成了关于经典线性回归模型的经典假定的讨论。上述所有假定都是针对总体回归模型而言的，而不是关于样本回归模型的。如果线性回归模型满足经典假定，则称其为**经典线性回归模型**。

三、最小二乘估计量的性质：高斯-马尔可夫定理

1. 估计量的评价标准

对于回归模型中的参数，如果采用不同的方法估计就会得到不同的估计值。我们希望选择最好的估计量来推断总体参数，因此就需要研究估计量优劣的评价标准。当然，我们希望估计值 $\hat{\beta}$ 与真实值 β 之间的偏差越小越好。但是由于真实值 β 是未知的，并且由于样本是随机的，使得估计量也是随机的，所以要判断偏差的大小就是不可行的。基于上述原因，我们只能通过估计量的统计性质来判断估计量的优劣。

对于估计量的优劣可以通过估计量的有限样本特性和无限样本特性进行评价。有限样

本特性(小样本特性)是指样本容量 n 有限时估计量的统计性质。主要包括线性性、无偏性和有效性。估计量如果具备这些性质,则与样本大小无关。具备这些性质的估计量被称为**最佳线性无偏估计量**(best linear unbiased estimator,BLUE)。无限样本特性是指当样本容量 n 趋于无穷大时估计量具备的统计特性。主要包括一致性、渐近无偏性和渐近有效性。当小样本不能满足估计的性质要求时,就需要考察参数估计量的大样本性质。

2. 高斯-马尔可夫定理

在经典线性回归模型的假定条件下,最小二乘估计量具有较好的统计性质,这些性质包含在高斯-马尔可夫定理之中。

高斯-马尔可夫定理 在给定经典线性回归模型的假定下,最小二乘估计量是最佳线性无偏估计量。

该定理说明最小二乘估计量 $\hat{\beta}_j$ 是 β_j 的最佳线性无偏估计量,即:

第一,它具有线性性,即它是回归模型中的被解释变量 Y 的线性函数;

第二,它具有无偏性,即它的均值或期望值 $E(\hat{\beta}_j)$ 等于其真值 β_j,即 $E(\hat{\beta}_j)=\beta_j$;

第三,它在所有这样的线性无偏估计量中具有最小方差。具有最小方差的无偏估计量叫作**有效估计量**。

下面,就普通最小二乘估计量的性质给予说明:

线性性

$$\hat{\beta}_2 = \frac{\sum (X_i - \overline{X})(Y_i - \overline{Y})}{\sum (X_i - \overline{X})^2} = \frac{\sum (X_i - \overline{X}) Y_i}{\sum (X_i - \overline{X})^2} \tag{2.23}$$

令

$$k_i = \frac{X_i - \overline{X}}{\sum (X_i - \overline{X})^2} \tag{2.24}$$

则有

$$\hat{\beta}_2 = \sum k_i Y_i \tag{2.25}$$

这说明 $\hat{\beta}_2$ 是 Y_i 的一个线性函数,它是以 k_i 为权的一个加权平均数,从而它是一个线性估计量。同理,$\hat{\beta}_1$ 也是一个线性估计量。

无偏性

$$E(\hat{\beta}_1) = \beta_1, \quad E(\hat{\beta}_2) = \beta_2$$

即 $\hat{\beta}_1$ 对 β_1 是无偏的,$\hat{\beta}_2$ 对 β_2 是无偏的。也就是说,虽然由不同的样本得到的 $\hat{\beta}_1$,$\hat{\beta}_2$ 可能大于或小于它们的真实值 β_1,β_2,但平均起来等于它们的真实值 β_1,β_2.

由式(2.25)可知

$$\hat{\beta}_2 = \sum k_i Y_i = \sum k_i (\beta_1 + \beta_2 X_i + u_i) = \beta_1 \sum k_i + \beta_2 \sum k_i X_i + \sum k_i u_i \quad (2.26)$$

因为 $\sum k_i = 0, \sum k_i X_i = 1$,则

$$\hat{\beta}_2 = \beta_2 + \sum k_i u_i \quad (2.27)$$

据经典假定,k_i 非随机,$E(u_i)=0$,则

$$E(\hat{\beta}_2) = \beta_2 + \sum k_i E(u_i) = \beta_2 \quad (2.28)$$

因此,$\hat{\beta}_2$ 是 β_2 的一个无偏估计量。同理,可证明 $\hat{\beta}_1$ 也是 β_1 的一个无偏估计量。

在此要特别注意,无偏性是 $\hat{\beta}_2$ 和 $\hat{\beta}_1$ 的抽样分布的性质,并没有告诉我们从特定样本中得到的估计值是什么,我们希望得到较好的样本,那样就会得到接近于总体参数 β_j 的估计值。但由于是随机获得样本,就有可能得到远离总体参数 β_j 的估计值的较差样本。并且,我们无法判定所得到的样本是哪一种。

当 X 是非随机变量和 $E(u)=0$ 这些经典假定不满足时,那么无偏性也就不成立了。

最小方差

(1)最小二乘估计量的方差与标准误

普通最小二乘估计量 $\hat{\beta}_1, \hat{\beta}_2$ 的方差 $\text{Var}(\hat{\beta}_1), \text{Var}(\hat{\beta}_2)$ 分别代表了估计参数 $\hat{\beta}_1, \hat{\beta}_2$ 的估计精度。据方差定义,可知:

$$\begin{aligned}
\text{Var}(\hat{\beta}_2) &= E[\hat{\beta}_2 - E(\hat{\beta}_2)]^2 \\
&= E(\hat{\beta}_2 - \beta_2)^2 \quad (\text{因为 } E(\hat{\beta}_2) = \beta_2) \\
&= E\left(\sum k_i u_i\right)^2 \quad (\text{据式}(2.27)) \\
&= E(k_1^2 u_1^2 + k_2^2 u_2^2 + \cdots + k_n^2 u_n^2 + 2k_1 k_2 u_1 u_2 + \cdots + 2k_{n-1} k_n u_{n-1} u_n)
\end{aligned} \quad (2.29)$$

据经典假定 $E(u_i^2) = \sigma^2$,且 $E(u_i u_j) = 0 (i \neq j)$,故

$$\text{Var}(\hat{\beta}_2) = \sigma^2 \sum k_i^2 = \frac{\sigma^2}{\sum (X_i - \overline{X})^2} \quad (2.30)$$

同理,$\hat{\beta}_1$ 的方差为

$$\text{Var}(\hat{\beta}_1) = \frac{\sum X_i^2}{n \sum (X - \overline{X})^2} \sigma^2 \quad (2.31)$$

式(2.30)是依赖于同方差和无序列相关假定的。影响 $\hat{\beta}_2$ 估计精度的因素为随机误差

项的方差 σ^2 和 X_i 的总变异 $\sum (X_i - \bar{X})^2$。随机误差项的方差 σ^2 越大,$\text{Var}(\hat{\beta}_2)$ 越大。因为,影响 Y 不可观测的因素变异越大,要准确地估计 β_2 就越难;另一方面,自变量的变异越大,估计的精度就越高。因为 X_i 的变异性增加时,$\hat{\beta}_2$ 的方差就会减小,就是说,解释变量的样本分布越分散,就越容易找出 $\text{E}(Y|X_i)$ 和 X_i 间的关系,即越容易准确估计 β_2。如果 X_i 没有什么变化,就难以准确地确定 $\text{E}(Y|X_i)$ 是如何随着 X_i 的变化而变化的。当样本容量扩大时,X_i 的总变异也增加。因此,较大的样本容量会产生较小的 $\hat{\beta}_2$ 的方差。

最小二乘估计的标准误为

$$\text{se}(\hat{\beta}_2) = \frac{\sigma}{\sqrt{\sum (X_i - \bar{X})^2}} \tag{2.32}$$

$$\text{se}(\hat{\beta}_1) = \sqrt{\frac{\sum X_i^2}{n \sum (X_i - \bar{X})^2}} \sigma \tag{2.33}$$

其中 $\text{se}(\hat{\beta}_2)$ 表示 $\hat{\beta}_2$ 的标准误,$\text{se}(\hat{\beta}_1)$ 表示 $\hat{\beta}_1$ 的标准误。除 σ 外,式(2.32)和(2.33)中变量的数据都是已知的。

(2) σ^2 的最小二乘估计量

从式(2.30)和式(2.31)可以看到,影响 $\text{Var}(\hat{\beta}_1)$ 和 $\text{Var}(\hat{\beta}_2)$ 的因素除 σ^2 外,均为已知数。通常误差项的方差 σ^2 是未知的,只能通过观测数据去估计 σ^2,从而估计出 $\text{Var}(\hat{\beta}_1)$ 和 $\text{Var}(\hat{\beta}_2)$。

在此,我们要区分误差与残差的概念。误差 u_i 出现在总体回归模型 $Y_i = \beta_1 + \beta_2 X_i + u_i$ 中,u_i 是第 i 次观测的误差,由于 β_j 未知,u_i 无法观测到。残差 e_i 出现在样本回归模型 $Y_i = \hat{\beta}_1 + \hat{\beta}_2 X_i + e_i$ 中,$\hat{\beta}_1, \hat{\beta}_2$ 是估计参数,通过观测值 Y_i, X_i 可得到残差 e_i。据残差定义可知:

$$\begin{aligned} e_i &= Y_i - \hat{\beta}_1 - \hat{\beta}_2 X_i \\ &= (\beta_1 + \beta_2 X_i + u_i) - \hat{\beta}_1 - \hat{\beta}_2 X_i \end{aligned}$$

即

$$e_i = u_i - (\hat{\beta}_1 - \beta_1) - (\hat{\beta}_2 - \beta_2) X_i \tag{2.34}$$

已知 $\sigma^2 = \text{E}(u_i^2) = \frac{1}{n} \sum u_i^2$。由于 u_i 不可观测,σ^2 无法计算。我们可通过最小二乘法的残差 e_i 估计 σ^2。用残差 e_i 代替 u_i 就得到 σ^2 的一个估计量 $\frac{1}{n} \sum e_i^2$,但这是一个有偏估计量。这是使用残差代替误差的缘故,调整自由度后,我们就得到 σ^2 的无偏估计量:

$$\hat{\sigma}^2 = \frac{\sum e_i^2}{n-2} \tag{2.35}$$

在经典假定条件下,可以证明 $E(\hat{\sigma}^2) = \sigma^2$。$\sigma$ 的估计量为

$$\hat{\sigma} = \sqrt{\hat{\sigma}^2} \tag{2.36}$$

我们称其为回归的**标准误**。估计量 $\hat{\sigma}$ 是对影响 Y 的不可观测因素的标准误的估计。也就是说,$\hat{\sigma}$ 估计了把 X 的影响排除之后 Y 的标准误。至此,用 $\hat{\sigma}$ 代替 σ,我们可利用式(2.32)和(2.33)估计 $\hat{\beta}_1$ 和 $\hat{\beta}_2$ 的标准误:

$$\mathrm{se}(\hat{\beta}_1) = \sqrt{\frac{\sum X_i^2}{n\sum (X_i - \overline{X})^2}}\hat{\sigma} \tag{2.37}$$

$$\mathrm{se}(\hat{\beta}_2) = \frac{\hat{\sigma}}{\sqrt{\sum (X_i - \overline{X})^2}} \tag{2.38}$$

当对 Y 的不同样本使用普通最小二乘法时,我们要注意将 $\mathrm{se}(\hat{\beta}_2)$ 看作一个随机变量,这是因为 $\hat{\sigma}$ 是随着样本的不同而变化的。对于一个给定的样本,$\mathrm{se}(\hat{\beta}_2)$ 是一个数字,就像我们用给定的数据计算 $\hat{\beta}_2$ 时一样,它也只是一个数字。

(3)可以证明,在满足经典假定条件下,普通最小二乘估计量 $\hat{\beta}_1,\hat{\beta}_2$ 是所有线性无偏估计量中方差最小的。

四、判定系数 R^2——拟合优度的度量

为了评价一个回归方程的优劣,我们引入拟合优度的概念。即考查对一组数据所拟合的回归线的拟合优度,表示出样本回归线对数据拟合得有多么好。如果全部观测点都落在样本回归线上,我们就得到一个完美的拟合,但这种情况很少发生。一般情况下,总有一些正的 e_i 和一些负的 e_i,我们只能希望这些围绕着回归线的残差尽可能小。判定系数 R^2 就是表示这种拟合优劣的一个度量。

计算 R^2 的步骤如下:

据样本回归模型可得

$$Y_i = \hat{Y}_i + e_i \tag{2.39}$$

$$\overline{Y} = \frac{1}{n}\sum Y_i \tag{2.40}$$

$\overline{Y}$ 为被解释变量的样本均值,式(2.39)可表示为

$$(Y_i - \overline{Y}) = (\hat{Y}_i - \overline{Y}) + e_i \tag{2.41}$$

式(2.41)两边取平方得

$$(Y_i - \bar{Y})^2 = (\hat{Y}_i - \bar{Y})^2 + 2(\hat{Y}_i - \bar{Y})e_i + e_i^2 \qquad (2.42)$$

对所有观测值求和,得

$$\sum (Y_i - \bar{Y})^2 = \sum (\hat{Y}_i - \bar{Y})^2 + 2\sum (\hat{Y}_i - \bar{Y})e_i + \sum e_i^2 \qquad (2.43)$$

其中 $\sum (\hat{Y}_i - \bar{Y})e_i = 0$。因此

$$\sum (Y_i - \bar{Y})^2 = \sum (\hat{Y}_i - \bar{Y})^2 + \sum e_i^2 \qquad (2.44)$$

式(2.44)中, $\sum (Y_i - \bar{Y})^2$ 表示实测的 Y 值围绕其均值的总变异,称为**总平方和**(TSS); $\sum (\hat{Y}_i - \bar{Y})^2$ 表示来自解释变量的回归平方和,称为**解释平方和**(ESS); $\sum e_i^2$ 表示围绕回归线的 Y 值的变异,称为**残差平方和**(RSS)。式(2.44)可表示为

$$TSS = ESS + RSS \qquad (2.45)$$

这说明 Y 的观测值围绕其均值的总变异可分解为两部分,一部分来自回归线,而另一部分则来自扰动项 u_i,其几何意义如图 2.4 所示:

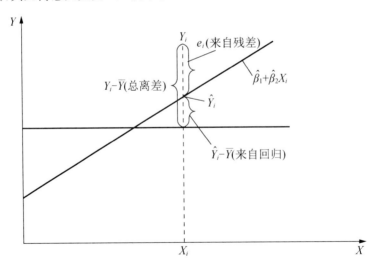

图 2.4 Y_i 的变异分解为两个部分

用 TSS 除式(2.45)的两边,得

$$1 = \frac{ESS}{TSS} + \frac{RSS}{TSS}$$

$$= \frac{\sum (\hat{Y}_i - \overline{Y})^2}{\sum (Y_i - \overline{Y})^2} + \frac{\sum e_i^2}{\sum (Y_i - \overline{Y})^2} \qquad (2.46)$$

定义 R^2 为

$$R^2 = \frac{\sum (\hat{Y}_i - \overline{Y})^2}{\sum (Y_i - \overline{Y})^2} = \frac{\text{ESS}}{\text{TSS}} \qquad (2.47)$$

或

$$R^2 = 1 - \frac{\sum e_i^2}{\sum (Y_i - \overline{Y})^2} = 1 - \frac{\text{RSS}}{\text{TSS}} \qquad (2.48)$$

上述定义的 R^2 称为**判定系数**(**可决系数**),它是对回归线拟合优度的度量。也就是说,R^2 测度了在 Y 的总变异中由回归模型解释的那个部分所占的比例或百分比。

据判定系数的定义可知:$0 \leqslant R^2 \leqslant 1$。当 $R^2 = 1$ 时,意味着一个完美的拟合,即对每个 i 都有 $\hat{Y}_i = Y_i$。另一方面,当 $R^2 = 0$ 时,意味着被解释变量与解释变量之间无任何关系(即 $\hat{\beta}_2 = 0$),这时,$Y_i = \hat{\beta}_1 = \overline{Y}$,就是说,对任一 Y 值的最优预测值都是它的均值,从而回归线平行于 X 轴。

与 R^2 关系紧密但概念上与 R^2 差异较大的一个参数是相关系数,它测度了两个变量之间的关联度,即

$$R = \pm \sqrt{R^2}$$

也可据 R 的定义计算

$$R = \frac{\sum (X_i - \overline{X})(Y_i - \overline{Y})}{\sqrt{\sum (X_i - \overline{X})^2} \sqrt{\sum (Y_i - \overline{Y})^2}} \qquad (2.49)$$

从定义可以看出 $-1 \leqslant R \leqslant 1$。在回归分析中,$R^2$ 是一个比 R 更有意义的度量,因为 R^2 告诉我们在被解释变量的变异中,由解释变量解释的部分占怎样一个比例,因而对一个变量的变异在多大程度上决定另一个变量的变异,提供了一个总的度量,而 R 则没有这种作用。

五、案例

例 2.1 根据凯恩斯理论,我们可以建立消费与可支配收入的线性回归模型,模型形式如下:

$$Y = \beta_1 + \beta_2 X + u \qquad (2.50)$$

其中 Y 为消费,X 是可支配收入,u 为随机误差项。

从引例的表 2.1 中可获取一个样本如表 2.2,为了表达方便将其复制于表 2.4 中。

表 2.4 每月家庭消费支出 Y 和每月家庭收入 X

X	Y	X	Y
1000	900	3500	2740
1500	1320	4000	3300
2000	1620	4500	3520
2500	2140	5000	4020
3000	2480	5500	4310

进行最小二乘估计可得

$\hat{\beta}_1 = 159.8788$, $\quad \text{Var}(\hat{\beta}_1) = 2800.3571$, $\quad \text{se}(\hat{\beta}_1) = 52.9184$

$\hat{\beta}_2 = 0.7616$, $\quad \text{Var}(\hat{\beta}_2) = 0.0002$, $\quad \text{se}(\hat{\beta}_2) = 0.0149$

$R^2 = 0.9970$, $\quad \hat{\sigma}^2 = 67.6382$

得到的样本回归线为

$$\hat{Y}_i = 159.8788 + 0.7616 X_i$$

其几何图形如图 2.5 所示。

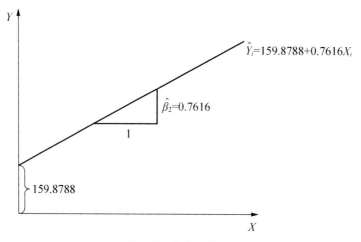

图 2.5 样本回归线

样本回归线定义：回归线上的点 $\hat{Y}_i$ 是给定 X_i 值相对应的 Y_i 的期望值或均值的一个估计值。回归线的斜率 $\hat{\beta}_2 = 0.7616$ 表示，在 X 的样本区间 (1000, 5500) 内，X 每增加 1 元，平均每月消费支出增加 0.7616 元。回归线的截距为 159.8788，直观的解释是当每月收入 X 值为零时，每月消费支出的平均水平，但是这种解释是不恰当的。因为 X 值的变化范围并不包括零这样一个观测值。截距项的解释只能借助于经济理论或其他知识来解释。通常可理解为是所有未包括在回归模型的变量对 Y 的综合影响。

$R^2=0.9970$,说明有 99.70% 的每月消费支出的变异,可以由收入来解释。

例 2.2 中国城镇居民消费函数(1985—2014 年)。

表 2.5 给出 1985—2014 年中国城镇居民家庭人均可支配收入与人均消费支出。

表 2.5　1985—2014 年中国城镇居民家庭人均收入与支出　　　单位:元

年份	人均消费支出(Y)	人均可支配收入(X)	年份	人均消费支出(Y)	人均可支配收入(X)
1985	673.20	739.10	2000	1407.33	1768.31
1986	746.70	841.93	2001	1484.62	1918.23
1987	759.84	860.96	2002	1703.25	2175.79
1988	785.98	840.23	2003	1822.62	2371.65
1989	741.41	841.14	2004	1946.36	2553.27
1990	773.10	912.92	2005	2118.74	2798.97
1991	836.26	978.23	2006	2285.71	3090.73
1992	885.33	1073.28	2007	2514.36	3467.12
1993	962.85	1175.69	2008	2677.55	3758.27
1994	1040.36	1275.67	2009	2947.55	4127.59
1995	1105.09	1337.94	2010	3137.04	4449.91
1996	1125.37	1389.35	2011	3352.99	4823.46
1997	1165.61	1437.05	2012	3590.65	5289.77
1998	1213.57	1519.93	2013	3880.24	5555.01
1999	1310.18	1661.60	2014	4104.96	5929.60

注:表中数据来源于《中国统计年鉴》(1986—2015),根据 1985 年可比价格计算。

根据表 2.5 的数据,使用普通最小二乘法,得到中国城镇居民消费函数。消费函数为

$$\hat{Y}_t = 215.122 + 0.657 X_t$$
$$\text{se} = 11.648 \quad 0.004$$
$$R^2 = 0.999$$

在该模型中,Y_t 为城镇居民人均消费性支出,X_t 是城镇居民人均可支配收入。

该模型表明,在 1985—2014 年期间,中国城镇居民家庭人均可支配收入每增加 1 元,平均消费支出增加 0.66 元,边际消费倾向为 0.66,截距项 $\hat{\beta}_1=215.12$,从表面上看,是当居民可支配收入为 0 时的消费支出水平,但这是一种毫无意义的解释。因为在样本中,并不存在居民可支配收入为 0 的样本。判定系数 $R^2=0.999$,说明城镇居民可支配收入解释了城镇居民消费支出变异的 99.9%,这是一个非常好的拟合。

§2.4 置信区间与假设检验

一、置信区间的基本概念

在例2.1的消费模型中,边际消费倾向β_2的估计值为0.7616,这是对未知的总体边际消费倾向的一个点估计。由于是点估计,我们无法判断这种估计的可靠性有多大。我们只能保证在重复抽样中估计值的均值等于其真值。为了衡量这一估计的可靠性,我们可围绕点估计量构造一个区间。要判断$\hat{\beta}_2$对β_2估计的可靠性,可设定区间$[\hat{\beta}_2-\delta, \hat{\beta}_2+\delta]$,使其包含$\beta_2$的概率为$1-\alpha$,即

$$P(\hat{\beta}_2 - \delta \leqslant \beta_2 \leqslant \hat{\beta}_2 + \delta) = 1 - \alpha \tag{2.51}$$

其中$0<\alpha<1, 0<\delta$。如果存在这样一个区间,就称设定的区间为β_2的**置信区间**。$1-\alpha$称为**置信系数**或**置信水平**,而α称为**显著性水平**。$\hat{\beta}_2+\delta$称为**置信上限**,$\hat{\beta}_2-\delta$称为**置信下限**。

如果$\alpha=0.05(5\%)$,则式(2.51)的意义即为随机区间$[\hat{\beta}_2-\delta, \hat{\beta}_2+\delta]$包含真实$\beta_2$的概率为$0.95(95\%)$。可以看出,置信区间给出了$\hat{\beta}_2$对$\beta_2$估计的可靠程度。为了正确理解式(2.51),作如下说明:

(1)式(2.51)并不是说β_2落入该界限内的概率是$1-\alpha$。因为β_2虽然未知,但它是总体回归函数中的边际消费倾向,是个定数,要么落在该区间内,要么落在该区间外。式(2.51)的意义为:用随机样本估计参数构造的区间包含β_2的概率为$1-\alpha$。

(2)式(2.51)中的区间是一个随机区间,它随着样本的不同而不同。

(3)式(2.51)的意义为,对于多次抽样,平均地说,这些区间有$100\%(1-\alpha)$包含真实参数β_2。

(4)式(2.51)中,当$\hat{\beta}_2$是一个随机变量时,$\hat{\beta}_2$代表多种可能结果。如果选定了一个样本,就获得$\hat{\beta}_2$的一个结果值,式(2.51)的区间就不再是随机区间,而是特定区间。此时,我们就不能说这个给定的区间包含真实参数β_2的概率是$1-\alpha$。此时,β_2要么在该区间内,要么在该区间外,概率只能是1或0。如果我们得到了β_2的95%置信区间为$(0.4 \leqslant \beta_2 \leqslant 0.7)$,就不能说这个区间包含真实值$\beta_2$的概率是95%。这个概率不是1就是0。

二、u_i正态性假定及普通最小二乘估计量$\hat{\beta}_1, \hat{\beta}_2$和$\hat{\sigma}^2$的性质

1. u_i正态性假定

在回归分析中,我们的目的不仅仅是得到$\hat{\beta}_j$,而是要用$\hat{\beta}_j$推断β_j。因此,我们需要得到

β_j 的置信区间,通过置信区间去判断这种推断的可靠性。在最小二乘估计式中,$\hat{\beta}_j$ 是 Y_i 的线性函数,从而也就是 u_i 的线性函数。要推断 β_j 的置信区间,我们就必须获得 u_i 的概率分布。在回归分析中,人们常常假定 u_i 服从正态分布,即每个 u_i 都是正态分布的,亦即,

期望值: $\qquad\qquad\qquad\mathrm{E}(u_i) = 0 \qquad\qquad\qquad$ (2.52)

方差: $\qquad\qquad\qquad\mathrm{E}(u_i^2) = \sigma^2 \qquad\qquad\qquad$ (2.53)

协方差: $\qquad\qquad\mathrm{Cov}(u_i, u_j) = \mathrm{E}(u_i u_j) = 0 \quad (i \neq j) \qquad$ (2.54)

用符号表示为

$$u_i \sim N(0, \sigma^2) \qquad\qquad (2.55)$$

其中"~"表示"其分布为",N 表示"正态分布",括号中的数字为正态分布的两个参数:期望值和方差。

我们假定 u_i 服从正态分布的理由如下:

(1) u_i 代表回归模型中未包含的变量的集合。这些未引入的变量的影响是微弱的和随机的。根据中心极限定理,如果存在大量独立且同分布的随机变量,随着这些变量个数的增大,它们的总和将趋向正态分布。

(2) 即使变量个数不是很大或这些变量不是严格独立的,它们的总和仍可视同正态分布。

2. u_i 正态假定下普通最小二乘估计量 $\hat{\beta}_1$,$\hat{\beta}_2$ 和 $\hat{\sigma}^2$ 的性质

(1) 它们是无偏的。

(2) 它们有最小方差。

(3) 它们是一致估计量。也就是说,随着样本容量无限地增大,估计量将收敛到它们的真值。

(4) $\hat{\beta}_1$ 服从正态分布,即

期望值: $\qquad\qquad\qquad\mathrm{E}(\hat{\beta}_1) = \beta_1 \qquad\qquad\qquad$ (2.56)

方差: $\qquad\qquad\mathrm{Var}(\hat{\beta}_1) : \sigma_{\hat{\beta}_1}^2 = \dfrac{\sum X_i^2}{n \sum (X_i - \bar{X})^2} \sigma^2 \qquad$ (2.57)

亦即

$$\hat{\beta}_1 \sim N(\beta_1, \sigma_{\hat{\beta}_1}^2) \qquad\qquad (2.58)$$

(5) $\hat{\beta}_2$ 服从正态分布,即

期望值: $\qquad\qquad\qquad\mathrm{E}(\hat{\beta}_2) = \beta_2 \qquad\qquad\qquad$ (2.59)

方差:
$$\text{Var}(\hat{\beta}_2) : \sigma_{\hat{\beta}_2}^2 = \frac{\sigma^2}{\sum (X_i - \bar{X})^2} \tag{2.60}$$

亦即
$$\hat{\beta}_2 \sim N(\beta_2, \sigma_{\hat{\beta}_2}^2) \tag{2.61}$$

(6) $(n-2)\hat{\sigma}^2/\sigma^2$ 服从 $\chi^2(n-2)$ 分布。
(7) Y_i 服从正态分布:

期望值:
$$E(Y_i) = \beta_1 + \beta_2 X_i \tag{2.62}$$
方差:
$$\text{Var}(Y_i) = \sigma^2 \tag{2.63}$$

即有
$$Y_i \sim N(\beta_1 + \beta_2 X_i, \sigma^2) \tag{2.64}$$

三、回归系数 β_1 和 β_2 的置信区间

在 u_i 正态假定下,$\hat{\beta}_1$ 和 $\hat{\beta}_2$ 均服从正态分布,将 $\hat{\beta}_2$ 转化为标准正态分布,则为

$$Z = \frac{\hat{\beta}_2 - \beta_2}{\text{se}(\hat{\beta}_2)} = \frac{\hat{\beta}_2 - \beta_2}{\sqrt{\dfrac{\sigma^2}{\sum (X_i - \bar{X})^2}}} \tag{2.65}$$

Z 为期望值为 0、方差为 1 的标准正态分布,即

$$Z \sim N(0,1) \tag{2.66}$$

当 σ^2 已知时,我们就可得到 β_2 的置信度为 $1-\alpha$ 的置信区间为

$$[\hat{\beta}_2 - Z_{\alpha/2} \text{se}(\hat{\beta}_2), \hat{\beta}_2 + Z_{\alpha/2} \text{se}(\hat{\beta}_2)]$$

但是,由于 u_i 的不可观测,我们无法获知 σ^2。我们只能用 σ^2 的无偏估计量 $\hat{\sigma}^2$ 来测定 σ^2,如果我们用 $\hat{\sigma}^2$ 代替 σ^2,则(2.65)式可写为

$$t = \frac{\hat{\beta}_2 - \beta_2}{\text{se}(\hat{\beta}_2)} = \frac{\hat{\beta}_2 - \beta_2}{\sqrt{\dfrac{\hat{\sigma}^2}{\sum (X_i - \bar{X})^2}}} \tag{2.67}$$

可以证明,这样定义的 t 变量服从自由度为 $n-2$ 的 t 分布,据 t 分布可得

$$P(-t_{\alpha/2} \leqslant t \leqslant t_{\alpha/2}) = 1-\alpha \tag{2.68}$$

式(2.68)中,$t_{\alpha/2}$ 是显著性水平为 $\alpha/2$,自由度为 $n-2$ 的 t 分布的 t 值,通常称为 $\alpha/2$ 显著水平的临界值。将式(2.67)代入式(2.68)得

$$P\left(-t_{\alpha/2} \leqslant \frac{\hat{\beta}_2 - \beta_2}{\text{se}(\hat{\beta}_2)} \leqslant t_{\alpha/2}\right) = 1-\alpha \tag{2.69}$$

整理可得

$$P(\hat{\beta}_2 - t_{\alpha/2}\text{se}(\hat{\beta}_2) \leqslant \beta_2 \leqslant \hat{\beta}_2 + t_{\alpha/2}\text{se}(\hat{\beta}_2)) = 1-\alpha \tag{2.70}$$

式(2.70)给出了 β_2 的一个 $100(1-\alpha)\%$ 的置信区间。

同理我们可得到 β_1 的置信区间:

$$P(\hat{\beta}_1 - t_{\alpha/2}\text{se}(\hat{\beta}_1) \leqslant \beta_1 \leqslant \hat{\beta}_1 + t_{\alpha/2}\text{se}(\hat{\beta}_1)) = 1-\alpha \tag{2.71}$$

从式(2.70)和(2.71)可以看出,β_1,β_2 的置信区间的宽度与估计量 $\hat{\beta}_1,\hat{\beta}_2$ 的标准误 $\text{se}(\hat{\beta}_1),\text{se}(\hat{\beta}_2)$ 成正比例。标准误越大,置信区间越宽。就是说,估计量的标准误越大,对未知参数的真值进行估计的可靠性越差。因此,估计量的标准误也被用于测度估计量的精度,也就是说用估计量去测定真实的总体值有多精确。

例如,在例 2.1 中我们得到斜率系数的估计值 $\hat{\beta}_2 = 0.7616$,$\text{se}(\hat{\beta}_2) = 0.0149$,自由度为 8,当显著性水平为 5%,即置信系数为 95% 时,查 t 分布表可知 $t_{\alpha/2}(8) = t_{0.025}(8) = 2.306$,则 β_2 的 95% 置信区间为

$$0.7272 \leqslant \beta_2 \leqslant 0.7960 \tag{2.72}$$

式(2.72)的意义为:给定置信系数为 95%,从长远看,类似于 (0.7272, 0.7960) 的区间,100 个区间中,将有 95 个包含着真实的 β_2 值。我们不能说这个固定的区间有 95% 的概率包含真实的 β_2 值,因为这个区间是固定不变的,β_2 要么在该区间内,要么在该区间外。这个固定的区间包含 β_2 的概率要么为 1,要么为 0。

同理,我们可构建 β_1 的置信区间为

$$37.8500 \leqslant \beta_1 \leqslant 281.9080 \tag{2.73}$$

式(2.73)表示,从长远看,该区间 100 个中将有 95 个包含真实的 β_1。但这个固定的区间包含真实的 β_1 的概率是 1 或 0。

四、假设检验

1. 检验回归系数的显著性——t 检验

统计假设检验的中心思想就是判断某一特定观测或发现是否与某一声称的假设相符。

如果相符就不拒绝这一假设,如不相符就拒绝这一假设。例如,在引例的回归分析中,如果事先我们已有一些研究成果认定边际消费倾向 β_2 为 0.9,那么 $\beta_2=0.9$ 就是我们所说的声称的假设。如果我们的观测(估计)结果 $\hat{\beta}_2=0.7616$ 在一定的统计原则下与 0.9 并不矛盾,我们就接受假设 $\beta_2=0.9$,即边际消费倾向的真值为 0.9。如果,$\hat{\beta}_2=0.7616$ 与 $\beta_2=0.9$ 在一定的统计原则下相互矛盾,我们就拒绝假设 $\beta_2=0.9$,即边际消费倾向的真实值不是 0.9。我们称 $\beta_2=0.9$ 这一声称的假设为**虚拟假设**或**原假设**,用符号 H_0 表示;与之相对应 $\beta_2\neq 0.9$ 就称为**备择假设**,用符号 H_1 表示。

一般地,可假设为

原假设: $\qquad\qquad\qquad H_0:\beta_2=\beta^*$

备择假设: $\qquad\qquad\qquad H_1:\beta_2\neq\beta^*$

已知:

$$t=\frac{\hat{\beta}_2-\beta_2}{\text{se}(\hat{\beta}_2)}\sim t(n-2) \tag{2.74}$$

即 t 服从自由度为 $n-2$ 的 t 分布。如原假设成立,即 $\beta_2=\beta^*$,则据(2.74)式和已知样本算得 t 值为

$$t=\frac{\hat{\beta}_2-\beta_2^*}{\text{se}(\hat{\beta}_2)} \tag{2.75}$$

该 t 值是一个统计量,服从 t 分布,据此可得到 t 统计量的置信区间

$$P\left(-t_{\alpha/2}\leqslant\frac{\hat{\beta}_2-\beta_2^*}{\text{se}(\hat{\beta}_2)}\leqslant t_{\alpha/2}\right)=1-\alpha \tag{2.76}$$

式(2.76)建立的 $100(1-\alpha)\%$ 置信区间为原假设 $H_0:\beta_2=\beta^*$ 的**接受域**,置信区间以外的区域称为原假设 $H_0:\beta_2=\beta^*$ 的**拒绝域**。

例如,在引例中的收入-消费模型中,$\hat{\beta}_2=0.7616$,$\text{se}(\hat{\beta}_2)=0.0149$,自由度$=8$,取 $\alpha=5\%$,查 t 分布表可知 $t_{\alpha/2}=2.306$。若 $H_0:\beta_2=\beta_2^*=0.9$,$H_1:\beta_2\neq 0.9$,则

$$P\left(-2.306\leqslant\frac{\hat{\beta}_2-0.9}{\text{se}(\hat{\beta}_2)}\leqslant 2.306\right)=0.95 \tag{2.77}$$

因为

$$t=\frac{\hat{\beta}_2-0.9}{\text{se}(\hat{\beta}_2)}=\frac{0.7616-0.9}{0.0149}=-9.2886 \tag{2.78}$$

所得的 t 统计量不在(2.77)式的区间内,故拒绝原假设 $H_0:\beta_2=0.9$,接受备择假设 $H_1:\beta_2\neq$

0.9,如图 2.6 所示。

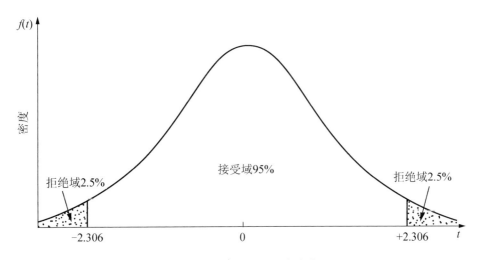

图 2.6 t 的 95% 置信区间（自由度 = 8）

如果式(2.75)中的 $\hat{\beta}_2 = \beta^*$，则 t 统计量为 0。可以看出，随着估计值 $\hat{\beta}$ 远离 β^*，t 的绝对值 $|t|$ 将越来越大。就是说，随着 t 统计量的绝对值的增大，原假设的可信程度在降低。当 t 统计量的绝对值大于临界值 $t_{\alpha/2}$ 时，就拒绝原假设。临界值 $t_{\alpha/2}$ 来自于 t 分布表，其数值的大小决定于自由度 $n-k$ 和我们愿接受的第 I 类错误（即 H_0 为真时拒绝它）的概率。

因为我们使用了 t 分布对回归系数进行假设检验，因此，该检验程序称为 t 检验。如果一个统计量的值落在拒绝域上，我们称该统计量是统计上**显著**的，此时，我们**拒绝原假设**；如果一个统计量的值落在接受域上，我们称该统计量是统计上**不显著**的，此时，我们**接受原假设**。

在计量经济分析中，$Y_i = \beta_1 + \beta_2 X_i + u_i$，其中 β_2 代表解释变量 X 对被解释变量 Y 的线性影响。如果 X 对 Y 的线性影响是显著的，则有 $\beta_2 \neq 0$。若 X 对 Y 的影响不显著，则有 $\beta_2 = 0$。因此，我们通常设定的假设为

原假设：$\qquad\qquad\qquad H_0: \beta_2 = 0$
备择假设：$\qquad\qquad\qquad H_1: \beta_2 \neq 0$

此时，我们得到 t 统计量为

$$t = \frac{\hat{\beta}_2}{\mathrm{se}(\hat{\beta}_2)} = \frac{\text{估计值}}{\text{标准误}} \tag{2.79}$$

给定显著水平 $\alpha = 5\%$，自由度为 $n-k$，查 t 分布表可得临界值为 $t_{\alpha/2}$，如果 $|t| < t_{\alpha/2}$，则接受原假设 $H_0: \beta_2 = 0$，即解释变量 X 对被解释变量 Y 的影响是不显著的，解释变量对被解释变量没有

影响,该解释变量不应包含在模型中。如果 $|t|>t_{\alpha/2}$,则拒绝原假设 $H_0:\beta_2=0$,接受备择假设 $H_1:\beta_2\neq 0$,即解释变量 X 对被解释变量 Y 的影响是显著的,该解释变量应该保留在模型中。

对于截距项 β_1,除非有理论上的特别意义或者要进行经济预测,通常即使是不显著,也可不理会。

t 检验决策规则:
(1) 设定假设:原假设 $H_0:\beta_j=0$,备择假设 $H_1:\beta_j\neq 0$
(2) 计算原假设 $H_0:\beta_j=0$ 条件下的 t 统计量

$$t = \frac{\text{参数估计值}}{\text{估计量的标准误}} = \frac{\hat{\beta}_j}{\text{se}(\hat{\beta}_j)}$$

(3) 在给定显著性水平 α 的条件下,查 t 分布表得临界值 $t_{\alpha/2}(n-k)$
(4) 判断:
如果 $|t|>t_{\alpha/2}(n-k)$,则拒绝原假设 $H_0:\beta_j=0$,接受备择假设 $H_1:\beta_j\neq 0$;
如果 $|t|<t_{\alpha/2}(n-k)$,则不拒绝原假设 $H_0:\beta_j=0$。

在引例的收入-消费模型中,假设为 $H_0:\beta_2=0$ 和 $H_1:\beta_2\neq 0$。回归系数 $\hat{\beta}_2$ 的 t 统计量为

$$t = \frac{\hat{\beta}_2}{\text{se}(\hat{\beta}_2)} = \frac{0.7616}{0.0149} = 51.1141 \tag{2.80}$$

由于 $t=51.1141>2.306$,拒绝原假设 H_0,接受备择假设 H_1,即解释变量 X 对被解释变量 Y 的影响是显著的,回归系数 β_2 通过 t 检验。

2. t 检验的相关问题

(1) 显著性水平 α

临界值 $t_{\alpha/2}$ 的大小取决于显著性水平 α,即犯第 I 类错误的概率(错误地拒绝了真实的原假设的概率)。α 越小,临界值 $t_{\alpha/2}$ 越大,犯第 I 类错误的概率越小。

例如,我们把显著性水平由 5% 降为 1%,则 β_2 的置信系数由 95% 升为 99%。因此,犯第 I 类错误(错误地拒绝为真的原假设)的概率由 5% 降到至 1%,但同时犯第 II 类错误(错误地接受为假的原假设)的概率却上升了。因此,选择显著性水平时,要根据两类错误的代价而定,两类错误的代价是随着实际问题而异的。在计量经济分析中,通常会选择相当小的显著性水平,即把犯第 I 类错误的概率控制在较低水平。显著性水平通常在抽样前确定,一般取值为 0.10,0.05,0.01。

(2) 实际显著水平——p 值

一般计量经济分析中,都使用事先给定的显著性水平。当我们对给定的样本算出一个检验统计量(如 t 统计量)的值后,就可根据相应的统计表,获知等于或大于该统计量的概率,我们称其为 p 值。例如,当估计值为 $\hat{\beta}$ 时,t 统计量为 $t_{\hat{\beta}}$,则其伴随概率 p 值为 $p = \text{P}(|t|>|t_{\hat{\beta}}|)$。$p$

值是假设检验中的实际显著性水平或犯第Ⅰ类错误的实际概率。更确切地讲，p 值是一个虚拟假设被拒绝的最低显著性水平。例如，在引例的收入-消费模型中，$\hat{\beta}_1$ 和 $\hat{\beta}_2$ 的 t 统计量值分别为 3.021 和 51.135。实际显著性水平都小于 5%，$t=3.021$ 对应的 p 值为 0.0165，即实际显著性水平仅为 1.65%，而 $t=51.135$ 对应显著性水平小于万分之一（在 EViews 中以 0.0000 显示其值）。所测的 t 统计量的 p 值比 1% 要小得多，就是说，我们如果根据 $t=51.135$ 这个统计量值拒绝 $H_0:\beta_2=0$ 的虚拟假设，那么犯第Ⅰ类错误的概率要小于 0.01%，即小于万分之一。

p 值度量的是犯第Ⅰ类错误的概率，即拒绝正确的原假设的概率。p 值越大，错误地拒绝原假设的可能性就越大；p 值越小，拒绝原假设时就越放心。

因此，可以通过 p 值比较进行假设检验。当 $p<\alpha$ 时，$|t|>t_{\alpha/2}(n-k)$，拒绝原假设 $H_0:\beta_j=0$，接受备择假设 $H_1:\beta_j\neq 0$；当 $p>\alpha$ 时，$|t|<t_{\alpha/2}(n-k)$，则不拒绝原假设 $H_0:\beta_j=0$。

(3)"2 倍 t"和"5% p 值"简算法

当样本容量 n 较大时（$n\geq 30$），t 值只要大于 2.0，我们就将回归系数判定为显著的。当进行多元回归时，回归系数较多，利用这种方法非常方便，不需查 t 分布表。因为通常在 5% 的显著水平下，如果自由度在 28 以上（一元回归中的 $n\geq 30$），则 t 分布表中的临界值 $t_{\alpha/2}$，按四舍五入的原则，全部等于 2.0。同样，在 5% 的显著性水平下，无论样本容量多大，当 p 值小于 5% 时，即 $p<0.05$ 时，我们就可判定回归系数是显著的。

如果显著性水平不是 5% 或样本较小，则回归系数的显著性检验的临界值就需据 t 分布表来确定，而不能使用 2 或 5% 做临界水平进行 t 检验。例如，在引例的收入-消费模型中，虽然 $\hat{\beta}_1,\hat{\beta}_2$ 的 t 值分别为 3.021，51.135，都大于 2，但样本较小，不能直接判定 $\hat{\beta}_1,\hat{\beta}_2$ 是显著的。$\hat{\beta}_1,\hat{\beta}_2$ 的 p 值分别为 0.0165，0.0000，均小于 5%，如果显著性水平 $\alpha=5\%$ 可判定 $\hat{\beta}_1,\hat{\beta}_2$ 都是显著的。

§2.5 回归分析结果的报告与评价

一、回归分析结果的报告

回归分析的结果，应该以清晰的格式予以表达，通常采用如下格式（以收入-消费模型为例）

$$\hat{Y}_i = 59.8788 + 0.7616 X_i \tag{2.81}$$
$$\text{se} = 52.9184 \quad 0.0149$$
$$t = 3.0212 \quad 51.1354$$
$$p = 0.0165 \quad 0.0000$$
$$R^2 = 0.9970, \quad \hat{\sigma} = 67.6376$$

上式中,第一排括号内的数字为回归系数估计值的标准误;第二排括号内的数字为在回归系数的真实值都是零的原假设下,由式(2.79)计算出来的 t 统计量值(例如 $3.0212 = 159.8788 \div 52.9184$);第三排括号内的数字为 p 值,即估计值的实际显著性水平。$p=0.0000$ 表示当原假设 $H_0: \beta_2 = 0$ 成立时,得到一个等于或大于 51.1354 的 t 值的概率 $p \approx 0$。也就是说,如果 β_2 即边际消费倾向确实为零的话,我们得到一个 0.7616 的估计值的机会,实际上约等于零。因此,我们可以拒绝真实的边际消费倾向是零的原假设。

二、回归分析结果的评价

用最小二乘法得到回归模型后,我们要对模型的特性进行评价。回归模型的评价如下:

(1)经济理论评价。根据经济理论,边际消费倾向应为小于 1 大于 0 的正数。在收入-消费模型中,我们得到的边际消费倾向为 0.7616,与经济理论的描述是一致的。

(2)统计上的显著性。由于 β_1, β_2 是由样本推断而得到的,即使 β_1, β_2 的真实值为 0,由于抽样的波动,我们也会得到不为 0 的估计值 $\hat{\beta}_1, \hat{\beta}_2$。因此,必须对回归系数进行显著性检验,判断回归系数的显著性。在收入-消费例中,边际消费倾向不仅是正的,而在统计上也是显著地异于 0,t 统计量的 p 值约等于 0。

(3)回归分析模型的拟合优度,即解释变量 X 在多大程度上解释了被解释变量 Y 的变异。在收入-消费例中,$R^2 = 0.9970$,说明收入解释了消费变异的 99.70%,这是一个非常好的拟合。

(4)检验回归分析模型是否满足经典假定。该类检验将在第四章中讲解。

§2.6 回归分析的应用——预测

一、预测概述

计量经济分析的目的之一就是预测。预测是关于未来事件可能结果的估计,对结果的估计依赖于过去和现在的信息。而预测信息就包含在回归分析模型中。把模型结果外推到样本区间以外,就能对被解释变量的未来值进行预测。

在时间序列分析中,预测就是指对事物未来状态的估计。在截面数据分析中,预测分析同样适用,此时的目的是预测当 X 取特定值 X_0 时,Y 的可能结果值为 Y_0。

点预测就是对预测对象的未来值给出一个估计值,区间预测就是给出预测对象实际值的一个置信区间。

由预测分析得到的信息有许多用途。经济系统中,预测常常用来指导经济政策和方针的制定。当预测到经济系统将出现高通货膨胀时,政府往往会提前采取紧缩的政策。当预测石油价格会上涨时,人们会增加石油的储备。预测结果还能用于指导建立模型。当预测结果与实际结果相差较大时,会利用误差信息对模型进行修正。

预测分事后模拟预测和事先预测。事后模拟预测指对样本区内已知 Y 的结果值的区间进行估计,也称为模拟值。事先预测指对样本区外未知 Y 的结果进行估计。

二、均值预测

在收入-消费模型中,我们得到样本回归模型为

$$\hat{Y}_i = 159.8788 + 0.7616 X_i \tag{2.82}$$

其中 $\hat{Y}_i$ 是对应于给定 X_i 的 Y_i 的总体均值 $E(Y_i)$ 的估计量。均值预测就是预测对于给定的 X_0,Y 的条件均值的值,也就是预测总体回归线本身上的点。

利用式(2.82)进行预测,假定 $X_0 = 2000$,我们对 Y_i 的均值 $E(Y|X_0=2000)$ 进行预测,预测的点估计为

$$\hat{Y}_0 = \hat{\beta}_1 + \hat{\beta}_2 X_0 = 159.879 + 0.762 \times 2000 = 1683.879 \tag{2.83}$$

其中 $\hat{Y}_0$ 是 $E(Y|X_0)$ 的估计量。可以证明,这个点预测是一个最佳线性无偏估计量。

$\hat{Y}_0$ 是一个估计量,不同于它的真实值 $E(Y|X_0)$。因为 $\hat{Y}_0$ 是随机变量 $\hat{\beta}_1, \hat{\beta}_2$ 的函数,因此,$\hat{Y}_0$ 也是一个随机变量。

可以证明,$\hat{Y}_0$ 是服从正态分布的,其均值为 $\beta_1 + \beta_2 X_0$,而方差为

$$\text{Var}(\hat{Y}_0) = \sigma^2 \left[\frac{1}{n} + \frac{(X_0 - \overline{X})^2}{\sum (X_i - \overline{X})^2} \right] \tag{2.84}$$

用 σ^2 的无偏估计量 $\hat{\sigma}^2$ 代替式(2.84)中的 σ^2,可得

$$t = \frac{\hat{Y}_0 - (\beta_1 + \beta_2 X_0)}{\text{se}(\hat{Y}_0)} \tag{2.85}$$

其中 $\text{se}(\hat{Y}_0)$ 代表 $\hat{Y}_0$ 的标准误。可以证明,式(2.85)中 t 服从自由度为 $n-2$ 的 t 分布。据式(2.85)可得到 $E(Y|X_0)$ 的置信区间为

$$P(\hat{\beta}_1 + \hat{\beta}_2 X_0 - t_{\alpha/2} \text{se}(\hat{Y}_0) \leqslant \beta_1 + \beta_2 X_0 \leqslant \hat{\beta}_1 + \hat{\beta}_2 X_0 + t_{\alpha/2} \text{se}(\hat{Y}_0)) = 1 - \alpha \tag{2.86}$$

根据收入-消费例中数据(表 2.4)可得

$$\text{Var}(\hat{Y}_0) = 4574.899 \left[\frac{1}{10} + \frac{(2000 - 3250)^2}{20625000} \right]$$
$$= 804.073$$
$$\text{se}(\hat{Y}_0) = 28.356$$

由此,可得到真实均值 $E(Y|X_0)=\beta_1+\beta_2 X_0$ 的 95% 置信区间为

$$1683.879-2.306\times 28.356 \leqslant E(Y|X=2000) \leqslant 1683.879+2.306\times 28.356$$

即

$$1618.490 \leqslant E(Y|X=2000) \leqslant 1749.268 \tag{2.87}$$

上式的意义为,给定 $X_0=2000$,在重复抽样中,每 100 个类似式(2.87)的区间将有 95 个包含着真实的均值;真实均值的单个最优估计就是点估计值 1683.879。

对表 2.4 中的每个 X 值求类似于式(2.87)的置信区间,并把这些置信区间在二维直角坐标系中联结起来,我们就得到如图 2.7 所示的一个关于总体回归模型的置信域。

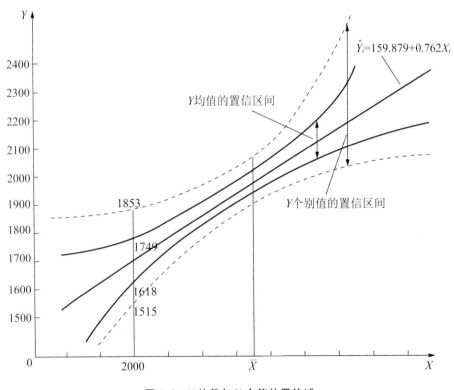

图 2.7 Y 均值与 Y 个值的置信域

三、个值预测

如果我们想预测个别家庭的消费支出,即预测对应于给定 X 值($X=X_0$)的单个 Y 值($Y=Y_0$),其点预测为 $\hat{Y}_0=\hat{\beta}_1+\hat{\beta}_2 X_0$,$\hat{Y}_0$ 为 Y_0 的最佳线性无偏估计量。个值预测的点预测与均值预测的点预测结果相同,但其方差不同,区间预测的结果也不同。其方差为

$$\text{Var}(Y_0 - \hat{Y}_0) = \sigma^2 \left[1 + \frac{1}{n} + \frac{(X_0 - \overline{X})^2}{\sum (X_i - \overline{X})^2} \right] \tag{2.88}$$

可以证明,用 $\hat{\sigma}^2$ 代替 σ^2 时,

$$t = \frac{Y_0 - \hat{Y}_0}{\text{se}(Y_0 - \hat{Y}_0)} \tag{2.89}$$

服从 t 分布,可根据 t 分布推断 Y_0 的置信区间,即对 Y_0 进行区间预测。

在个值预测中,$Y_0 - \hat{Y}_0 = \hat{e}_0$,代表预测误差。$\hat{e}_0$ 的来源有两个,一个是 $\hat{Y}_0$ 的抽样误差,来自于我们对 β_i 的估计,即 $\text{Var}(\hat{Y}_0)$,它随样本容量的增大而变小。另一个是总体误差项 u 的方差 σ^2,它不随样本容量的变化而变化。

据式(2.89),可得到个值预测的置信区间为

$$\hat{Y}_0 - t_{\alpha/2} \text{se}(Y_0 - \hat{Y}) \leqslant Y_0 \leqslant \hat{Y}_0 + t_{\alpha/2} \text{se}(Y_0 - \hat{Y}_0) \tag{2.90}$$

以收入-消费模型为例进行个值预测。Y_0 的点预测与 $\hat{Y}_0$ 的点预测一样,同样是 1683.879。在 5% 的显著性水平下,$X_0 = 2000$ 时,$(Y_0 - \hat{Y}_0)$ 的方差和标准误为

$$\text{Var}(Y_0 - \hat{Y}_0) = 4574.899 \left[1 + \frac{1}{10} + \frac{(2000 - 3250)^2}{20\,625\,000} \right]$$
$$= 5378.972$$
$$\text{se}(Y_0 - \hat{Y}_0) = 73.341$$

则 Y_0 的置信区间为

$$1683.879 - 2.306 \times 73.341 \leqslant Y_0 \mid X_0 = 2000 \leqslant 1683.879 + 2.306 \times 73.341$$

即

$$1514.755 \leqslant Y_0 \mid X_0 = 2000 \leqslant 1853.003 \tag{2.91}$$

可以看出个值预测的置信区间比均值预测的置信区间要宽。这是因为个值预测的误差除了来源于抽样波动外,还来源于误差项 u 的随机扰动,而均值预测的误差来源仅仅为抽样波动。

据表 2.4 中的每个 X 值求类似于式(2.91)的置信区间,并把这些置信区间在二维直角坐标系中联结起来,我们就得到如图 2.7 所示的一个关于 Y 的个值预测的 95% 的置信域。

在图 2.7 中,置信区间的宽度是随着 X_0 与 $\overline{X}$ 的距离而变化的。当 $X_0 = \overline{X}$ 时,宽度最小。随着 X_0 远离 $\overline{X}$,置信区间的宽度变大。由此可知样本回归线对未来结果的预测能力随着 X_0 远离 $\overline{X}$ 越来越低。因此,当进行均值或个值预测时,就必须慎重考虑它的可靠性。预测点距离样本期越远,其可靠性就越差。

§2.7 应用案例

一、中国进口需求模型(2001—2014年)

一个国家的进口需求与该国的经济发展总水平、技术状态和进口政策等因素紧密相关。将上述因素均予以考虑，总体回归模型就是一个多元回归模型。为了简化为一元回归模型，我们假定技术状态、进口政策等因素不变。由此，我们得到进口需求量与经济发展总水平的一元回归模型：

$$Y_t = \beta_1 + \beta_2 X_t + u \tag{2.92}$$

其中 Y_t 是进口总量，X_t 是国内生产总值。

表2.6 2001—2014年中国进口需求与国内生产总值

年份	进口需求 Y(现价，亿元人民币)	国内生产总值 X(现价，亿元人民币)	年份	进口需求 Y(现价，亿元人民币)	国内生产总值 X(现价，亿元人民币)
2001	20 159.20	110 270.4	2008	79 526.53	316 751.7
2002	24 430.30	121 002.0	2009	68 618.37	345 629.2
2003	34 195.60	136 564.6	2010	94 699.30	408 903.0
2004	46 435.80	160 714.4	2011	113 161.40	484 123.5
2005	54 273.70	185 895.8	2012	114 800.96	534 123.0
2006	63 376.86	217 656.6	2013	121 037.46	588 018.8
2007	73 300.10	268 019.4	2014	120 358.03	636 138.7

注：表中数据来源于《中国统计年鉴》。

据表2.6数据，使用普通最小二乘法，得到进口需求函数

$$\hat{Y}_t = 12460.31 + 0.189 X_t \tag{2.93}$$
$$\text{se} = 5047.557 \quad 0.014$$
$$t = 2.469 \quad 13.742$$
$$p = 0.030 \quad 0.000$$
$$R^2 = 0.940, \quad F = 188.851$$

式(2.93)中，$\hat{\beta}_2$ 的 t 统计量为 13.742，p 值明显小于 0.05，说明 $\hat{\beta}_2$ 是高度显著的，解释变量国内生产总值与进口需求量高度相关。国内生产总值解释了进口需求总变异的 94.0%。国内生产总值每增长 1 亿元，进口需求量增长 0.189 亿元。在此，我们要注意，式(2.93)并不是一个完整的模型，在此仅为说明一元回归模型的应用。

二、2013年中国城镇居民消费函数（31个省市）

为研究一国的消费水平，我们需要判断该国指定年份的边际消费倾向。为此，使用中国2013年截面数据构造中国收入-消费模型。

表2.7给出了2013年中国各地区人均可支配收入和人均消费支出的数据。以人均消费支出 Y_i 为被解释变量，以人均可支配收入 X_i 为解释变量，建立一元线性回归模型。据表 (2.7)的数据，使用普通最小二乘法，得到如下收入-消费模型

$$\hat{Y}_i = 1897.541 + 0.599 X_i \tag{2.94}$$

$$\text{se} = 850.267 \quad 0.032$$

$$t = 2.232 \quad 18.517$$

$$p = 0.034 \quad 0.000$$

$$R^2 = 0.922, \quad F = 342.894$$

表 2.7 2013年中国城镇居民收入与消费

地区	人均消费支出 Y/元	人均可支配收入 X/元	地区	人均消费支出 Y/元	人均可支配收入 X/元
北京	26 274.89	40 321.00	湖北	15 749.50	22 906.42
天津	21 711.86	32 293.57	湖南	15 887.11	23 413.99
河北	13 640.58	22 580.35	广东	24 133.26	33 090.05
山西	13 166.19	22 455.63	广西	15 417.62	23 305.38
内蒙古	19 249.06	25 496.67	海南	15 593.04	22 928.9
辽宁	18 029.65	25 578.17	重庆	17 813.86	25 216.13
吉林	15 932.31	22 274.60	四川	16 343.45	22 367.63
黑龙江	14 161.71	19 596.96	贵州	13 702.87	20 667.07
上海	28 155.00	43 851.36	云南	15 156.15	23 235.53
江苏	20 371.48	32 538.00	西藏	12 231.86	20 023.35
浙江	23 257.19	37 851.00	陕西	16 679.69	22 858.37
安徽	16 285.17	23 114.22	甘肃	14 020.72	18 964.78
福建	20 092.72	30 816.37	青海	13 539.50	19 498.54
江西	13 850.51	21 872.68	宁夏	15 321.10	21 833.33
山东	17 112.24	28 264.10	新疆	15 206.16	19 873.77
河南	14 821.98	22 398.03			

注：表中数据来源于《中国统计年鉴2014》光盘。

在式(2.94)的收入-消费模型中,常数项的 t 统计量为 2.23,p 值为 0.034,小于 0.05,说明有理由拒绝 $H_0:\beta_1=0$ 的原假设。事实上在回归分析中,我们重点关注的是斜率系数 β_2 的显著性,若分析结果中得到的 p 值大于 0.05,也可以使用 p 值较大的截距系数。如有必要,可使用无截距回归模型。模型中,斜率系数的 t 统计量为 18.517,p 值近似为 0,说明斜率系数高度显著,居民收入对消费支出有显著影响。斜率系数,即边际消费倾向为 0.599,说明 2013 年中国居民截面数据中,居民收入每增加 1 元,将有 0.599 元用于消费。

在收入-消费模型中,居民收入解释了居民消费总变异的 92.2%。

练 习 题 二

2.1 什么是经典线性回归模型?

2.2 什么是最小二乘准则?

2.3 总体回归函数与样本回归函数有何区别?

2.4 试述随机误差项 u_i 与残差项 e_i 的区别与联系。

2.5 在经典线性回归模型之中,对随机误差项 u_i 做了哪些假定?这些假定的意义为何?

2.6 为什么判定系数 R^2 可度量拟合优度。

2.7 试说明总平方和、解释平方和、残差平方和的概念与意义。

2.8 说明显著性检验的意义。

2.9 下表是 1960—1981 年间新加坡每千人电话数 Y 与按要素成本计算的人均国内生产总值 X(GDP,新加坡元)。问:这两个变量之间有何关系?

年份	Y	X	年份	Y	X
1960	36	1299	1971	90	2723
1961	37	1365	1972	102	3033
1962	38	1409	1973	114	3317
1963	41	1549	1974	126	3487
1964	42	1416	1975	141	3575
1965	45	1473	1976	163	3784
1966	48	1589	1977	196	4025
1967	54	1757	1978	223	4286
1968	59	1974	1979	262	4628
1969	67	2204	1980	291	5038
1970	78	2460	1981	317	5472

2.10 下表给出 1960—1980 年 5 个工业国家的通货膨胀率：

年份	美国	英国	日本	德国	法国
1960	1.5	1.0	3.6	1.5	3.6
1961	1.1	3.4	5.4	2.3	3.4
1962	1.1	4.5	6.7	4.5	4.7
1963	1.2	2.5	7.7	3.0	4.8
1964	1.4	3.9	3.9	2.3	3.4
1965	1.6	4.6	6.5	3.4	2.6
1966	2.8	3.7	6.0	3.5	2.7
1967	2.8	2.4	4.0	1.5	2.7
1968	4.2	4.8	5.5	1.8	4.5
1969	5.0	5.2	5.1	2.6	6.4
1970	5.9	6.5	7.6	3.7	5.5
1971	4.3	9.5	6.3	5.3	5.5
1972	3.6	6.8	4.9	5.4	5.9
1973	6.2	8.4	12.0	7.0	7.5
1974	10.9	16.0	24.6	7.0	14.0
1975	9.2	24.2	11.7	5.9	11.7
1976	5.8	16.5	9.3	4.5	9.6
1977	6.4	15.9	8.1	3.7	9.4
1978	7.6	8.3	3.8	2.7	9.1
1979	11.4	13.4	3.6	4.1	10.7
1980	13.6	18.0	8.0	5.5	13.3

(1) 根据表中数据给出每个国家以时间为横轴的通货膨胀率图；
(2) 估计回归模型

$$Y_{it} = \beta_1 + \beta_2 X_t + u_{it}$$

其中，Y_{it} = 第 i 个国家的通货膨胀率，i = 英国、日本、德国或法国，X_t = 美国通货膨胀率；
(3) 对得到的每个回归模型进行检验；
(4) 使用得到的四个回归模型，分析该国的通货膨胀率与美国的通货膨胀率之间的关系。

2.11 利用习题 2.10 的数据，对每一个国家拟合如下模型

$$Y_t = \beta_1 + \beta_2 X_t + u_t$$

其中 Y_t 是时期 t 的通货膨胀率；X_t 是时间，取值为 $1,2,\cdots,21$。

要求：根据所得回归模型分析每一国家的通货膨胀行为。

2.12 一家大型家具制造商在 14 个城市的营业额及广告费数据如下表：

城市	营业额/百万元	广告费/百万元	城市	营业额/百万元	广告费/百万元
1	82	1.8	8	55	1.6
2	46	1.2	9	80	1.0
3	17	0.4	10	47	1.5
4	21	0.5	11	79	0.7
5	112	2.5	12	38	1.0
6	105	1.5	13	30	0.8
7	65	1.2	14	11	0.4

要求：(1) 建立营业额与广告费的一元回归模型并估计参数；

(2) 对回归模型进行检验并解释参数的意义。

第三章 多元线性回归模型

本章我们将把一元线性回归模型推广到多元线性回归模型,即在模型中将包含两个以上的解释变量。多元线性回归模型是实践中广泛应用的模型。我们从简单的双解释变量多元线性回归模型入手,然后再将其推广到三个及三个以上解释变量的多元线性回归模型。

§3.1 多元回归模型的定义

一、多元回归模型的意义

我们在第二章中探讨了一元线性回归模型的理论与应用。在一元线性回归模型中,我们假定影响被解释变量的因素只有一个,即解释变量 X,这种情形在计量经济分析中往往是不适宜的。因为在经济系统中,影响被解释变量的重要变量往往不止一个。例如在收入-消费模型中,除了收入影响消费外,还有其他因素明显地影响消费,很明显财富就是影响消费的重要变量。在劳动力市场上,影响工资的变量不仅仅是工作年限,受教育程度也是影响工资的一个重要变量。因此,在回归分析模型中,就需要引进更多的解释变量。

多元回归分析与一元回归分析相比有如下优点:

(1)多元回归分析可以研究多个影响因素对被解释变量的影响。

(2)在模型中增加一些有助于解释 Y 的因素,Y 的变动就能更好地予以解释。因此,多元回归分析有助于更好地预测。

(3)多元回归模型更具有一般性。一元回归模型中,只能有一个解释变量,其函数形式不一定恰当。而多元回归模型具有较大的灵活性,有利于对总体回归模型做出正确的判断。

多元回归模型是经济学和其他社会科学进行计量分析时使用最为广泛的一个工具。

二、含有两个解释变量的多元回归模型

含有两个解释变量的多元回归模型是最简单的多元回归模型。模型形式为

$$Y_i = \beta_1 + \beta_2 X_{2i} + \beta_3 X_{3i} + u_i \tag{3.1}$$

其中 Y_i 是被解释变量,X_{2i} 和 X_{3i} 是解释变量,u_i 是随机干扰项,i 指第 i 项观测。

式(3.1)中的 β_1 是截距项。表面上看,β_1 代表 X_2 和 X_3 均取 0 时的 Y 的均值,但这仅仅是一种机械的解释,实际上 β_1 是指所有未包含到模型中来的变量对 Y 的平均影响。系数 β_2

和 β_3 为偏回归系数，β_2 表示在保持 X_3 不变的条件下，X_2 每变化一个单位，Y 的均值的变化。类似地，β_3 表示在保持 X_2 不变的条件下，X_3 每变化一个单位，Y 的均值的变化。

例如在汽车需求分析中，可设定模型为

$$Y_t = \beta_1 + \beta_2 P_t + \beta_3 I_t + u_t \tag{3.2}$$

其中 Y_t 为汽车需求量，P_t 为汽车价格，I_t 为居民收入，t 代表第 t 次观测。(3.2)式中，汽车需求量主要受到价格和收入这两个变量的影响。

又如在劳动力市场中，工资水平模型为

$$W_i = \beta_1 + \beta_2 E_i + \beta_3 EP_i + u_i \tag{3.3}$$

其中 W_i 为工资，E_i 为受教育水平，EP_i 为工作经验。式(3.3)表示工资水平主要受受教育水平和工作经验两个变量的影响。

在含有两个解释变量的多元回归模型中，经典线性回归模型的假定条件如下：

假定 1 u_i 零均值，即

$$E(u_i \mid X_{2i}, X_{3i}) = 0 \quad (\text{对每个 } i) \tag{3.4}$$

假定 2 u_i 无序列相关，即

$$\text{Cov}(u_i, u_j) = 0 \quad (i \neq j) \tag{3.5}$$

假定 3 u_i 同方差，即

$$\text{Var}(u_i) = \sigma^2 \tag{3.6}$$

假定 4 u_i 与每一个解释变量无关，即

$$\text{Cov}(u_i, X_{2i}) = \text{Cov}(u_i, X_{3i}) = 0 \tag{3.7}$$

假定 5 无设定偏误。

假定 6 解释变量 X 之间无完全的共线性。即 X_2 与 X_3 之间无完全的共线性关系。无完全的共线性的含义是，不存在一组不全为零的数 λ_2 和 λ_3，使得

$$\lambda_2 X_{2i} + \lambda_3 X_{3i} = 0 \tag{3.8}$$

如果这一关系式存在，则该 X_2 和 X_3 是共线的或线性关系。例如，$X_{2i} = 2X_{3i}$ 或 $X_{2i} + X_{3i} = 0$，则两变量就是完全线性关系。

三、含有多个解释变量的模型

多个解释变量的多元回归模型是一元回归模型和二元回归模型的推广。含被解释变量 Y 和 $k-1$ 个解释变量 $X_2, X_3, \cdots, X_k$ 的多元总体回归模型表示如下：

$$Y_i = \beta_1 + \beta_2 X_{2i} + \beta_3 X_{3i} + \cdots + \beta_k X_{ki} + u_i \quad (i = 1, 2) \tag{3.9}$$

其中 β_1 为截距，$\beta_2,\beta_3,\cdots,\beta_k$ 为偏斜率系数，u 为随机干扰项，i 为第 i 次观测。式(3.9)的均值表达式为

$$E(Y_i) = \beta_1 + \beta_2 X_{2i} + \beta_3 X_{3i} + \cdots + \beta_k X_{ki} \quad (i=1,2) \tag{3.10}$$

把式(3.10)表示为增量形式则为

$$\Delta E(Y_i) = \beta_2 \Delta X_{2i} + \beta_3 \Delta X_{3i} + \cdots + \beta_k \Delta X_{ki} \tag{3.11}$$

X_2 的系数 β_2 的意义为：在所有其他变量 $X_{3i},X_{4i},\cdots,X_{ki}$ 保持不变的条件下，X_2 改变一个单位而导致 Y_i 的均值的变化量。即在保持 $X_3,X_4,\cdots,X_k$ 不变的条件下，有

$$\Delta E(Y_i) = \beta_2 \Delta X_{2i} \tag{3.12}$$

其他斜率系数的意义与此类似。

例如，在汽车需求分析中，要研究竞争性市场中某一品牌汽车的需求。据需求理论，影响汽车需求的因素除了价格和收入外，还有与之竞争的其他品牌汽车的价格。因此，该品牌汽车的需求模型为

$$Y_t = \beta_1 + \beta_2 P_t + \beta_3 I_t + \beta_4 P_t' + u_t \tag{3.13}$$

其中 Y_t 为某品牌汽车需求量，P_t 为该品牌汽车价格，I_t 为居民收入，P_t' 为竞争性品牌汽车的价格。

β_2 代表当居民收入 I_t 与竞争性品牌汽车价格 P_t' 不变时，该品牌汽车价格降低 1 元，需求量增加的数量。

对于含有多个解释变量的总体回归模型，经典假定表述如下：

假定 1　$E(u_i)=0$。
假定 2　$Cov(u_i,u_j)=0$，其中 $i\neq j$。
假定 3　$Var(u_i)=\sigma^2$。
假定 4　$X_2,X_3,\cdots,X_k$ 是非随机变量，且 $Cov(u_i,X_j)=0$，其中 $j=2,3,\cdots,k$。
假定 5　$X_2,X_3,\cdots,X_k$ 之间无完全的多重共线性。
假定 6　无设定偏误。
假定 7　为了假设检验 $u_i \sim N(0,\sigma^2)$。

四、多元线性回归模型的矩阵表达

对总体回归模型(3.9)做 n 次观测，可以得到样本数据形式的多元线性回归模型。这个模型包括 n 个方程和 k 个未知参数 $\beta_1,\beta_2,\cdots,\beta_k$，即

$$\begin{cases} Y_1 = \beta_1 + \beta_2 X_{21} + \beta_3 X_{31} + \cdots + \beta_k X_{k1} + u_1 \\ Y_2 = \beta_1 + \beta_2 X_{22} + \beta_3 X_{32} + \cdots + \beta_k X_{k2} + u_2 \\ \cdots\cdots\cdots\cdots\cdots\cdots\cdots\cdots\cdots\cdots\cdots\cdots \\ Y_n = \beta_1 + \beta_2 X_{2n} + \beta_3 X_{3n} + \cdots + \beta_k X_{kn} + u_n \end{cases} \tag{3.14}$$

(3.14)式的矩阵表达式为

$$\boldsymbol{Y} = \boldsymbol{X}\boldsymbol{\beta} + \boldsymbol{U} \tag{3.15}$$

其中

$$\boldsymbol{Y} = \begin{bmatrix} Y_1 \\ Y_2 \\ \vdots \\ Y_n \end{bmatrix}_{n\times 1}, \quad \boldsymbol{X} = \begin{bmatrix} 1 & X_{21} & X_{31} & \cdots & X_{k1} \\ 1 & X_{22} & X_{32} & \cdots & X_{k2} \\ \vdots & \vdots & \vdots & & \vdots \\ 1 & X_{2n} & X_{3n} & \cdots & X_{kn} \end{bmatrix}_{n\times k}, \quad \boldsymbol{\beta} = \begin{bmatrix} \beta_1 \\ \beta_2 \\ \vdots \\ \beta_k \end{bmatrix}_{k\times 1}, \quad \boldsymbol{U} = \begin{bmatrix} u_1 \\ u_2 \\ \vdots \\ u_n \end{bmatrix}_{n\times 1}$$

这里,$\boldsymbol{Y}$ 是被解释变量观测值的 $n\times 1$ 阶列向量,$\boldsymbol{X}$ 是解释变量观测值的 $n\times k$ 阶矩阵,矩阵的每个元素 X_{ji} 表示第 j 个变量的第 i 个观测值。矩阵的每一列表示一个解释变量的 n 个观测值,截距项 β_1 对应的观测值均为 1,$\boldsymbol{\beta}$ 是未知参数的 $k\times 1$ 阶列向量,$\boldsymbol{U}$ 是随机误差项的 $n\times 1$ 阶列向量。

与一元回归相同,据样本观测值就可以得到样本回归函数。假设得到了未知参数 β_1,$\beta_2,\cdots,\beta_k$ 的估计值 $\hat{\beta}_1,\hat{\beta}_2,\cdots,\hat{\beta}_k$,则样本回归函数可表示为

$$\hat{Y}_i = \hat{\beta}_1 + \hat{\beta}_2 X_{2i} + \hat{\beta}_3 X_{3i} + \cdots + \hat{\beta}_k X_{ki} \tag{3.16}$$

其随机表达式为

$$Y_i = \hat{\beta}_1 + \hat{\beta}_2 X_{2i} + \hat{\beta}_3 X_{3i} + \cdots + \hat{\beta}_k X_{ki} + e_i \tag{3.17}$$

式(3.16)和(3.17)的矩阵表达式分别为

$$\hat{\boldsymbol{Y}} = \boldsymbol{X}\hat{\boldsymbol{\beta}} \tag{3.18}$$

$$\boldsymbol{Y} = \boldsymbol{X}\hat{\boldsymbol{\beta}} + \boldsymbol{e} \tag{3.19}$$

其中

$$\hat{\boldsymbol{Y}} = \begin{bmatrix} \hat{Y}_1 \\ \hat{Y}_2 \\ \vdots \\ \hat{Y}_n \end{bmatrix}_{n\times 1}, \quad \hat{\boldsymbol{\beta}} = \begin{bmatrix} \hat{\beta}_1 \\ \hat{\beta}_2 \\ \vdots \\ \hat{\beta}_k \end{bmatrix}_{k\times 1}, \quad \boldsymbol{e} = \begin{bmatrix} e_1 \\ e_2 \\ \vdots \\ e_n \end{bmatrix}_{n\times 1}$$

这里,$\hat{\boldsymbol{Y}}$ 是被解释变量 Y 的 $n\times 1$ 阶拟合值列向量;$\hat{\boldsymbol{\beta}}$ 是未知参数 β 的 $k\times 1$ 阶估计值列向量;$\boldsymbol{e}$ 是残差 e 的 $n\times 1$ 阶列向量。

经典假定的矩阵表达如下:

假定 1 $u_i(i=1,2,\cdots,n)$ 零均值假定

$$\mathrm{E}(\boldsymbol{U}) = \boldsymbol{0}$$

即

$$\mathrm{E}(\boldsymbol{U}) = \begin{bmatrix} \mathrm{E}(u_1) \\ \mathrm{E}(u_2) \\ \vdots \\ \mathrm{E}(u_n) \end{bmatrix} = \begin{bmatrix} 0 \\ 0 \\ \vdots \\ 0 \end{bmatrix} = \boldsymbol{0}$$

假定 2 u_i 无序列相关假定

$$\mathrm{Cov}(u_i, u_j) = 0 \quad (i \neq j)$$

假定 3 u_i 同方差假定

$$\mathrm{Var}(u_i) = \sigma^2$$

假定 2 和假定 3 的矩阵表达式是

$$\begin{aligned}
\mathrm{Var}(\boldsymbol{U}) &= \mathrm{E}[\boldsymbol{U} - \mathrm{E}(\boldsymbol{U})][\boldsymbol{U} - \mathrm{E}(\boldsymbol{U})]' = \mathrm{E}(\boldsymbol{U}\boldsymbol{U}') \\
&= \mathrm{E}\left[\begin{bmatrix} u_1 \\ u_2 \\ \vdots \\ u_n \end{bmatrix}(u_1, u_2, \cdots, u_n)\right] = \mathrm{E}\begin{bmatrix} u_1^2 & u_1 u_2 & \cdots & u_1 u_n \\ u_2 u_1 & u_2^2 & \cdots & u_2 u_n \\ \vdots & \vdots & & \vdots \\ u_n u_1 & u_n u_2 & \cdots & u_n^2 \end{bmatrix} \\
&= \begin{bmatrix} \mathrm{E}(u_1^2) & \mathrm{E}(u_1 u_2) & \cdots & \mathrm{E}(u_1 u_n) \\ \mathrm{E}(u_2 u_1) & \mathrm{E}(u_2^2) & \cdots & \mathrm{E}(u_2 u_n) \\ \vdots & \vdots & & \vdots \\ \mathrm{E}(u_n u_1) & \mathrm{E}(u_n u_2) & \cdots & \mathrm{E}(u_n^2) \end{bmatrix} \\
&= \begin{bmatrix} \sigma^2 & 0 & \cdots & 0 \\ 0 & \sigma^2 & \cdots & 0 \\ \vdots & \vdots & & \vdots \\ 0 & 0 & \cdots & \sigma^2 \end{bmatrix} = \sigma^2 \boldsymbol{I}_n
\end{aligned}$$

称 $\mathrm{Var}(\boldsymbol{U})$ 为随机误差项向量 $\boldsymbol{U}$ 的方差-协方差矩阵。

假定 4 u_i 与每一个解释变量无关

$$\mathrm{Cov}(u_i, X_{ji}) = 0$$

假定 5 无设定偏误。

假定 6 解释变量 X 之间无完全的共线性,解释变量的样本观测矩阵 X 是满秩矩阵,即 $R(X)=k$。

§3.2 最小二乘估计

一、最小二乘估计量

对于两个解释变量的回归模型,其样本回归函数为

$$\hat{Y}_i = \hat{\beta}_1 + \hat{\beta}_2 X_{2i} + \hat{\beta}_3 X_{3i} \tag{3.20}$$

其中 $\hat{\beta}_1, \hat{\beta}_2, \hat{\beta}_3$ 分别为 $\beta_1, \beta_2, \beta_3$ 的估计值。根据最小二乘准则,应选择使残差平方和最小的 $\hat{\beta}_1, \hat{\beta}_2, \hat{\beta}_3$。在给定 Y, X_1, X_2 的 n 个观测值时,同时选择 $\hat{\beta}_1, \hat{\beta}_2, \hat{\beta}_3$ 使下式取最小值:

$$\sum e_i^2 = \sum (Y_i - \hat{\beta}_1 - \hat{\beta}_2 X_{2i} - \hat{\beta}_3 X_{3i})^2 \tag{3.21}$$

其中 i 表示第 i 次观测。式(3.21)就是对从 1 到 n 的观测值求和。

在含有多个解释变量的一般情形中,我们得到样本回归函数:

$$\hat{Y}_i = \hat{\beta}_1 + \hat{\beta}_2 X_{2i} + \hat{\beta}_3 X_{3i} + \cdots + \hat{\beta}_k X_{ki} \tag{3.22}$$

我们的目的就是得到式(3.22)中的估计值 $\hat{\beta}_1, \hat{\beta}_2, \cdots, \hat{\beta}_k$,使残差平方和最小。就是使

$$\sum e_i^2 = \sum (Y_i - \hat{\beta}_1 - \hat{\beta}_2 X_{2i} - \hat{\beta}_3 X_{3i} - \cdots - \hat{\beta}_k X_{ki})^2 \tag{3.23}$$

最小的估计值 $\hat{\beta}_1, \hat{\beta}_2, \cdots, \hat{\beta}_k$。据微积分知识,我们知道这个最小化问题就是使用多元微积分求解。其原理与一元线性回归方程的最小二乘法相同。得到 $\hat{\beta}_1, \hat{\beta}_2, \cdots, \hat{\beta}_k$ 这 k 个未知变量的 k 个线性方程:

$$\begin{cases} \sum (Y_i - \hat{\beta}_1 - \hat{\beta}_2 X_{2i} - \cdots - \hat{\beta}_k X_{ki}) = 0 \\ \sum X_{2i}(Y_i - \hat{\beta}_1 - \hat{\beta}_2 X_{2i} - \cdots - \hat{\beta}_k X_{ki}) = 0 \\ \cdots\cdots\cdots\cdots\cdots\cdots\cdots\cdots\cdots\cdots\cdots\cdots\cdots\cdots \\ \sum X_{ki}(Y_i - \hat{\beta}_1 - \hat{\beta}_2 X_{2i} - \cdots - \hat{\beta}_k X_{ki}) = 0 \end{cases} \tag{3.24}$$

该方程组称为正规方程组,求解该方程组,可得到 $\hat{\beta}_1, \hat{\beta}_2, \cdots, \hat{\beta}_k$ 的值。即使是较小的方程组,手工计算也是很繁重的工作。借助计量经济分析软件,对较大的 n 和 k,也能很快求解这些方程。如果使用普通最小二乘法而得到了式(3.16)的样本回归函数,我们就称其为:将 Y 对 $X_1, X_2, \cdots, X_k$ 进行了回归。

将式(3.24)简化整理后可得

$$\begin{cases} n\hat{\beta}_1 + \hat{\beta}_2 \sum X_{2i} + \cdots + \hat{\beta}_k \sum X_{ki} = \sum Y_i \\ \hat{\beta}_1 \sum X_{2i} + \hat{\beta}_2 \sum X_{2i}^2 + \cdots + \hat{\beta}_k \sum X_{ki} X_{2i} = \sum X_{2i} Y_i \\ \cdots\cdots\cdots\cdots\cdots\cdots\cdots\cdots\cdots\cdots\cdots\cdots\cdots\cdots\cdots\cdots\cdots \\ \hat{\beta}_1 \sum X_{ki} + \hat{\beta}_2 \sum X_{2i} X_{ki} + \cdots + \hat{\beta}_k \sum X_{ki}^2 = \sum X_{ki} Y_i \end{cases} \quad (3.25)$$

写成矩阵形式为

$$\begin{bmatrix} n & \sum X_{2i} & \cdots & \sum X_{ki} \\ \sum X_{2i} & \sum X_{2i}^2 & \cdots & \sum X_{ki} X_{2i} \\ \vdots & \vdots & & \vdots \\ \sum X_{ki} & \sum X_{2i} X_{ki} & \cdots & \sum X_{ki}^2 \end{bmatrix} \begin{bmatrix} \hat{\beta}_1 \\ \hat{\beta}_2 \\ \vdots \\ \hat{\beta}_k \end{bmatrix} = \begin{bmatrix} \sum Y_i \\ \sum X_{2i} Y_i \\ \vdots \\ \sum X_{ki} Y_i \end{bmatrix} \quad (3.26)$$

又由于

$$\begin{aligned} \boldsymbol{X'X} &= \begin{bmatrix} 1 & 1 & \cdots & 1 \\ X_{21} & X_{22} & \cdots & X_{2n} \\ \vdots & \vdots & & \vdots \\ X_{k1} & X_{k2} & \cdots & X_{kn} \end{bmatrix} \begin{bmatrix} 1 & X_{21} & \cdots & X_{k1} \\ 1 & X_{22} & \cdots & X_{k2} \\ \vdots & \vdots & & \vdots \\ 1 & X_{2n} & \cdots & X_{kn} \end{bmatrix} \\ &= \begin{bmatrix} n & \sum X_{2i} & \cdots & \sum X_{ki} \\ \sum X_{2i} & \sum X_{2i}^2 & \cdots & \sum X_{ki} X_{2i} \\ \vdots & \vdots & & \vdots \\ \sum X_{ki} & \sum X_{2i} X_{ki} & \cdots & \sum X_{ki}^2 \end{bmatrix} \end{aligned}$$

$$\boldsymbol{X'Y} = \begin{bmatrix} 1 & 1 & \cdots & 1 \\ X_{21} & X_{22} & \cdots & X_{2n} \\ \vdots & \vdots & & \vdots \\ X_{k1} & X_{k2} & \cdots & X_{kn} \end{bmatrix} \begin{bmatrix} Y_1 \\ Y_2 \\ \vdots \\ Y_n \end{bmatrix} = \begin{bmatrix} \sum Y_i \\ \sum X_{2i} Y_i \\ \vdots \\ \sum X_{ki} Y_i \end{bmatrix}$$

则式(3.26)可以用矩阵表示为

$$\boldsymbol{X'X\hat{\beta}} = \boldsymbol{X'Y} \quad (3.27)$$

式(3.27)为正规方程组的矩阵表达式。在经典假定 6 满足的情况下，$R(\boldsymbol{X}) = k$，k 阶方阵 $\boldsymbol{X'X}$ 为非奇异矩阵，逆矩阵 $(\boldsymbol{X'X})^{-1}$ 存在，因此可以求解矩阵方程(3.27)，得到解为

$$\hat{\boldsymbol{\beta}} = (\boldsymbol{X'X})^{-1} \boldsymbol{X'Y} \quad (3.28)$$

上式中的 $\hat{\boldsymbol{\beta}}$ 就是 $\boldsymbol{\beta}$ 的最小二乘估计量。

利用矩阵求导运算可以非常简单地得到最小二乘估计量。对于矩阵形式的回归方程 $\boldsymbol{Y} = \boldsymbol{X}\boldsymbol{\beta} + \boldsymbol{U}$，其样本回归方程为 $\boldsymbol{Y} = \boldsymbol{X}\hat{\boldsymbol{\beta}} + \boldsymbol{e}$，因此残差平方和可以表示为

$$\begin{aligned}
\sum e_i^2 &= \sum (Y_i - \hat{\beta}_2 X_{2i} - \hat{\beta}_3 X_{3i} - \cdots - \hat{\beta}_k X_{ki})^2 \\
&= \boldsymbol{e}'\boldsymbol{e} = (\boldsymbol{Y} - \hat{\boldsymbol{Y}})'(\boldsymbol{Y} - \hat{\boldsymbol{Y}}) = (\boldsymbol{Y} - \boldsymbol{X}\hat{\boldsymbol{\beta}})'(\boldsymbol{Y} - \boldsymbol{X}\hat{\boldsymbol{\beta}}) \\
&= \boldsymbol{Y}'\boldsymbol{Y} - \hat{\boldsymbol{\beta}}'\boldsymbol{X}'\boldsymbol{Y} - \boldsymbol{Y}'\boldsymbol{X}\hat{\boldsymbol{\beta}} + \hat{\boldsymbol{\beta}}'\boldsymbol{X}'\boldsymbol{X}\hat{\boldsymbol{\beta}} \\
&= \boldsymbol{Y}'\boldsymbol{Y} - 2\hat{\boldsymbol{\beta}}'\boldsymbol{X}'\boldsymbol{Y} + \hat{\boldsymbol{\beta}}'\boldsymbol{X}'\boldsymbol{X}\hat{\boldsymbol{\beta}}
\end{aligned} \tag{3.29}$$

其中

$$\boldsymbol{e} = \begin{bmatrix} e_1 \\ e_2 \\ \vdots \\ e_n \end{bmatrix} = \begin{bmatrix} Y_1 - \hat{Y}_1 \\ Y_2 - \hat{Y}_2 \\ \vdots \\ Y_n - \hat{Y}_n \end{bmatrix} = \boldsymbol{Y} - \hat{\boldsymbol{Y}} = \boldsymbol{Y} - \boldsymbol{X}\hat{\boldsymbol{\beta}}$$

为 $n \times 1$ 阶残差列向量。

对残差平方和求导使其为 0，可得

$$\begin{aligned}
\frac{\partial(\boldsymbol{e}'\boldsymbol{e})}{\partial \hat{\boldsymbol{\beta}}} &= \frac{\partial(\boldsymbol{Y}'\boldsymbol{Y} - 2\hat{\boldsymbol{\beta}}'\boldsymbol{X}'\boldsymbol{Y} + \hat{\boldsymbol{\beta}}'\boldsymbol{X}'\boldsymbol{X}\hat{\boldsymbol{\beta}})}{\partial \hat{\boldsymbol{\beta}}} \\
&= -2\boldsymbol{X}'\boldsymbol{Y} + 2\boldsymbol{X}'\boldsymbol{X}\hat{\boldsymbol{\beta}} = \boldsymbol{0}
\end{aligned}$$

整理后可得到正规方程组(3.27)

$$\boldsymbol{X}'\boldsymbol{X}\hat{\boldsymbol{\beta}} = \boldsymbol{X}'\boldsymbol{Y}$$

因此，$\boldsymbol{\beta}$ 的最小二乘估计量为

$$\hat{\boldsymbol{\beta}} = (\boldsymbol{X}'\boldsymbol{X})^{-1}\boldsymbol{X}'\boldsymbol{Y}$$

例 3.1 工资回归模型。

利用横截面数据估计参数得到如下包含三个解释变量的模型：

$$\ln Y = 0.284 + 0.092 X_2 + 0.004 X_3 + 0.022 X_4 \tag{3.30}$$

其中 Y 为工资，X_2 是受教育年限，X_3 为工龄，X_4 是现任职务的任期。

在式(3.30)中，系数 0.092 表示在保持 X_3 和 X_4 固定不变的情况下，劳动者多受一年教育，$\ln Y$ 增加 0.092，即工资增加 9.2%。也就是说，如果有两个劳动者具有同样的工龄和现职任期，在受教育水平相差一年时，X_2 的系数表示了预计工资的差别。

二、判定系数 R^2 及调整的判定系数 $\bar{R}^2$

1. 判定系数 R^2

在一元回归模型中,判定系数 R^2 是回归方程拟合优度的一个度量,它给出了在被解释变量 Y 的总变差中由(一个)解释变量 X 解释了的比例或百分比。将其推广到多元回归模型中,判定系数依然为解释平方和 ESS 与总平方和 TSS 的比值,即

$$R^2 = \frac{\text{ESS}}{\text{TSS}} = 1 - \frac{\text{RSS}}{\text{TSS}} \tag{3.31}$$

与一元回归模型一样,R^2 也是一个在 0 与 1 之间的数。R^2 的值越接近于 1,模型拟合就越好。当 $R^2=1$ 时,RSS$=0$,表明被解释变量 Y 的变化完全由解释变量 $X_2, X_3, \cdots, X_k$ 决定。当 $R^2=0$ 时,ESS$=0$,表明 Y 的变化与 $X_2, X_3, \cdots, X_k$ 无关。

2. 调整的判定系数 $\bar{R}^2$

判定系数 R^2 的一个重要性质是:在回归模型中增加一个解释变量后,它不会减少,而且通常会增大。即 R^2 是回归模型中解释变量个数的非减函数。在式(3.31)中,TSS 就是 $\sum(Y_i - \bar{Y})^2$,与模型中的 X 变量的个数无关。但 RSS 即 $\sum e_i^2$ 却与模型中出现的解释变量个数相关。随着 X 变量个数的增加,$\sum e_i^2$ 会减小,至少不会增大。因此,判定系数 R^2 将会增大。所以,使用 R^2 来判断具有相同被解释变量 Y 和不同个数解释变量 X 的回归模型的优劣时就很不适当。此时,R^2 不能用于比较两个回归方程的拟合优度。

为了消除解释变量个数对判定系数 R^2 的影响,需使用**调整的判定系数**:

$$\bar{R}^2 = 1 - \frac{\sum e_i^2/(n-k)}{\sum(Y_i-\bar{Y})^2/(n-1)} \tag{3.32}$$

其中 k 为包括截距项在内的模型中的参数个数。在二元回归模型中 $k=3$,在一元回归模型中 $k=2$。所谓调整,就是指 $\bar{R}^2$ 的计算式中的 $\sum e_i^2$ 和 $\sum(Y_i-\bar{Y})^2$ 都分别用它们的自由度 $(n-k)$ 和 $(n-1)$ 去除。

调整的判定系数 $\bar{R}^2$ 和 R^2 的关系为:

$$\bar{R}^2 = 1 - (1-R^2)\frac{n-1}{n-k} \tag{3.33}$$

由上式可以看出:(1)$k>1$,$\bar{R}^2<R^2$,这意味着,随着 X 变量的个数增加,$\bar{R}^2$ 比 R^2 增加得慢些;(2)虽然 R^2 非负,但 $\bar{R}^2$ 可以是负的。在应用中,如果遇到 $\bar{R}^2$ 出现负的情形,就令 $\bar{R}^2=0$。

只要被解释变量的函数形式相同,不论解释变量个数多少,函数形式是否相同,都可以

使用调整的判定系数比较不同回归模型的拟合优度。

3. 回归分析中 $\bar{R}^2$ 的应用

在回归分析中,我们的目的并不是为了得到一个高的 $\bar{R}^2$,而是要得到真实总体回归系数的可靠估计并做出有关的统计推断。在实证分析中,经常碰到有着较高的 $\bar{R}^2$,但某些回归系数在统计上不显著的回归模型,这样的模型是没有应用价值的。所以,我们应更加关心解释变量对被解释变量的理论关系和统计显著性。如果在其他条件相同的条件下,得到一个较高 $\bar{R}^2$,当然很好;如果 $\bar{R}^2$ 偏低,也不能说明模型不好。在经典线性回归模型中,并不要求 $\bar{R}^2$ 一定是较高的。只有模型用于预测时,才会要求较高的拟合优度。

例 3.2 大学平均成绩的决定因素。

根据某大学 141 名学生的样本,以大学平均成绩 Y 为被解释变量,高中平均成绩 X_1 和大学能力测验分数 X_2 为解释变量,用普通最小二乘法得到样本回归模型为

$$\hat{Y} = 1.29 + 0.453X_1 + 0.009X_2 \tag{3.34}$$

在式(3.34)中,$R^2=0.176, n=141$。截距项 1.29 没有实际意义,因为没有人在高中时的成绩为 0、测验成绩也为 0 时进入大学。$R^2=0.176$ 意味着,高中平均成绩 X_1 和大学能力测验分数 X_2 一起解释这个学生样本中大学平均成绩 Y 的方差的 17.6%。这个比例虽然不高,但不能判定模型不好。因为影响一个学生大学表现的因素还有很多,包括家庭背景、个性、高中教育的质量和对大学专业的喜恶等。

三、最小二乘估计量的期望值和方差

1. 回归系数 $\hat{\beta}_j$ 的期望值

在多元回归模型满足经典假定的条件下,普通最小二乘估计量是总体参数的无偏估计。即:

$$E(\hat{\beta}_j) = \beta_j \quad (j = 1,2,\cdots,k) \tag{3.35}$$

对这一结果有直接影响的假定为 $E(u_i)=0$(随机扰动项的期望值为 0)和 $Cov(X_i,u_i)=0$(X 非随机并与扰动项 u 不相关)。

在多元回归分析中,如果回归模型的函数形式设定有误或遗漏了与包含在模型中的变量相关的重要解释变量,都会导致经典假定 $E(u_i)=0$ 不成立,即 $E(u_i)\neq 0$。如此,则使得最小二乘估计量 $\hat{\beta}_j$ 不是总体参数的无偏估计,即 $E(\hat{\beta}_j)\neq\beta_j$。虽然在多元回归分析中,模型的函数形式更多,包含的变量数也较多。相对于一元回归分析,出现函数形式设定偏误和遗漏重要解释变量的可能性较小。但是,在一项应用研究中,由于理论的含糊性或数据的局限性,总有一些重要解释变量不能包含到回归模型中。如此,则会破坏普通最小二乘估计的无偏性,我们会在§3.5 中对此问题进行讨论。

关于 $\mathrm{Cov}(X_i, u_i) = 0$ 假定不能满足,从而破坏无偏性,我们将在后面的章节讨论它。

无偏性不是针对某一特定样本而言的,而是指将普通最小二乘法用于各种可能的随机样本时,这种方法得到的结果是无偏的。也就是说将普通最小二乘法用于不同的样本,将会得到许多不同的估计值 $\hat{\beta}_{ij}$,其中 i 表示第 i 个样本,j 表示第 j 个参数。这些不同的估计值的均值等于总体参数 β_j。但对于一个具体的估计值就谈不上无偏性。因为一个估计值是从一个特定的样本得到的一个固定数,它也许等于总体参数,也许不等于总体参数,我们无法判定。虽然我们总是希望得到最接近总体真实性的估计值,但最小二乘法并不能保证这一点。

2. $\hat{\beta}_j$ 的方差和标准误

$\hat{\beta}_j$ 的期望值度量了 $\hat{\beta}_j$ 的集中趋势。而 $\hat{\beta}_j$ 的方差则度量了 $\hat{\beta}_j$ 围绕其期望值的集中程度,也就是度量了 $\hat{\beta}_j$ 的估计精度。

在满足经典假定的条件下,偏斜率系数最小二乘估计量的方差为

$$\mathrm{Var}(\hat{\beta}_j) = \frac{\sigma^2}{\mathrm{SST}_j (1 - R_j^2)} \quad (j = 2, 3, \cdots, k) \tag{3.36}$$

其中 $\mathrm{SST}_j = \sum_{i=1}^{n}(X_{ij} - \bar{X}_j)^2$ 为 X_j 的**总样本变异**;R_j^2 为将 X_j 对所有其他解释变量(包括一个截距项)进行回归所得到的判定系数 R^2。

$\mathrm{Var}(\hat{\beta}_j)$ 具有非常重要的指导意义。方差越大,则意味着估计量越不精确。$\hat{\beta}_j$ 的方差取决于如下三个因素:σ^2,SST_j 和 R_j^2,其中 j 表示第 j 个解释变量。

(1) $\mathrm{Var}(\hat{\beta}_j)$ 与 σ^2 成正比。σ^2 越大,$\hat{\beta}_j$ 的方差 $\mathrm{Var}(\hat{\beta}_j)$ 越大。回归模型的干扰项 u 是对回归结果的干扰,干扰项 σ^2 越大,使得估计任何一个解释变量对 Y 的局部影响就越困难。由于 σ^2 是总体的一个特征,所以它与样本容量无关。

(2) $\mathrm{Var}(\hat{\beta}_j)$ 与 X_j 的总样本变异 SST_j 成反比。总样本变异 SST_j 越大,$\hat{\beta}_j$ 的方差 $\mathrm{Var}(\hat{\beta}_j)$ 越小。因此,若其他条件不变,就估计 β_j 而言,我们希望 X_j 的样本方差越大越好。这一点在一元回归模型中,我们已经看到了。只要扩大样本容量,就能增大 SST_j,同时也就缩小了 $\hat{\beta}_j$ 的方差 $\mathrm{Var}(\hat{\beta}_j)$,也就是提高了估计精度。

(3) $\mathrm{Var}(\hat{\beta}_j)$ 与解释变量之间的线性关联程度 R_j^2 正相关。R_j^2 越大,$\hat{\beta}_j$ 的方差 $\mathrm{Var}(\hat{\beta}_j)$ 越大。在一元回归模型中,只有一个解释变量,不存在这一问题。这里的 R_j^2 与 Y 无关,它只涉及原模型中的解释变量 $X_2, X_3, \cdots, X_k$,其中 X_j 作为被解释变量,其他解释变量作为解释变量。

在二元回归模型 $Y = \beta_1 + \beta_2 X_2 + \beta_3 X_3 + u$ 中,$\hat{\beta}_2$ 的方差为

$$\mathrm{Var}(\hat{\beta}_2) = \frac{\sigma^2}{\mathrm{SST}_2 (1 - R_2^2)} \tag{3.37}$$

其中 R_2^2 是 X_2 对 X_3(含截距)进行一元回归所得到的 R^2。由于 R^2 度量了拟合优度,所以当 R_2^2 接近于 1 时,则表明在这个样本中,X_3 解释了 X_2 的大部分变动,就是说 X_2 与 X_3 高度相

关。随着 R_2^2 的逐渐增加,$\mathrm{Var}(\hat{\beta}_2)$ 会越来越大。因此,X_2 与 X_3 之间的线性关系越密切,斜率系数的普通最小二乘估计量的方差就越大。

对于一般情况,R_j^2 是 X_j 总变异中由模型中包括的其他解释变量解释的部分。也就是 X_j 与其他解释变量之间的线性关联程度。关联程度越高,方差就越大;关联程度越小,方差就越小。最理想的情形是 $R_j^2=0$,但这种情形是难以碰到的。在所有其他条件都不变的情况下,就估计 β_j 来说,X_j 与其他解释变量之间关联程度越低越好。

另外,在多元回归模型中,某些解释变量之间的高度相关不影响模型中其他参数的估计方差。例如,有一个三个解释变量的模型:

$$Y = \beta_1 + \beta_2 X_2 + \beta_3 X_3 + \beta_4 X_4 + u \tag{3.38}$$

其中 X_3 与 X_4 高度相关,则 $\mathrm{Var}(\hat{\beta}_3)$ 和 $\mathrm{Var}(\hat{\beta}_4)$ 都很大。但 X_3 与 X_4 之间的相关程度对 $\mathrm{Var}(\hat{\beta}_2)$ 没有直接影响。如果 X_2 与 X_3,X_4 无关,则无论 X_3 与 X_4 如何相关,都会有 $R_2^2=0$ 和 $\mathrm{Var}(\hat{\beta}_2)=\sigma^2/\mathrm{SST}_2$。如果我们所关心的是参数 β_2,我们可以不管 X_3 与 X_4 之间的相关程度。

将 $\mathrm{Var}(\hat{\beta}_j)$ 开方,则得到 $\hat{\beta}_j$ 的标准误

$$\mathrm{se}(\hat{\beta}_j) = \sqrt{\frac{\sigma^2}{\mathrm{SST}_j(1-R_j^2)}} \tag{3.39}$$

3. σ^2 的估计量

由于干扰项 u_i 不可观测,因此必须据样本结果估计 σ^2。σ^2 的无偏估计量为

$$\hat{\sigma}^2 = \frac{\sum e_i^2}{n-k} = \frac{\mathrm{RSS}}{n-k} \tag{3.40}$$

式(3.40)中 $\hat{\sigma}^2$ 为 σ^2 的估计量,n 为样本容量,k 为多元回归模型中的参数个数。可以证明,式(3.40)给出的 σ^2 的估计量 $\hat{\sigma}^2$ 是 σ^2 的无偏估计量,即

$$\mathrm{E}(\hat{\sigma}^2) = \sigma^2 \tag{3.41}$$

$\hat{\sigma}^2$ 正的平方根 $\hat{\sigma}$ 被称为**回归标准误**。

σ^2 的无偏估计量的证明如下:

$$\begin{aligned}
\boldsymbol{e} &= \boldsymbol{Y} - \hat{\boldsymbol{Y}} = \boldsymbol{Y} - \boldsymbol{X}\hat{\boldsymbol{\beta}} = (\boldsymbol{X}\boldsymbol{\beta} + \boldsymbol{U}) - \boldsymbol{X}[(\boldsymbol{X}'\boldsymbol{X})^{-1}\boldsymbol{X}'\boldsymbol{Y}] \\
&= (\boldsymbol{X}\boldsymbol{\beta} + \boldsymbol{U}) - \boldsymbol{X}[(\boldsymbol{X}'\boldsymbol{X})^{-1}\boldsymbol{X}'(\boldsymbol{X}\boldsymbol{\beta} + \boldsymbol{U})] \\
&= \boldsymbol{X}\boldsymbol{\beta} + \boldsymbol{U} - \boldsymbol{X}[\boldsymbol{\beta} + (\boldsymbol{X}'\boldsymbol{X})^{-1}\boldsymbol{X}'\boldsymbol{U}] \\
&= \boldsymbol{U} - \boldsymbol{X}(\boldsymbol{X}'\boldsymbol{X})^{-1}\boldsymbol{X}'\boldsymbol{U} \\
&= [\boldsymbol{I}_n - \boldsymbol{X}(\boldsymbol{X}'\boldsymbol{X})^{-1}\boldsymbol{X}']\boldsymbol{U} \\
&= \boldsymbol{M}\boldsymbol{U}
\end{aligned} \tag{3.42}$$

其中 $M = I_n - X(X'X)^{-1}X'$，M 是 n 阶对称幂等矩阵，即 $M = M'$，$M^2 = M$，则残差平方和为

$$e'e = (MU)'MU = U'M'MU = U'MU = U'[I_n - X(X'X)^{-1}X']U \tag{3.43}$$

$$\begin{aligned} E(e'e) &= E\{U'[I_n - X(X'X)^{-1}X']U\} \\ &= \sigma^2 \operatorname{tr}[I_n - X(X'X)^{-1}X'] \\ &= \sigma^2[\operatorname{tr} I_n - \operatorname{tr} X(X'X)^{-1}X'] \\ &= \sigma^2(n-k) \end{aligned} \tag{3.44}$$

式(3.44)中的符号 tr 表示矩阵的迹，定义为矩阵主对角线上的和。因此可得

$$\sigma^2 = \frac{E(e'e)}{n-k} \tag{3.45}$$

所以，σ^2 的无偏估计量为

$$\hat{\sigma}^2 = \frac{e'e}{n-k} = \frac{\sum e_i^2}{n-k} \tag{3.46}$$

四、最小二乘估计量的性质

在多元回归模型中，最小二乘估计量同样具有一元回归中的优良性质。高斯-马尔可夫定理对此给予了精辟的阐述。

高斯-马尔可夫定理 在多元线性回归模型的经典假定下，普通最小二乘估计量 $\hat{\beta}_1, \hat{\beta}_2, \cdots, \hat{\beta}_k$ 分别是 $\beta_1, \beta_2, \cdots, \beta_k$ 的最佳线性无偏估计量。也就是说，普通最小二乘估计量 $\hat{\beta}_1, \hat{\beta}_2, \cdots, \hat{\beta}_k$ 是所有线性无偏估计量中方差最小的。

在前面的讨论中，我们已经知道 $\hat{\beta}_j$ 是 β_j 的无偏估计量，即 $E(\hat{\beta}_j) = \beta_j$。这表明了估计量 $\hat{\beta}_j$ 的集中趋势。

线性性

线性一词的含义是指 $\hat{\beta}_j$ 是被解释变量 Y_i 的线性函数：

$$\hat{\beta}_j = \sum_{i=1}^n W_{ij} Y_i \tag{3.47}$$

其中每个 W_{ij} 都是所有自变量样本值的一个函数。

无偏性

$$\begin{aligned} \hat{\boldsymbol{\beta}} &= (X'X)^{-1}X'Y = (X'X)^{-1}X'(X\boldsymbol{\beta} + U) \\ &= \boldsymbol{\beta} + (X'X)^{-1}X'U \end{aligned} \tag{3.48}$$

对式(3.48)取期望，可得

$$E(\hat{\boldsymbol{\beta}}) = \boldsymbol{\beta} + E[(\boldsymbol{X}'\boldsymbol{X})^{-1}\boldsymbol{X}'\boldsymbol{U}]$$
$$= \boldsymbol{\beta} + (\boldsymbol{X}'\boldsymbol{X})^{-1}\boldsymbol{X}'E(\boldsymbol{U})$$
$$= \boldsymbol{\beta}$$

所以,$\hat{\boldsymbol{\beta}}$ 是 $\boldsymbol{\beta}$ 的无偏估计量。这里利用了随机误差项的经典假定。

有效性

最佳一词的含义就是指最小方差。给定两个估计量,无疑是方差小的估计量优于方差大的估计量。$\hat{\beta}_j$ 是经典假定下 β_j 的最小二乘估计量,对于任一线性无偏估计量 $\tilde{\beta}_j$,都有 $\mathrm{Var}(\hat{\beta}_j) \leqslant \mathrm{Var}(\tilde{\beta}_j)$。就是说,在一群线性无偏估计量中,普通最小二乘估计量的方差最小。

$\hat{\boldsymbol{\beta}}$ 的方差-协方差矩阵为

$$\mathrm{Var}(\hat{\boldsymbol{\beta}}) = E[\hat{\boldsymbol{\beta}} - E(\hat{\boldsymbol{\beta}})][\hat{\boldsymbol{\beta}} - E(\hat{\boldsymbol{\beta}})]' = E(\hat{\boldsymbol{\beta}} - \boldsymbol{\beta})(\hat{\boldsymbol{\beta}} - \boldsymbol{\beta})'$$

$$= E\begin{bmatrix}\hat{\beta}_1 - \beta_1 \\ \hat{\beta}_2 - \beta_2 \\ \vdots \\ \hat{\beta}_k - \beta_k\end{bmatrix}(\hat{\beta}_1 - \beta_1, \hat{\beta}_2 - \beta_2, \cdots, \hat{\beta}_k - \beta_k)$$

$$= \begin{bmatrix} \mathrm{Var}(\hat{\beta}_1) & \mathrm{Cov}(\hat{\beta}_1, \hat{\beta}_2) & \cdots & \mathrm{Cov}(\hat{\beta}_1, \hat{\beta}_k) \\ \mathrm{Cov}(\hat{\beta}_2, \hat{\beta}_1) & \mathrm{Var}(\hat{\beta}_2) & \cdots & \mathrm{Cov}(\hat{\beta}_2, \hat{\beta}_k) \\ \vdots & \vdots & & \vdots \\ \mathrm{Cov}(\hat{\beta}_k, \hat{\beta}_1) & \mathrm{Cov}(\hat{\beta}_k, \hat{\beta}_2) & \cdots & \mathrm{Var}(\hat{\beta}_k) \end{bmatrix} \quad (3.49)$$

矩阵(3.49)中主对角线上的元素为 $\hat{\beta}_1, \hat{\beta}_2, \cdots, \hat{\beta}_k$ 的方差,非主对角线上的元素为它的协方差。

根据式(3.48)可得

$$\hat{\boldsymbol{\beta}} - \boldsymbol{\beta} = (\boldsymbol{X}'\boldsymbol{X})^{-1}\boldsymbol{X}'\boldsymbol{U}$$

因此

$$\mathrm{Var}(\hat{\boldsymbol{\beta}}) = E(\hat{\boldsymbol{\beta}} - \boldsymbol{\beta})(\hat{\boldsymbol{\beta}} - \boldsymbol{\beta})'$$
$$= E[(\boldsymbol{X}'\boldsymbol{X})^{-1}\boldsymbol{X}'\boldsymbol{U}][(\boldsymbol{X}'\boldsymbol{X})^{-1}\boldsymbol{X}'\boldsymbol{U}]'$$
$$= E[(\boldsymbol{X}'\boldsymbol{X})^{-1}\boldsymbol{X}'\boldsymbol{U}\boldsymbol{U}'\boldsymbol{X}(\boldsymbol{X}'\boldsymbol{X})^{-1}]$$
$$= (\boldsymbol{X}'\boldsymbol{X})^{-1}\boldsymbol{X}'[E(\boldsymbol{U}\boldsymbol{U}')]\boldsymbol{X}(\boldsymbol{X}'\boldsymbol{X})^{-1}$$
$$= (\boldsymbol{X}'\boldsymbol{X})^{-1}\boldsymbol{X}'(\sigma^2 \boldsymbol{I}_n)\boldsymbol{X}(\boldsymbol{X}'\boldsymbol{X})^{-1}$$
$$= \sigma^2 (\boldsymbol{X}'\boldsymbol{X})^{-1} \quad (3.50)$$

可以证明,最小二乘估计量 $\hat{\boldsymbol{\beta}}$ 的方差是所有线性无偏估计中方差最小的。

高斯-马尔可夫定理的意义在于,当经典假定成立时,我们不需要再去寻找其他无偏估计量,没有一个会优于普通最小二乘估计量。也就是说,如果存在一个好的线性无偏估计量,这个估计量的方差最多与普通最小二乘估计量的方差一样小,不会小于普通最小二乘估计量的方差。

高斯-马尔可夫定理证明了在多元线性回归分析中,使用普通最小二乘法进行参数估计的合理性。但是,这一定理是依赖于经典假定条件的,如果经典假定中的条件不成立,这个定理也就不再成立。普通最小二乘估计量也就不再是最佳线性无偏估计量了。

§3.3 多元线性回归模型的检验

一、回归系数的显著性检验——t 检验

回归分析的目的不仅仅是得到 β_j 的估计值 $\hat{\beta}_j$,而同时要对总体回归函数中的每个 β_j 的假设进行检验。总体回归模型为

$$Y = \beta_1 + \beta_2 X_2 + \beta_3 X_3 + \cdots + \beta_k X_k + u \tag{3.51}$$

如果式(3.51)满足经典假定,则是经典线性回归模型。我们知道,β_j 是总体参数,是未知数,总体信息未知时,β_j 是不可测的。但是,我们可以对 β_j 的值做出假设,通过统计推断来检验我们的假设。

可以证明,在 u_i 服从正态分布及经典假定条件下,

$$t = \frac{\hat{\beta}_j - \beta_j}{\text{se}(\hat{\beta}_j)} \tag{3.52}$$

服从自由度为 $n-k$ 的 t 分布。k 为总体回归模型的参数个数,β_j 为总体回归参数,$\hat{\beta}_j$ 为 β_j 的普通最小二乘估计量,$\text{se}(\hat{\beta}_j)$ 为 $\hat{\beta}_j$ 的标准误。

在计量经济分析中,我们最关心的是解释变量 X_j 是否与被解释变量 Y 线性相关。因此,我们的主要目的在于检验原假设

$$H_0: \beta_j = 0 \tag{3.53}$$

式(3.53)中,j 对应 $k-1$ 个解释变量中的任意一个。β_j 是第 j 个变量的偏回归系数,度量了在所有其他解释变量不变的条件下,X_j 对 Y 的影响。即 X_j 变化一个单位,对 Y 的期望值的影响。如式(3.53)成立,即 $\beta_j=0$,则意味着 X_j 对 Y 的期望值没有任何影响。例如,考虑工资模型

$$W_i = \beta_1 + \beta_2 E_i + \beta_3 EP_i + u_i \tag{3.54}$$

其中 W_i 为工资,E_i 为受教育水平,EP_i 为工作经验。原假设 $H_0:\beta_3=0$ 意味着在受教育程度相同的条件下,工作经验对工资没有影响。这个假设价值很大,如果它是正确的,那么就是说个人在任现职之前的工作经验不会影响他的工资水平。如果 $\beta_3>0$,则意味着以前的工作经验对现在的工资水平有促进作用。

在计量经济分析中,备择假设通常设定为

$$H_1:\beta_j \neq 0 \tag{3.55}$$

式(3.55)表示 X_j 对 Y 有显著影响,β_j 可正可负。

与一元回归分析相同,对 β_j 进行检验使用如下的 t 统计量:

$$t_{\hat{\beta}_j} = \frac{\hat{\beta}_j}{\text{se}(\hat{\beta}_j)} \tag{3.56}$$

给定 $\hat{\beta}_j$ 和标准误 $\text{se}(\hat{\beta}_j)$,该 t 统计量就很容易获得。回归分析软件都直接报告 t 统计量及其标准误。

在式(3.56)中,$\text{se}(\hat{\beta}_j)>0$,所以 $t_{\hat{\beta}_j}$ 与 $\hat{\beta}_j$ 的符号相同。在 $\text{se}(\hat{\beta}_j)$ 给定的条件下,$|t_{\hat{\beta}_j}|$ 与 $|\hat{\beta}_j|$ 成正比。我们要检验的是原假设 $H_0:\beta_j=0$,因为 β_j 不可测,我们只能用 β_j 的无偏估计量 $\hat{\beta}_j$ 来进行统计推断。在实际分析中,点估计值 $\hat{\beta}_j$ 不可能正好为 0,$\hat{\beta}_j$ 的样本值与 0 相差越远,拒绝原假设 $H_0:\beta_j=0$ 的可能性越大。由于在估计 $\hat{\beta}_j$ 中存在抽样误差,所以 $\hat{\beta}_j$ 的大小就必须由其抽样误差来衡量,即由 $\hat{\beta}_j$ 的标准误 $\text{se}(\hat{\beta}_j)$ 来衡量。因此,$t_{\hat{\beta}_j}$ 度量了被估计的 $\hat{\beta}_j$ 与 0 相差多大。$t_{\hat{\beta}_j}$ 的值充分远离 0 将导致拒绝原假设 $H_0:\beta_j=0$,拒绝的标准决定于所选择的显著性水平 α。

我们所进行的假设检验是关于总体参数的,我们不是在检验一个来自特定样本的估计值。因此,将一个原假设表达成"$H_0:\hat{\beta}_j=0$",或者在样本中的参数估计值是 0.205 时说"$H_0:0.205=0$",都是毫无意义的,我们要检验的是未知总体参数 β_j 是否为 0。

多元回归中的 t 检验决策规则与一元回归相同。

例 3.3 工资回归模型。

例 3.1 中的工资回归模型如下:

$$\ln(Y) = 0.284 + 0.092X_2 + 0.004X_3 + 0.022X_4 \tag{3.57}$$
$$\text{se} = 0.104 \quad 0.007 \quad 0.0017 \quad 0.003$$
$$R^2 = 0.316, \quad n = 526$$

其中 Y 为工资,X_2 为受教育年限,X_3 为工龄,X_4 为现任职务的任期。

$$t_1 = \frac{0.284}{0.104} = 2.731, \quad t_2 = \frac{0.092}{0.007} = 13.143$$

$$t_3 = \frac{0.004}{0.002} = 2.412, \quad t_4 = \frac{0.022}{0.003} = 7.333$$

查 t 分布表可知,5% 显著性水平下的临界值 $t_{0.025}(522)=1.96$. 模型中参数的 t 统计量均大于临界值 $t_{0.025}(522)=1.96$, 每一个估计的偏回归系数都是统计上显著的,即显著地异于 0. 也就是说,我们拒绝每个原假设. 这就意味着模型中的三个解释变量:受教育年限、工龄和现任职务的任期对被解释变量-工资都有显著的影响。

二、回归模型的整体显著性检验——F 检验

我们除了要判断每一个偏回归系数的显著性外,还需要对多元回归模型的总体显著性进行判断。多元回归模型的总体显著性就是对原假设

$$H_0: \beta_2 = \beta_3 = \cdots = \beta_k = 0 \tag{3.58}$$

进行检验。检验的目的就是判断被解释变量 Y 是否与 $X_2, X_3, \cdots, X_k$ 在整体上有线性关系。

例如,对于二元回归模型

$$Y_i = \beta_1 + \beta_2 X_{2i} + \beta_3 X_{3i} + u_i \tag{3.59}$$

若原假设 $H_0: \beta_2 = \beta_3 = 0$ 成立,则表明 Y 与 X_2, X_3 没有线性关系,X_2, X_3 对 Y 都没有显著的线性影响。这个回归模型应为

$$Y_i = \beta_1 + u_i \tag{3.60}$$

式(3.60)表明,式(3.59)的回归模型是不能成立的。在整体显著性检验中对应的备择假设为 $H_1: \beta_2$ 和 β_3 不同时为 0. 备择假设的组合有三种结果:

(1) $\beta_2 \neq 0$ 且 $\beta_3 \neq 0$;
(2) $\beta_2 \neq 0$ 且 $\beta_3 = 0$;
(3) $\beta_2 = 0$ 且 $\beta_3 \neq 0$。

不论这三种情况的哪一种发生,式(3.59)均成立,称为**回归模型整体显著**。

在一元回归模型中,只有一个解释变量,对个别回归系数 β_2 的 t 检验就是对回归模型的整体显著性检验。而在多元回归模型中,可以证明,对回归系数的逐一显著性检验并不能代替对回归模型的整体显著性检验。

可以证明,对于多元线性回归模型:

$$Y_i = \beta_1 + \beta_2 X_{2i} + \beta_3 X_{3i} + \cdots + \beta_k X_{ki} + u_i \tag{3.61}$$

在 u_i 服从正态分布和原假设 $H_0: \beta_2 = \beta_3 = \cdots = \beta_k = 0$ 条件下,变量

$$F = \frac{\text{解释平方和}/(\text{参数个数}-1)}{\text{残差平方和}/(\text{样本容量}-\text{参数个数})} = \frac{\text{ESS}/(k-1)}{\text{RSS}/(n-k)} \tag{3.62}$$

服从自由度为 $k-1$ 和 $n-k$ 的 F 分布,即

$$F = \frac{\text{ESS}/(k-1)}{\text{RSS}/(n-k)} \sim F(k-1, n-k) \tag{3.63}$$

从 F 的表达式可以看出,如果原假设 $H_0: \beta_2 = \beta_3 = \cdots = \beta_k = 0$ 是真实的,则表明 Y 与 $X_2, X_3, \cdots, X_k$ 整体上无线性关系,Y 的变异全部来源于干扰项 u_i,F 统计量的值较小。如果原假设 $H_0: \beta_2 = \beta_3 = \cdots = \beta_k = 0$ 是虚假的,则表明 Y 与 $X_2, X_3, \cdots, X_k$ 整体上有线性关系,$X_2, X_3, \cdots, X_k$ 对 Y 有显著影响,则解释平方和 ESS 要远远大于残差平方和 RSS,从而得到一个较大的 F 统计量。因此,式(3.63)的 F 统计量为我们提供了检验多元回归模型整体显著性的一种方法。利用 F 分布,在给定显著性水平 α 下,查 F 分布表可得 $F_\alpha(k-1, n-k)$,如果 $F > F_\alpha$,我们就拒绝 H_0,如果 $F < F_\alpha$ 就不拒绝 H_0。至此,我们得到多元回归模型的整体显著性检验决策规则:

(1) 设定假设:

原假设 $H_0: \beta_2 = \beta_3 = \cdots = \beta_k = 0$;

备择假设 $H_1: \beta_j$ 不全为 $0, j = 2, 3, \cdots, k$

(2) 计算 F 统计量:

$$F = \frac{\text{ESS}/(k-1)}{\text{RSS}/(n-k)} \tag{3.64}$$

(3) 在给定显著性水平 α 的条件下,查 F 分布表得临界值 $F_\alpha(k-1, n-k)$。

(4) 判断:

如果 $F > F_\alpha(k-1, n-k)$,则拒绝 H_0,接受备择假设 H_1。

如果 $F \leqslant F_\alpha(k-1, n-k)$,则不拒绝 H_0。

可以证明 F 统计量与判定系数 R^2 的关系如下:

$$F = \frac{R^2/(k-1)}{(1-R^2)/(n-k)} \tag{3.65}$$

式(3.65)表明,F 统计量与 R^2 是同向变化的。当 $R^2 = 0$ 时,$F = 0$;R^2 越大,F 值也越大。$R^2 = 1$ 时,F 无穷大。F 检验即是对回归模型整体显著性的检验,也是对判定系数 R^2 的一个显著性检验。

例 3.4 在例 3.3 中,$R^2 = 0.316, n = 526, k = 4$,则

$$F = \frac{0.316/(4-1)}{(1-0.316)/(526-4)} = 80.389$$

给定显著性水平 $\alpha = 5\%$,第 1 自由度 $k - 1 = 3$,第 2 自由度 $n - k = 522$,查 F 分布表可得 $F_{0.05}(3, 522) = 2.60$。又因为 $F = 80.3887 > F_{0.05}(3, 522) = 2.60$,所以,工资回归模型是整体显著的,工资回归模型成立。

例 3.5 人口寿命回归模型。

表 3.1 给出了 1992 年亚洲各国人均寿命 Y，按购买力平价计算的人均 GDP X_2，成人识字率 X_3(%)和一岁儿童疫苗接种率 X_4(%)。在一个经济系统中，人口寿命与生活水平、基本教育普及率和儿童疫苗接种状况有密切关系。因此，要研究人口寿命问题，可将模型设定为

$$Y = \beta_1 + \beta_2 X_2 + \beta_3 X_3 + \beta_4 X_4 + u \tag{3.66}$$

表 3.1 1992 年亚洲各国(地区)人的发展指标

国家和地区	平均寿命 Y/年	按购买力平价计算的人均 GDP X_2/100 美元	成人识字率 X_3/%	一岁儿童疫苗接种率 X_4/%
1. 中国(大陆)	70	29	80	94
2. 中国香港	77	185	90	79
3. 韩国	70	83	97	83
4. 新加坡	74	147	92	90
5. 泰国	69	53	94	86
6. 马来西亚	70	74	80	90
7. 斯里兰卡	71	27	89	88
8. 日本	79	194	99	99
9. 菲律宾	65	24	90	92
10. 朝鲜	71	18	95	96
11. 蒙古	63	13	89	90
12. 印度尼西亚	62	27	84	92
13. 越南	63	13	89	90
14. 缅甸	57	7	81	74
15. 巴基斯坦	58	20	36	81
16. 老挝	50	18	55	36
17. 印度	60	12	50	90
18. 孟加拉国	52	12	37	69
19. 柬埔寨	50	13	38	37
20. 尼泊尔	53	11	27	73
21. 不丹	48	6	41	85
22. 阿富汗	43	7	32	35

注：表中数据来源于联合国发展规划署《人的发展报告》。

式(3.66)中，Y 是人均寿命，X_2 为人均 GDP，X_3 是成人识字率，X_4 为一岁儿童疫苗接种率。

根据表 3.1 的样本数据，使用普通最小二乘法估计参数，得到样本回归模型

$$\hat{Y} = 33.405 + 0.076X_2 + 0.1280X_3 + 0.210X_4 \tag{3.67}$$

$$\text{se} = 3.418 \quad 0.016 \quad 0.037 \quad 0.050$$
$$t = 9.772 \quad 4.802 \quad 3.475 \quad 4.171$$
$$p = 0.000 \quad 0.000 \quad 0.003 \quad 0.001$$
$$R^2 = 0.889, \quad \bar{R}^2 = 0.870, \quad F = 47.891, \quad n = 22$$

人口寿命回归模型评价：

(1) 判定系数 $R^2=0.889$，说明解释变量人均GDP、成人识字率、一岁儿童疫苗接种率解释了人口寿命总变异的88.9%。

(2) 回归系数的检验。

式(3.67)样本回归模型中，自由度为 $22-4=18$，取显著性水平 $\alpha=5\%$ 时，$t_{0.025}(18)=2.101$。$\hat{\beta}_1, \hat{\beta}_2, \hat{\beta}_3, \hat{\beta}_4$ 的 t 统计量分别为

$$t_1 = \frac{\hat{\beta}_1}{\text{se}(\hat{\beta}_1)} = \frac{33.405}{3.418} = 9.772$$

$$t_2 = \frac{\hat{\beta}_2}{\text{se}(\hat{\beta}_2)} = \frac{0.076}{0.016} = 4.802$$

$$t_3 = \frac{\hat{\beta}_3}{\text{se}(\hat{\beta}_3)} = \frac{0.128}{0.037} = 3.475$$

$$t_4 = \frac{\hat{\beta}_4}{\text{se}(\hat{\beta}_4)} = \frac{0.210}{0.050} = 4.171$$

可以看出，4个 t 统计量均大于 $t_{0.025}(18)$，所以各偏回归系数均显著，说明模型中的解释变量均对被解释变量——人口寿命有显著影响。人均GDP每增加100美元，人口平均寿命增加0.076年；成人识字率每增加1个百分点，人口平均寿命增加0.128年；一岁儿童疫苗接种率增加1个百分点，人口平均寿命增加0.210年。

实际上，从式(3.67)给出的实际显著性 p 值可以看出，各偏回归系数实际显著性水平均小于0.01，也就是说，即使是1%的显著性水平下，各偏回归系数依然是显著的。

(3) 总体显著检验——F 检验。

式(3.67)中已给出 $F=47.891$，已知 $k=4, n=22$，自由度为 $k-1=3$ 和 $n-k=18$。取显著性水平 $\alpha=0.01$，查 F 分布表可知 $F_{0.01}(3,18)=5.09$。$F>F_{0.01}(3,18)$，因此拒绝原假设 $H_0: \beta_2=\beta_3=\cdots=\beta_k=0$，接受备择假设 $H_0: \beta_j$ 不全为 $0, j=2,3,\cdots,k$。说明人口人均寿命与人均GDP、成人识字率、一岁儿童疫苗接种率整体上有线性关系，人均GDP、成人识字率、一岁儿童疫苗接种率对人口人均寿命有显著影响。

§3.4 回归模型的函数形式

在前面所用的回归分析中，除工资模型外，被解释变量与解释变量的关系均为线性关

系,即被解释变量对解释变量的一阶导数均为常数。但是在经济系统中,这种线性关系并不能满足要求,我们要用到许多变量间非线性关系的回归模型。例如,工资决定模型的被解释变量就是对数形式。对于多数非线性模型,我们都可以通过重新定义被解释变量和解释变量把非线性模型转换为线性回归模型。

在此,我们主要讨论如下四种形式的回归模型:(1)对数线性模型;(2)半对数模型;(3)双曲线模型;(4)多项式模型。

一、对数线性模型

1. 双对数线性模型

在进行某商品的市场需求分析时,我们知道价格是影响需求量的重要因素,故设定如下模型:

$$Y_i = \beta_1 X_i^{\beta_2} e^{u_i} \tag{3.68}$$

其中 Y_i 为需求量,X_i 为价格,$e \approx 2.718$ 为自然对数的底。对(3.68)式取对数可得

$$\ln Y_i = \ln \beta_1 + \beta_2 \ln X_i + u_i \tag{3.69}$$

式中 ln 表示以 e 为底的自然对数。

令 $\alpha = \ln \beta_1$,则式(3.69)可表达为

$$\ln Y_i = \alpha + \beta_2 \ln X_i + u_i \tag{3.70}$$

该模型中 $\ln Y_i$ 对 α, β_2 是线性关系,$\ln Y_i$ 对 $\ln X_i$ 也是线性关系。该模型可称为**双对数线性模型**,简称为**对数线性模型**。

令 $Y_i' = \ln Y_i, X_i' = \ln X_i$,则式(3.70)可表达为

$$Y_i' = \alpha + \beta_2 X_i' + u_i \tag{3.71}$$

如果式(3.71)满足经典假定,我们就可以使用普通最小二乘法估计参数 α 和 β_2,并且得到的估计量 $\hat{\alpha}$ 和 $\hat{\beta}_2$ 分别是 α 和 β_2 的最佳线性无偏估计量。

对数线性模型的优点在于:斜率系数 β_2 度量了 Y 对 X 的弹性,也就是当解释变量 X 变化 1% 时,Y 变化的百分比。模型中 X 代表价格,Y 代表需求量,预期价格弹性 $\beta_2 < 0$。因此,β_2 就代表当价格 X 上涨或下调 1% 时,需求量下降或上涨的百分比。在式(3.71)中,取 $\ln Y$ 对 $\ln X$ 的导数可得

$$\beta_2 = \frac{\mathrm{d}\ln Y}{\mathrm{d}\ln X} = \frac{\frac{\mathrm{d}Y}{Y}}{\frac{\mathrm{d}X}{X}} = \frac{Y \text{ 的相对变化}}{X \text{ 的相对变化}} \tag{3.72}$$

由于在线性回归模型中,β_2 是一个常数,因此,对数线性模型假定 Y 与 X 之间的弹性系数 β_2 在整个研究范围内保持不变,所以称为不变弹性模型。如果 $X=1\%$,即解释变量变化 1%,则 Y 的变化为 $\beta_2 \times 1\% = \beta_2 \%$。

对数线性模型的多元回归模型为

$$\ln Y_i = \beta_1 + \beta_2 \ln X_{2i} + \beta_3 \ln X_{3i} + \cdots + \beta_k \ln X_{ki} + u_i \tag{3.73}$$

其中 $\beta_2, \beta_3, \cdots, \beta_k$ 分别为 Y 对 $X_2, X_3, \cdots, X_k$ 的弹性。

在回归分析中使用对数线性模型的优点和规则:

对数线性模型的优点

(1)对数线性模型中斜率系数度量了一个变量(Y)对另一个变量(X)的弹性。

(2)斜率系数与变量 X,Y 的测量单位无关,其结果值与 X,Y 的测量单位无关。

(3)当 $Y>0$ 时,使用对数形式 $\ln Y$ 比使用水平值 Y 作为被解释变量的模型更接近经典线性模型。大于 0 的变量,其条件分布常常是有异方差性或偏态性;取对数后,虽然不能消除这两方面的问题,但可大大弱化这两方面的问题。

(4)取对数后会缩小变量的取值范围。使得估计值对被解释变量或解释变量的异常值不会很敏感。

对数线性模型的经验法则

对于何时取对数并不存在一个固定模式,但有一些经验法则:

(1)对于大于 0 的数量变量,通常均可取对数。例如,需求量、价格、工资等。

(2)以年度量的变量,如受教育年数、工龄、年龄等则通常以其原有形式出现。

(3)以比例或百分比度量的变量,如失业率、通货膨胀率、犯罪率等变量即可使用原形式也可使用对数形式。但两种使用方法中参数的意义不同。

(4)使用对数时,变量不能取 0 或负值。

例 3.6 美国咖啡需求函数(1970—1980 年)。

表 3.2 给出了美国 1970—1980 年的咖啡需求量和实际价格水平资料。

表 3.2 1970—1980 年美国咖啡需求量(Y)和实际价格(X)

年份	Y/(杯数·(人·日)$^{-1}$)	X/(美元·磅)$^{-1}$	年份	Y/(杯数·(人·日)$^{-1}$)	X/(美元·磅)$^{-1}$
1970	2.57	0.77	1976	2.11	1.08
1971	2.50	0.74	1977	1.94	1.81
1972	2.35	0.72	1978	1.97	1.39
1973	2.30	0.73	1979	2.06	1.20
1974	2.25	0.76	1980	2.02	1.17
1975	2.20	0.75			

在该需求函数中,我们要用需求的价格弹性来解释价格对需求量的影响,因此,我们采

用对数线性模型:

$$\ln Y_t = \beta_1 + \beta_2 \ln X_t + u_t \tag{3.74}$$

使用普通最小二乘法,得到如下的样本回归模型:

$$\ln \hat{Y}_t = 0.777 - 0.253 \ln X_t \tag{3.75}$$
$$\text{se} \;\; = \;\; 0.015 \quad 0.049$$
$$t \;\; = \;\; 51.005 \quad -5.125$$
$$p \;\; = \;\; 0.000 \quad 0.001$$
$$R^2 = 0.745, \quad F = 26.27$$

其中 Y_t 为咖啡消费,X_t 为咖啡实际价格。

从样本回归模型可以看出,咖啡需求的价格弹性为 -0.25。就是说,在 1970—1980 年的样本期内,咖啡每磅实际价格每增加 1%,咖啡需求量(每日饮用咖啡的杯数)平均减少 0.25%。因为咖啡价格弹性的绝对值小于 1,所以说咖啡的需求是价格非弹性的。

2. 单对数模型

(1) 对数到线性模型

在经济系统中,人们用 GDP、失业、进出口、投资、人口等指标的增长率来描述经济系统的发展状态。对数-线性模型为我们提供了方便,该类对数-线性模型为

$$\ln Y_t = \beta_1 + \beta_2 t + u_t \tag{3.76}$$

其中 Y_t 为要研究的经济现象,t 为时间变量。

时间变量 t 的使用,主要是研究被解释变量在时间上的变动规律。例如,我们常常要研究 GDP、就业、失业、股票价格等经济现象在一定时期内的变化规律。

在式(3.76)中,被解释变量为对数形式,解释变量为线性形式,称为**对数到线性的单对数模型**,简称**对数到线性模型**。式(3.76)的通用形式为

$$\ln Y_t = \beta_1 + \beta_2 X_t + u_t \tag{3.77}$$

其中斜率系数 β_2 的含义为:解释变量 X 绝对量改变一个单位时,被解释变量 Y 的相对改变量,即

$$\beta_2 = \frac{Y \text{ 的相对改变量}}{X \text{ 的绝对改变量}} = \frac{\Delta Y / Y}{\Delta X} \tag{3.78}$$

对于式(3.78),当 $\Delta X = 1$ 时,Y 的相对变化为 $\frac{\Delta Y}{Y} = \beta_2$,当 $\Delta X = 1\%$ 时,即 X 增加 1 个百分点,Y 的相对变化为 $\frac{\Delta Y}{Y} = \beta_2 \times 1\% = \beta_2\%$。

对于式(3.78),如果 Y_t 为国内生产总值,取 $\Delta t = 1$,则

$$\beta_2 = \frac{\Delta Y_t / Y_t}{\Delta t} = \frac{Y_t - Y_{t-1}}{Y_t} \tag{3.79}$$

很显然,β_2 代表经济增长率。

例 3.7 利用表 3.3 中实际 GDP 数据,取时间变量 $t = 1, 2, \cdots, 15$,得到中国 2000—2014 年的经济增长模型为

$$\ln(\text{GDP}) = 11.404 + 0.0980t \tag{3.80}$$

$$\text{se} = 0.015 \quad 0.0017$$

$$t = 743.14 \quad 57.973$$

$$p = 0.000 \quad 0.000$$

$$R^2 = 0.996, \quad F = 3360.807, \quad n = 15$$

式(3.80)的中国经济增长模型说明在 2000—2014 年期间,中国实际 GDP 每年增长 9.80%。

表 3.3　2000—2014 年中国实际 GDP

年份	实际 GDP(亿元)	年份	实际 GDP(亿元)
2000	99 776.30	2008	224 159.08
2001	108 057.73	2009	244 781.72
2002	117 890.99	2010	270 728.58
2003	129 680.09	2011	296 447.80
2004	142 777.77	2012	319 274.28
2005	158 911.66	2013	343 858.40
2006	179 093.44	2014	368 960.06
2007	204 524.71		

注:表中数据来源于《中国统计年鉴 2014》,实际 GDP 为 2000 年可比价指标。

(2)线性到对数模型

类似于对数到线性的单对数模型,如果我们想测度解释变量的相对改变量对被解释变量的绝对改变量的影响,就需要使用解释变量是对数形式、被解释变量是线性形式的回归模型。

$$Y_t = \beta_1 + \beta_2 \ln X_t + u_t \tag{3.81}$$

我们称式(3.81)为**线性到对数模型**。模型中斜率系数 β_2 的含义为解释变量 X 相对量改变 1 个单位时,被解释变量 Y 的绝对变化量,即

$$\beta_2 = \frac{Y \text{ 的绝对变化量}}{X \text{ 的相对变化量}} = \frac{\Delta Y}{\Delta X / X} \tag{3.82}$$

$$\Delta Y = \beta_2 \cdot \Delta X / X \tag{3.83}$$

当 $\Delta X/X = 0.01 = 1\%$ 时，$\Delta Y = 0.01\beta_2$，即当解释变量 X 增加 1% 时，被解释变量 Y 增加的绝对量为 $0.01\beta_2$。

例 3.8 中国能源消费对 GDP 的影响（2000—2014 年）（见表 3.4）。

表 3.4　2000—2014 年中国能源消费与 GDP

年份	实际 GDP(Y)/亿元	能源消费总量（标准煤）(X)/万吨
2000	99 776.3	146 964
2001	108 057.7	155 547
2002	117 891.0	169 577
2003	129 680.1	197 083
2004	142 777.8	230 281
2005	158 911.7	261 369
2006	179 093.4	286 467
2007	204 524.7	311 442
2008	224 159.1	320 611
2009	244 781.7	336 126
2010	270 728.6	360 648
2011	296 447.8	387 043
2012	319 274.3	402 138
2013	343 858.4	416 913
2014	368 960.1	426 000

注：表中数据来源于《中国统计年鉴》，实际 GDP 为 2000 年可比价指标。

为了研究能源增长的相对变化对经济总量 GDP 增长的影响，可使用对数到线性模型（为了说明对数到线性回归模型的应用，此处使用了也许不恰当的一元回归模型）。

$$Y_t = \beta_1 + \beta_2 \ln X_t + u_t \tag{3.84}$$

其中 Y 为国内生产总值（亿元），X 为能源消费总量（万吨标准煤）。

利用表 3.4 中数据，使用普通最小二乘法，可得回归模型：

$$\hat{Y}_t = -2\,676\,211 + 230\,605.1 \ln X_t \tag{3.85}$$

$$\text{se} = 293\,072.4 \qquad 23\,375.03$$

$$t = -9.132 \qquad 9.865$$

$$p = 0.000 \qquad 0.000$$

$$R^2 = 0.882, \quad F = 97.327, \quad n = 15$$

回归模型（3.85）中，斜率系数 $\hat{\beta}_2$ 是高度显著的，$\hat{\beta}_2 = 230\,605.1$ 说明在 2000—2014 年期间，能源消费量每增加 1%，国内生产总值平均增长 2306.051 亿元。

二、倒数模型

当解释变量以倒数形式出现时的模型称为**倒数模型**或**双曲线模型**，例如

$$Y_t = \beta_1 + \beta_2 \frac{1}{X_t} + u_t \tag{3.86}$$

式(3.86)中，Y 对 X 是非线性，但对参数 β_1，β_2 而言是线性的，Y 对 $\frac{1}{X}$ 也是线性的。此模型的特点为当 X 值趋向于无穷大时，$\beta_2 \frac{1}{X}$ 趋向于 0，Y 趋向于 β_1。

双曲线模型主要有以下三种形式，如图 3.1 所示：

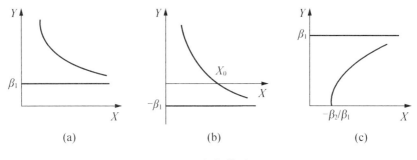

图 3.1　倒数模型图

图 3.1(a)可用来描述平均总成本曲线，单位固定成本随着产量 X 的增加而下降。

图 3.1(b)可用来描述宏观经济学中著名的菲利普斯曲线(Phillips curve)。在工资变化率 Y 随失业率 X 的变化中，存在两个明显不同的阶段。在失业率 X 低于自然失业率 X_0 时，由失业率的单位变化引起的工资变化要快于当失业率高于自然失业率 X_0 时由失业率的同样的变化引起的工资变化。β_1 表示工资变化率的渐近底线。

图 3.1(c)可用来描述恩格尔支出曲线。如令 Y 为对某一商品的支出，X 为收入，则某些商品具有如下特性：(1)收入上存在一个临界水平。当收入低于此水平时，消费者就不会购买该商品，这个临界水平就是图 3.1(c)中的 $-\beta_2/\beta_1$；(2)消费上有一饱和水平，当消费达到这一水平时，无论消费者收入有多高，都不会多购买一点。这个饱和水平就是图中的渐近线 β_1。

三、多项式模型

多项式模型在研究成本和生产函数的计量经济分析中有较大的应用价值。边际成本曲线和平均总成本曲线均为 U 形曲线，我们必须用二次曲线去描述它。

$$Y = \beta_0 + \beta_1 X + \beta_2 X^2 + u \tag{3.87}$$

式(3.87)称为二次函数或二次多项式。对于更加复杂的总产量曲线和总成本曲线,可使用三次多项式去描述,即

$$Y = \beta_0 + \beta_1 X + \beta_2 X^2 + \beta_3 X^3 + u \tag{3.88}$$

式(3.88)称为三次函数或三次多项式。

例 3.9 总成本函数。

表 3.5 给出了某产品的产量和总成本数据。

表 3.5 产量与总成本

产量	总成本/元	产量	总成本/元
1	193	6	260
2	226	7	274
3	240	8	297
4	244	9	350
5	257	10	420

使用表 3.5 中的数据绘制散点图,如图 3.2 所示。由图 3.2 可以看出,总成本与总产出之间的关系为一条拉长的 S 曲线,因此需要用三次多项式来描述它。

$$Y = \beta_0 + \beta_1 X + \beta_2 X^2 + \beta_3 X^3 + u \tag{3.89}$$

其中 Y 为总成本,X 为产量。

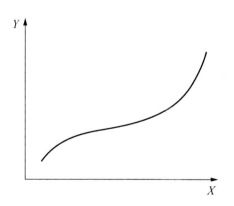

图 3.2 总成本曲线

利用表 3.5 中的数据,使用普通最小二乘法,得到如下的回归模型:

$$\hat{Y} = 141.767 + 63.478X - 12.962X^2 + 0.940X^3 \qquad (3.90)$$
$$\text{se} = 6.375 \quad 4.779 \quad 0.986 \quad 0.059$$
$$t = 22.237 \quad 13.284 \quad -13.150 \quad 15.897$$
$$p = 0.000 \quad 0.000 \quad 0.000 \quad 0.000$$
$$R^2 = 0.998, \quad F = 1202.22, \quad n = 10$$

模型中各偏回归系数均显著,拟合优度很高,是个较优良的总成本函数。

§3.5 多元回归模型的设定偏误

一、正确的多元回归模型

在前面的讨论中,我们假定所用回归模型是正确设定的,正确设定的回归模型应具有如下特点:

(1)模型中只包含关键变量,也就是说所选定的模型是最简便的。

模型是对现实经济系统的抽象。一个模型应尽量简单,我们应在设定模型时只引进抓住现实本质的关键变量,把影响微弱的变量放到干扰项 u 中去。

(2)模型参数可识别。对于给定的一组数据,估计的参数具有唯一值。

(3)较高的拟合优度。

要用解释变量 X 解释被解释变量 Y,X 对 Y 的解释能力就应该较高,就要求有尽可能高的 $\bar{R}^2$。

(4)估计的回归系数与经济理论一致。

如果回归模型中估计的参数的符号是错误的,那么回归模型也是不成立的。

一个正确的回归模型的判定并没有一个统一的标准,在计量经济分析实践中,我们会使用各种检验方法去判断回归模型的性质,第四章会重点阐述这些内容。

多元回归模型的设定偏误主要包括以下三种:

(1)回归模型中包含了无关解释变量;

(2)回归模型中遗漏了重要解释变量;

(3)回归模型中的函数形式设定偏误。

下面将分别予以讨论。

二、回归模型中包含了无关解释变量

多元回归模型中包含了无关解释变量,即对模型进行了过度设定。就是说,我们把一个在总体回归模型中对 Y 没有影响的解释变量放到了样本回归模型中。假定真实模型为:

$$Y_i = \beta_1 + \beta_2 X_{2i} + u_i \tag{3.91}$$

而我们设定的回归模型为

$$Y_i = \alpha_1 + \alpha_2 X_{2i} + \alpha_3 X_{3i} + v_i \tag{3.92}$$

解释变量 X_3 对 Y 没有影响，X_3 在总体回归模型(3.91)中的参数 $\beta_3=0$。在模型(3.92)中，X_3 是一个与被解释变量 Y 无关的变量。引入 X_3 将导致如下结果：

(1)有误模型(3.92)的参数最小二乘估计量均无偏，即 $E(\hat{\alpha}_1)=\beta_1$，$E(\hat{\alpha}_2)=\beta_2$ 和 $E(\hat{\alpha}_3)=\beta_3=0$。

(2)$\hat{\alpha}_j$ 的方差非最小，都大于正确模型(3.91)中 $\hat{\beta}_j$ 的方差。也就是说，在模型(3.92)中，X_3 的引入将使 $\hat{\alpha}_1$，$\hat{\alpha}_2$ 的方差无必要地增大，降低估计的精度。

三、回归模型中遗漏了重要解释变量

在多元回归模型中，遗漏了一个实际上应该包括在总体模型中的解释变量，称为对模型设定不足。就是说，我们遗漏了一个对被解释变量有显著影响的解释变量。

假定真实模型为

$$Y_i = \beta_1 + \beta_2 X_{2i} + \beta_3 X_{3i} + u_i \tag{3.93}$$

而我们设定的回归模型为

$$Y_i = \alpha_1 + \alpha_2 X_{2i} + v_i \tag{3.94}$$

X_3 是对 Y 有显著影响的变量，而在模型(3.94)中却将其漏掉了。遗漏 X_3 将导致如下后果：

(1)如果遗漏的变量 X_3 与包含的变量 X_2 相关，则 $\hat{\alpha}_1$ 和 $\hat{\alpha}_2$ 是有偏误的，且非一致。就是说，$E(\hat{\alpha}_1)$ 不等于 β_1，$E(\hat{\alpha}_2)$ 不等于 β_2，而且不论样本多大，偏误都不会消失。

(2)如果 X_3 与 X_2 不相关，则 $\hat{\alpha}_1$ 是有偏误的，而 $\hat{\alpha}_2$ 则是无偏的。

(3)σ^2 不能正确地估计。

(4)根据所估计的参数的统计显著性，容易导出错误的结论。

例 3.10 在例 3.8 中，为了说明线性到对数回归模型的应用，使用了一元回归模型，但这很可能是一个有误的设定。因为影响经济增长的因素除了能源消费量外还有劳动投入、资本投入、技术进步、制度、金融等非能源类因素的影响，在此我们用时间变量 t 代表这些因素。则回归模型应为

$$Y_t = \beta_1 + \beta_2 \ln X_t + \beta_3 t^2 + u_t \tag{3.95}$$

其中 Y 是国内生产总值(亿元)，X 为能源消费总量，t 是时间($t=1,2,\cdots,15$)。

时间变量 t 的使用是计量经济分析中的常用手段。第一，当我们研究的兴趣仅仅在于变量的时间特性时，我们就使用时间 t 作解释变量。例如，研究 GDP、就业率、股票价格

随时间变化的规律性。第二,有时要选择的解释变量是无法观测的或难以获得数据,我们就用 t 变量作为它们的替代变量。此时,我们假定这个无法测定的变量是时间变量 t 的函数。

在本例中,我们用时间变量 t 代表所有除能源消费量外影响经济增长的因素,设定其他影响因素是时间变量 t 的函数。

利用表 3.4 中的数据,设定 $t=1,2,\cdots,15$,使用普通最小二乘法,得到回归模型

$$\hat{Y}_t = -585\,393.9 + 57\,470.78\ln X_t + 956.243 t^2 \quad (3.96)$$

$$\begin{aligned}
\text{se} &= 88\,328.67 & 7260.988 & & 36.1163 \\
t &= -6.6275 & 7.915 & & 26.477 \\
p &= 0.000 & 0.000 & & 0.000 \\
R^2 &= 0.998, & F = 3\,019.583, & & n = 15
\end{aligned}$$

对比式(3.85)和式(3.96)可知:

(1)一元回归模型中,能源消费量每增加 1%,GDP 平均增长 2306.05 亿元。而在引入时间变量 t 的多元回归模型中,能源消费量每增加 1%,GDP 平均增长 574.71 亿元。一元回归模型中由于设定偏误,高估了能源消费量对经济增长的影响。由于遗漏了时间趋势变量,能源消费量就承担了遗漏变量对 GDP 的影响,因而无法准确测定能源消费量对 GDP 的真实影响。

(2)两个模型的标准误也是不同的。

(3)多元回归模型中拟合优度要优于一元回归模型。

由此可见,如果在回归分析中遗漏了重要解释变量,将会带来较严重的后果。所以在建立回归分析模型时,就必须深入了解建模的有关经济理论,将影响被解释变量的重要变量引入到回归模型中。

四、回归模型的函数形式设定偏误

如果回归模型的函数形式设定有误也会产生设定误差。

经济理论只能告诉我们经济系统中各经济变量之间的相互关联性,并不能阐明变量之间关联的函数形式。

例如,使用生产函数时,根据经济理论我们只能知道产出是投入要素的函数,并未告诉我们具体的函数形式。我们可以用线性函数也可以用对数线性函数去研究它:

线性函数: $\quad Y_i = \beta_1 + \beta_2 X_{2i} + \beta_3 X_{3i} + u_i \quad (3.97)$

对数线性函数: $\quad \ln Y_i = \alpha_1 + \alpha_2 \ln X_{2i} + \alpha_3 \ln X_{3i} + v_i \quad (3.98)$

式(3.97)中 β_2,β_3 为斜率;式(3.98)中 α_2,α_3 为弹性,两者意义不同。在线性函数中,弹性为 $\beta_2(X_2/Y),\beta_3(X_3/Y)$,是一个变弹性模型,而式(3.98)的弹性 α_2,α_3 为常数,是一个不变弹性

模型。只有选择了正确的函数形式,才能得到有效估计和正确的经济解释。

为了研究的方便,我们通常将非线性模型用线性模型去近似表达,这种近似必然存在误差,从而影响参数估计的效果。

例如,当变量真实关系为多项式模型:

$$Y_i = \beta_0 + \beta_1 X_i + \beta_2 X_i^2 + \beta_3 X_i^3 + u_i \tag{3.99}$$

而我们在研究中使用了线性模型

$$Y_i = \beta_0 + \beta_1 X_i + v_i \tag{3.100}$$

则线性模型(3.100)中,遗漏了变量 X^2 和 X^3,且遗漏变量与 X 相关,用普通最小二乘法估计参数是有偏误的。

函数形式的设定偏误有多种多样,我们在选择模型的函数形式时必须谨慎小心,而这又是一个探索和改进的过程,我们只能通过不断的尝试来找到最恰当的函数形式。

练 习 题 三

3.1 在多元线性回归模型中,为什么要使用调整的判定系数 $\bar{R}^2$?

3.2 对于多元线性回归模型,为什么在进行了总体显著性 F 检验之后,还要对每个偏回归系数进行是否为 0 的 t 检验。

3.3 什么是回归模型的设定偏误?后果为何?

3.4 为研究旅游酒店的投资收益,收集了某地 1987—1995 年的旅游酒店的经营数据。设定酒店生产函数为 C-D 生产函数:$Y = AL^\alpha K^\beta e^u$,式中,$Y$ 为酒店年净收益(万元);L 是劳动投入(万元);K 是资本存量(万元);e 为自然对数的底。使用对数线性模型得到如下回归结果:

$$\ln \hat{Y} = 1.655 + 0.258 \ln L + 0.745 \ln K$$
$$\text{se} = 0.185 \quad 0.125 \quad 0.095$$
$$R^2 = 0.955$$

要求:(1)检验该回归模型并给予说明;

(2)使用回归结果分析酒店经营状况。

3.5 现有某地近期 15 年的某种商品销售量 Y、居民可支配收入 X_1、该种商品的价格指数 X_2、社会拥有量 X_3 和其他商品价格指数 X_4 的资料,据这些资料使用普通最小二乘法得到两个样本回归模型为:

模型 1: $\hat{Y} = -12.760 + 0.104 X_1 - 0.188 X_2 + 0.319 X_4$
　　　　se= 　6.52　　0.01　　　0.07　　　0.12
$$R^2 = 0.997$$

模型 2: $\hat{Y} = -13.530 + 0.097 X_1 - 0.199 X_2 + 0.015 X_3 + 0.34 X_4$
　　　　se= 　7.5　　0.03　　0.09　　0.05　　0.15

要求：(1)对上述模型进行检验；

(2)选择一个合适的回归模型。

3.6 现有某商品各时期的销售量、价格和广告支出额数据如下：

	销售量/万件	价格/元·件$^{-1}$	广告支出额/万元		销售量/万件	价格/元·件$^{-1}$	广告支出额/万元
1	55	100	5.50	7	80	70	5.60
2	70	90	6.30	8	110	65	7.15
3	90	80	7.20	9	125	60	7.50
4	100	70	7.00	10	115	60	6.90
5	90	70	6.30	11	130	55	7.15
6	105	70	7.35	12	130	50	6.50

要求：(1)估计销售量 Q 对价格 P 和广告支出额 A 的线性回归模型；

$$Q_t = \beta_1 + \beta_2 P_t + \beta_3 A_t + u_t$$

(2)对模型进行检验；

(3)解释回归模型的经济意义。

3.7 某健康协会对中风与血压、年龄的关系进行了长达10年的研究，其中的部分资料如下所示：

中风风险	血压	年龄	中风风险	血压	年龄
12	152	57	56	177	90
24	163	67	28	196	86
13	155	58	51	189	59
18	155	76	36	173	71
32	120	56	15	135	70
37	135	78	48	209	67
15	98	80	15	199	77
22	152	78			

要求：(1)用中风风险为被解释变量，血压和年龄为解释变量估计回归模型；

(2)检验并解释回归模型，并说明血压和年龄是否对中风有明显影响。

3.8 收集股票数据的截面数据如下：

每股价格/元	每股净资产/元	每股资本收益率/%	每股价格/元	每股净资产/元	每股资本收益率/%
12.31	4.94	−59.20	65.60	4.33	20.07
21.75	9.46	−71.80	35.95	8.46	13.33
11.00	4.95	17.90	82.05	2.33	75.34
3.25	9.58	5.12	15.00	7.35	−11.90

要求：(1)据上述资料建立股票价格回归模型；

(2)检验并解释回归模型。

3.9 使用练习题 2.10 的数据，按照下面的模型估计每个国家的通货膨胀增长率：

$$\ln Y_t = \beta_1 + \beta_2 \times 时间 + u_t$$

其中 Y_t 为通货膨胀率，时间取 $1,2,3,\cdots$。问：本模型所得结果与练习题 2.10 的模型结果有何区别与联系。

3.10 为研究鲜花市场中对玫瑰的需求，搜集了某国有关玫瑰需求量及相关指标的数据如下表：

年与季度	Y	X_2	X_3	X_4	X_5
1971年:第三季度	11 484	2.26	3.49	158.11	1
第四季度	9348	2.54	2.85	173.36	2
1972年:第一季度	8429	3.07	4.06	165.26	3
第二季度	10 079	2.91	3.64	172.92	4
第三季度	9240	2.73	3.21	178.46	5
第四季度	8862	2.77	3.66	198.62	6
1973年:第一季度	6216	3.59	3.76	186.28	7
第二季度	8253	3.23	3.49	188.98	8
第三季度	8038	2.60	3.13	180.49	9
第四季度	7476	2.89	3.20	183.33	10
1974年:第一季度	5911	3.77	3.65	181.87	11
第二季度	7950	3.64	3.60	185.00	12
第三季度	6134	2.82	2.94	184.00	13
第四季度	5868	2.96	3.12	188.20	14
1975年:第一季度	3160	4.24	3.58	175.67	15
第二季度	5872	3.69	3.53	188.00	16

表中，Y 为售出的玫瑰数量(打)；X_2 为玫瑰的平均批发价格(美元/打)；X_3 为石竹的平均批发价格(美元/打)；X_4 为平均每月家庭可支配收入(美元/周)；X_5 为底特律市区的时间趋势变量，从 1971 年第三季度到 1975 年第二季度，取值为 $1,2,\cdots,16$。

考虑以下需求函数：

$$Y_t = \alpha_1 + \alpha_2 X_{2t} + \alpha_3 X_{3t} + \alpha_4 X_{4t} + \alpha_5 X_{5t} + u_t$$

$$\ln Y_t = \beta_1 + \beta_2 \ln X_{2t} + \beta_3 \ln X_{3t} + \beta_4 \ln X_{4t} + \beta_5 \ln X_{5t} + u_t$$

要求：(1) 估计线性模型的参数并解释所得结果。

(2) 估计对数-线性模型的参数并解释所得结果。

(3) $\beta_2, \beta_3, \beta_4$ 分别为需求的价格弹性、替代价格弹性和收入弹性。它们的先验符号是什么？回归结果与先验结果相符吗？

(4) 应该选用哪个模型，为什么？

第四章 违背经典假定的回归模型

第二章对总体回归模型设定了六个假定,将满足该六个假定的回归模型称为经典线性回归模型。从第二、三章模型估计及检验的相关内容中可以看到满足经典假定对于模型参数估计的统计性质具有重要影响。只有在经典假定条件下,使用普通最小二乘法所得到的参数估计量才是无偏、有效和一致的。如果经典假定条件不能满足,使用普通最小二乘法所得到的结果是否还具有良好的统计性质?如果普通最小二乘法所得的参数估计量的统计性质不理想,则应该如何处理?本章将在经典回归模型基础上,对以上问题进行讨论。在计量经济实践中,实际数据完全满足经典假定的情况较少,因此与第二、三章内容相比,本章更具实践意义。

§4.1 异方差性

一、异方差性的概念

设模型为

$$Y_i = \beta_1 + \beta_2 X_{2i} + \cdots + \beta_k X_{ki} + u_i \quad (i = 1, 2, \cdots, n) \tag{4.1}$$

其他假设不变条件下,随机误差项 u_i 的方差不全相等,即有

$$\text{Var}(u_i \mid X_1, X_2, \cdots, X_k) = \sigma_i^2 \tag{4.2}$$

则称 u_i 具有**异方差性**(heteroscedasticity),也称为**方差非齐性**。

由式(4.2)可以看到,与经典假定中所有 u_i 都具有相同的方差不同,异方差情况下,每一个 u_i,其所对应的方差 σ_i^2 都会随着 i 的变化而可能发生变化。

二、异方差性产生的原因

现实经济活动是非常错综复杂的,在建立实际问题计量经济模型时,经常会出现不同样本点所对应的随机干扰项方差不相同的情况,也即引起异方差性问题。

引起异方差的原因多种多样,可以归纳为以下几种情况:

(1)解释变量变化对被解释变量所产生影响的程度不断变化,会引起异方差性。例如,假设建立消费对收入的回归模型,即将消费作为被解释变量,收入为解释变量进行回归,则此时回归的结果很可能具有异方差性。这是因为收入高的人较收入低的人在消费行为上具有更大的选择性。因此收入越高,其消费数额的波动就会越大,此时模型的随机干扰项就会表现出与收入同向变化情况。

(2) 模型的误设会引起异方差问题。遗漏变量和模型形式设定偏误都可能会产生异方差。当遗漏的变量与解释变量相关时,解释变量的变化会导致随机干扰项也发生变化从而引起异方差。当模型形式设定偏误时,如变量间本来为非线性关系,而错误的设定为线性关系时,则该模型往往表现出异方差性。

(3) 样本数据本身属性带来的异方差。不同样本数据类型所构建的模型会表现出不同程度的异方差性。一般的,由于行为惯性的存在,时间序列数据的变异性总是小于截面数据的变异性。一方面,截面数据中的个体差异性本身的变化可能是不平稳的,如小型企业规模的差异性往往要比大型企业规模的差异性小。另一方面,截面数据中的个体差异性往往是由于很多难以观测的因素造成的,从而导致数据样本的变异会随着解释变量的变化呈现出规律性,引起异方差性。而由于时间序列数据的样本是固定不变的,对于同一家企业来说,其技术水平、地理环境、管理方式等很多因素短期内很难大幅度变化,因此不容产生异方差问题。另外,样本数据采集质量的变化,也会带来异方差性。如随着数据采集技术的提高,数据采集精度会越来越高,数据的波动幅度会越来越小,此时使用该类数据的模型会产生异方差性。特别的,如果小样本数据中出现异常值,则往往容易引起异方差。

三、异方差产生的后果

在计量经济分析中,如果模型中的随机误差项存在异方差,则对参数估计量的统计特性及参数估计量的检验都会产生影响,进而也会对模型的预测产生影响。

当模型满足线性经典回归假定时,参数的 OLS 估计量是无偏、有效和一致的。当仅放松同方差假定时,参数的 OLS 统计量仍然可以保证无偏性和一致性,但有效性被破坏了,也就是说参数的 OLS 估计量不再具有最小方差性。

可以证明,在 u_i 存在异方差时,一元回归的 OLS 参数估计量为

$$\text{Var}(\hat{\beta}_2) = \frac{\sum (X_i - \overline{X})^2 \sigma_i^2}{\left[\sum (X_i - \overline{X})^2\right]^2} \tag{4.3}$$

这显然不同于同方差性假定下的方差,即式(4.4)

$$\text{Var}(\hat{\beta}_2) = \frac{\sigma^2}{\sum (X_i - \overline{X})^2} \tag{4.4}$$

根据式(4.3)可以知道,当存在异方差性而仍然按照式(4.4)计算参数估计量方差时,计算的结果会出现偏误。而若按照式(4.3)对存在异方差性的模型参数估计量方差进行估计时,则会失去该统计量的有效性,因此需要建立新的估计方法克服异方差性。

在异方差性情况下,所有与参数估计量方差有关的相关计算都会受到影响。t 检验、多元回归的 F 检验都会因此而变得不再准确。另外,异方差性条件下参数的 OLS 估计量不再有效,会导致对 Y 的预测也失去有效性。这是由于预测值的置信区间中也包含有 OLS 参数

估计量的方差,因此预测功能失效。

异方差性的存在,会对回归模型的正确建立和统计推断带来严重后果,因此,在计量经济分析中,有必要检验模型是否存在异方差。

四、异方差性的检验

根据异方差性的定义,相对于不同的解释变量观测值,随机干扰项的方差不相同,也就是说异方差性表现为解释变量与随机干扰项方差之间的某种关系,这就为异方差性的检验提供了解决思路。总体的随机干扰项是未知的,则其方差自然也是未知的。因此需要找到一组数据将总体随机干扰项方差的变化模拟出来。一般的处理方法是用 OLS 方法对模型进行估计,以求得各个随机干扰项的估计量 e_i(由于此时存在异方差,故这个估计量是近似的),用该估计量平方项 e_i^2 的变化来模拟随机干扰项方差的变化。

下面介绍几种常见的检验方法:

1. 图示法

该方法的做法是绘制某个解释变量与 e_i^2 的散点图,查看两者是否存在某种关系。如果不存在异方差性,则 e_i^2 不会随着 X 的变化而变化。若 e_i^2 会随着 X 的变化而发生某种同步变化,则可以初步判断模型存在异方差性。

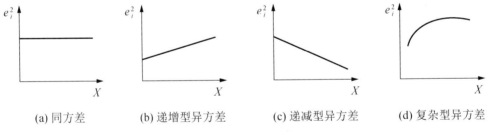

(a) 同方差　　　(b) 递增型异方差　　　(c) 递减型异方差　　　(d) 复杂型异方差

图 4.1　不同异方差类型

图示法的特点是简单易操作,不足的是对异方差的判断比较粗糙。由于引起异方差的原因错综复杂,仅靠图形分析有时很难准确地判断模型是否存在异方差,还需要采用其他的统计检验方法。

2. G-Q(Goldfeld-Quandt)检验

G-Q 检验又称为**样本分段比检验**,是由戈德菲尔德和匡特于 1965 年提出的可用于检验递增性或递减性异方差的有效方法。该方法的检验思路是,若随机干扰项方差随着某解释变量的增加同步递增或递减,则将该解释变量按大小排序之后,分成两段,则前后两段的残差平方和的差别会较大。为了能够更明显地显示出这种差异,戈德菲尔德和匡特建议,将观测样本分成两段时,可将中间的部分数据删掉。当然,如果删除掉的数据太多,会导致各段中的估计自由度太小,因此一般地,删掉的数据不应多于样本观测数据的 1/3。

G-Q 检验的步骤如下:

步骤一 将样本观测值按照认为可能会引起异方差的某个解释变量观测值的大小排序。(如果是时间序列数据,则不可以排序。)

步骤二 将序列中间不大于 1/3 观测总量的观测值删除。此时序列形成前后两段,分别记前后段的样本容量为 n_1 和 n_2,一般地,分成两个相等的前后两段即 $n_1 = n_2$ 计算会比较方便。

步骤三 分别用普通最小二乘法对前后两段数据进行回归,可以得到两个回归模型各自的残差,分别记为 e_{1i} 和 e_{2i},则可以分别计算得到两段的残差平方和 $\text{RSS}_1 = \sum_{i=1}^{n_1} e_{1i}^2$ 和 $\text{RSS}_2 = \sum_{i=1}^{n_2} e_{2i}^2$。

步骤四 分别计算前后两段回归模型随机误差项方差的估计量。$\hat{\sigma}_1^2 = \dfrac{\text{RSS}_1}{n_1 - k}$ 和 $\hat{\sigma}_2^2 = \dfrac{\text{RSS}_2}{n_2 - k}$,其中 k 为模型参数的个数。大方差为分子,小方差为分母,由此构造检验统计量为

$$F = \frac{\hat{\sigma}_1^2}{\hat{\sigma}_2^2} = \frac{\text{RSS}_1/(n_1 - k)}{\text{RSS}_2/(n_2 - k)} \tag{4.5}$$

在同方差假定下,该统计量满足自由度为 $n_1 - k$ 和 $n_2 - k$ 的 F 分布。

步骤五 若随机干扰项满足同方差假定,则 $\hat{\sigma}_1^2$ 与 $\hat{\sigma}_2^2$ 应近似相等。这意味着得到的 F 统计量越接近于 1,则随机干扰项同方差的可能性越大;如果 F 统计量偏离 1 越远,则随机干扰项存在异方差性的可能性就越大。因此,给定显著性水平 α,可以通过用 F 统计量与临界值 $F_\alpha(n_1 - k, n_2 - k)$ 的大小进行比较来判断是否存在异方差。此时若 $F > F_\alpha(n_1 - k, n_2 - k)$,则拒绝同方差假定,表明存在异方差性;反之,如果 $F < F_\alpha(n_1 - k, n_2 - k)$,则认为模型中随机误差项不存在异方差。

3. 戈里瑟(Glejser)检验

戈里瑟检验的基本思想是用残差绝对值 $|e_i|$ 对每个解释变量建立各种回归模型,如 $|e_i| = \alpha_1 + \alpha_2 X_i + v_i$,$|e_i| = \alpha_1 + \alpha_2 \dfrac{1}{X_i} + v_i$,$|e_i| = \alpha_1 + \alpha_2 \sqrt{X_i} + v_i$,等等,并检验回归系数 α_2 是否为 0。设原假设为 $H_0: \alpha_2 = 0$,备择假设为 $H_1: \alpha_2 \neq 0$,可应用 t 检验进行判断。如果 $\alpha_2 \neq 0$,则认为**存在异方差**。该检验的缺点是不能判断模型是否不存在异方差,并要求变量的观测值为大样本。

4. 怀特(White)检验

怀特检验的基本思想是:如果存在异方差,其方差 σ_i^2 与解释变量有关系,则可以分析 σ_i^2 是否与解释变量有某些形式的联系,以此判断异方差性。但是 σ_i^2 一般是未知的,因此用所有解释变量及其平方项和交叉乘积项对残差平方 e_i^2 线性回归,来近似模拟随机干扰项方差和解释变量之间的变化关系,并检验各回归系数是否全部为 0。

例如,对于两个解释变量的回归模型

$$Y_i = \beta_1 + \beta_2 X_{2i} + \beta_3 X_{3i} + u_i \tag{4.6}$$

怀特检验步骤如下：

步骤一 使用普通最小二乘法估计模型(4.6)，并获得残差 e_i。

步骤二 作如下的辅助回归：

$$e_i^2 = \alpha_1 + \alpha_2 X_{2i} + \alpha_3 X_{3i} + \alpha_4 X_{2i}^2 + \alpha_5 X_{3i}^2 + \alpha_6 X_{2i} X_{3i} + v_i \tag{4.7}$$

其中 v_i 为随机误差项。

步骤三 计算该辅助回归的判定系数 R^2，在无异方差性的原假设下，可以证明，辅助回归的 R^2 乘以样本容量 n 渐近地服从自由度为辅助回归中解释变量个数 r(不包括常数项)的 χ^2 分布，即

$$n \cdot R^2 \sim \chi^2(r) \tag{4.8}$$

在本例中，辅助回归有 5 个解释变量，即 $r=5$。

步骤四 给定显著性水平 α，查 χ^2 分布表的临界值 $\chi_\alpha^2(5)$。如果 $nR^2 > \chi_\alpha^2(5)$，则拒绝原假设，表明模型中随机误差项存在异方差；如果 $nR^2 \leqslant \chi_\alpha^2(5)$，则无异方差，即在辅助回归中，有 $\alpha_2 = \alpha_3 = \alpha_4 = \alpha_5 = \alpha_6 = 0$。

五、异方差性的修正

当所研究的问题存在异方差性时，就违背了线性回归模型的经典假定。此时，参数估计量不具有有效性，不能用普通最小二乘法进行参数估计，必须寻求适当的补救方法。解决异方差性的思路是对原来的模型进行变换，使变换后的模型满足同方差性假定，而后再使用普通最小二乘法进行模型参数的估计，便可得到理想的参数估计量。通过加权变换使原模型中的异方差误差项转换为同方差误差项，使加权变换后的模型满足最小二乘法的假定，从而使用普通最小二乘法估计参数，这种方法称为**加权最小二乘法**（weighted least square, WLS）。关于加权最小二乘法的理论推导见本章附录 4.1，实践中可以根据实际情况寻找合适的权进行加权最小二乘法估计。

考虑一元线性回归模型

$$Y_i = \beta_1 + \beta_2 X_i + u_i \quad (i = 1, 2, \cdots, n) \tag{4.9}$$

其中 $\text{Var}(u_i) = \sigma_i^2$。

1. σ_i^2 已知

如果每个观测点的误差项方差 σ_i^2 是已知的，使用 $1/\sigma_i$ 为权数，对模型(4.9)作如下变换：

$$\frac{Y_i}{\sigma_i} = \frac{\beta_1}{\sigma_i} + \beta_2 \frac{X_i}{\sigma_i} + \frac{u_i}{\sigma_i} \tag{4.10}$$

由于 $\text{Var}\left(\dfrac{u_i}{\sigma_i}\right) = \dfrac{1}{\sigma_i^2} \text{Var}(u_i) = \dfrac{1}{\sigma_i^2} \cdot \sigma_i^2 = 1$，即通过加权变换使随机误差项变成了同方差。

如果模型的其他假定条件都满足，则模型(4.10)变成了满足经典假定的回归模型，可利

用普通最小二乘法估计参数,得到的估计量是最佳线性无偏估计量。

2. σ_i^2 未知

当 σ_i^2 是未知时,可根据模型首次估计的残差与解释变量或被解释变量的关系来确定变换的权数。一般先采用戈里瑟检验方法确定 e_i 与 X_i 之间的关系:

(1) 如 $|e_i|$ 与 $\sqrt{X_i}$ 之间为线性关系,则可认为

$$\sigma_i^2 = E(u_i^2) = \sigma^2 X_i \tag{4.11}$$

这时,选择 $\dfrac{1}{\sqrt{X_i}}$ 为权数,即对模型(4.9)两边同时乘以 $\dfrac{1}{\sqrt{X_i}}$,将异方差模型变为同方差模型。可将模型(4.9)变为

$$\frac{Y_i}{\sqrt{X_i}} = \frac{\beta_1}{\sqrt{X_i}} + \beta_2 \sqrt{X_i} + \frac{u_i}{\sqrt{X_i}} \tag{4.12}$$

由于

$$\mathrm{Var}\left(\frac{u_i}{\sqrt{X_i}}\right) = \frac{1}{X_i}\mathrm{Var}(u_i) = \frac{1}{X_i}\sigma_i^2 = \sigma^2$$

即通过加权后随机误差项变为同方差了,则可使用普通最小二乘法估计模型(4.12)的参数,得到最佳线性无偏估计量。

(2) 如 $|e_i|$ 与 X_i 之间为线性关系,则可认为

$$\sigma_i^2 = E(u_i^2) = \sigma^2 X_i^2 \tag{4.13}$$

这时,选择 $\dfrac{1}{X_i}$ 为权数,可将模型(4.9)变换为如下模型:

$$\frac{Y_i}{X_i} = \frac{\beta_1}{X_i} + \beta_2 + \frac{u_i}{X_i} \tag{4.14}$$

由于

$$\mathrm{Var}\left(\frac{u_i}{X_i}\right) = \frac{1}{X_i^2}\mathrm{Var}(u_i) = \frac{1}{X_i^2}\sigma_i^2 = \sigma^2$$

即通过加权后随机误差项变为同方差了,则可使用普通最小二乘法估计模型(4.14)的参数。注意,在变换后的模型(4.14)中,斜率项 β_1 是原模型(4.9)的距截项,截距项 β_2 是原模型(4.9)的斜率项。

实践中,遇到异方差时,往往分别以 $\dfrac{1}{X_i}$,$\dfrac{1}{\sqrt{X_i}}$,$\dfrac{1}{|e_i|}$ 为权,对原模型进行加权最小二乘法估计,选取最优结果作为最终估计结果。

六、应用案例

例 4.1 居民储蓄往往会受到其可支配收入影响,一般情况下,收入越多,其储蓄越多的可能性就越大。同时,收入越高其财富存储的形式也往往越多,这使得在建立储蓄和收入关系的模型时,容易产生异方差性。以 2013 年我国大陆地区各省市截面数据为样本研究农村居民收入和储蓄的关系,设立模型如下:

$$Y_i = \beta_1 + \beta_2 X_i + u_i \tag{4.15}$$

其中 Y_i 表示第 i 个省份(直辖市)的农村居民人均可支配收入,X_i 表示第 i 个省份(直辖市)农村居民人均储蓄余额。

表 4.1 2013 年我国各地区农村居民人均可支配收入和人均储蓄余额 单位:元

地区	居民人均储蓄余额(Y)	居民人均可支配收入(X)	地区	居民人均储蓄余额(Y)	居民人均可支配收入(X)
北京	13 227.0	40 830.0	湖北	3240.1	16 472.5
天津	6265.3	26 359.2	湖南	2633.1	16 004.9
河北	3859.6	15 189.6	广东	5679.3	23 420.7
山西	4452.8	15 119.7	广西	2341.4	14 082.3
内蒙古	3616.7	18 692.9	海南	3336.6	15 733.3
辽宁	5426.2	20 817.8	重庆	3925.6	16 568.7
吉林	3411.0	15 998.1	四川	3377.6	14 231.0
黑龙江	3178.0	15 903.4	贵州	2047.8	11 083.1
上海	10 278.1	42 173.6	云南	2319.0	12 577.9
江苏	5161.9	24 775.5	西藏	1926.3	9746.8
浙江	6374.1	29 775.0	陕西	3943.4	14 371.5
安徽	2597.2	15 154.3	甘肃	2758.4	10 954.4
福建	3803.5	21 217.9	青海	3154.1	12 947.8
江西	2605.8	15 099.7	宁夏	3495.5	14 565.8
山东	3709.2	19 008.3	新疆	3148.8	13 669.6
河南	2604.3	14 203.7			

注:人均储蓄余额由各省区 2013 年年底余额除以各省区人口数而得,各数据皆来源于《中国统计年鉴 2014》。

利用普通最小二乘法,根据表 4.1 中的数据,可以估计出该回归方程为

$$\hat{Y}_i = -1206.036 + 0.292 X_i \qquad (4.16)$$
$$\text{se} = 371.682 \qquad 0.019$$
$$t = -3.245 \qquad 15.522$$
$$p = 0.003 \qquad 0.000$$
$$R^2 = 0.893, \quad F = 240.920$$

1. 异方差的检验

(1) 图示法

以 X_i 为横坐标，残差 e_i 的平方 e_i^2 为纵坐标，得到残差图，如图 4.2 所示。

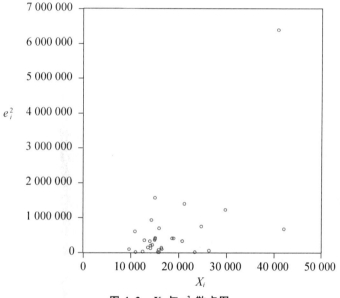

图 4.2 X_i 与 e_i^2 散点图

从图 4.2 中可以看到，e_i^2 随着 X_i 的增加有大致增加的趋势，模型很可能存在异方差。因此，需要对异方差存在与否进行进一步检验。

(2) G-Q 检验

首先将数据重新按照 X 由小到大重新排序后剔除中间 5 个变量，余下数据分成两组数据，每组数据有 13 个样本。X 值较小的一组为第 1 组，X 值较大的一组为第 2 组。对应的 RSS_1 与 RSS_2 则分别为第 1 组和第 2 组的残差平方和，$\hat{\sigma}_1^2$ 和 $\hat{\sigma}_2^2$ 分别为第 1 组、第 2 组随机干扰项方差估计量。由于两组中的样本数量相同，故有

$$F = \frac{\hat{\sigma}_1^2}{\hat{\sigma}_2^2} = \frac{\text{RSS}_1/(n_1-k)}{\text{RSS}_2/(n_2-k)} = \frac{\text{RSS}_1}{\text{RSS}_2} \sim F(11,11) \qquad (4.17)$$

对两组分别进行普通最小二乘法回归，得到第一组结果为

$$\hat{Y}_i = -821.242 + 0.283 X_i \tag{4.18}$$
$$\text{se} = 1334.663 \quad 0.100$$
$$t = -0.615 \quad 2.837$$
$$p = -0.551 \quad 0.016$$
$$R^2 = 0.423, \quad \text{RSS}_1 = 3\,874\,411$$

第二组结果为

$$\hat{Y}_i = -2428.694 + 0.332 X_i \tag{4.19}$$
$$\text{se} = 825.946 \quad 0.032$$
$$t = -2.940 \quad 10.326$$
$$p = -0.013 \quad 0.000$$
$$R^2 = 0.906, \quad \text{RSS}_2 = 10\,212\,728$$

观察式(4.18)和(4.19)发现,第二组的残差平方和较大,将式(4.17)的分子分母调换位置有 $F = \dfrac{\text{RSS}_2}{\text{RSS}_1} = \dfrac{10\,212\,728}{3\,874\,411} = 2.636$, $F(11,11)$ 的 5% 和 10% 显著性水平临界值分别为 $F_{0.05} = 2.818$ 与 $F_{0.10} = 2.227$。因此 5% 显著性水平下不能拒绝两组样本方差相同的假设,但 10% 显著性水平下则可以拒绝两组样本方差相同的假设。

(3) 戈里瑟检验

戈里瑟检验不仅能判断模型是否存在异方差,而且还能对异方差随某个解释变量变化的形式进行诊断。(注:此方法需要大样本,本例只作为案例之用。)

分别建立辅助回归模型:

$$|e_i| = \alpha_1 + \alpha_2 X_i + v_i \tag{4.20}$$

$$|e_i| = \alpha_1 + \alpha_2 \frac{1}{X_i} + v_i \tag{4.21}$$

$$|e_i| = \alpha_1 + \alpha_2 \sqrt{X_i} + v_i \tag{4.22}$$

得到三个辅助回归模型。对三个辅助回归模型分别进行普通最小二乘法回归可以发现,三个模型在 5% 显著性水平下,都拒绝了同方差假定,即模型随机干扰项存在异方差。

(4) 怀特检验

根据原始回归模型设置怀特检验的辅助回归模型为 $e_i^2 = \alpha_1 + \alpha_2 X + \alpha_3 X^2 + v_i$ (本例中模型只有一个解释变量,所以不存在解释变量交叉乘积项)。检验得到 $nR^2 = 13.087$,查 χ^2 分布表可知,自由度为 2 的 χ^2 分布 1%, 5%, 10% 的临界值分别为 9.210, 5.991, 4.605。显然统计量在 1% 显著性水平上拒绝原假设,即模型存在异方差。

由以上三个检验可以判定随机干扰项存在异方差性。

2. 异方差的修正

采用加权最小二乘法对异方差进行修正。σ_i^2 已知情况下,取标准权系数为 $\frac{1}{\sigma_i}$。σ_i^2 未知条件下,分别用 $\frac{1}{X_i}$,$\frac{1}{|e_i|}$,$\frac{1}{\sqrt{X_i}}$ 为权进行加权最小二乘法来消除异方差。所得结果如表 4.2 所示。

表 4.2 加权最小二乘法结果

权	$1/X_i$	$1/|e_i|$	$1/\sqrt{X_i}$
β_1	−597.485	−1160.307	−895.928
β_2	0.256	0.288	0.275
β_2 的 t 检验伴随概率	0.000	0.000	0.000
R^2	0.794	0.994	0.8532
怀特检验的 nR^2 值	0.329	22.207	6.241

从三个回归结果来看,全部都通过了 t 检验和 F 检验。查 χ^2 分布表可知,自由度为 2 的 χ^2 分布 10% 的临界值为 4.605.可以看出这三个加权回归模型只有第一个回归方程可以通过怀特的异方差检验。因此,选择的权为 $1/X_i$。最后得到的模型为

$$\hat{Y}_i = -597.485 + 0.256 X_i \tag{4.23}$$
$$\text{se} = \quad 378.814 \quad 0.024$$
$$t = -1.577 \quad 10.570$$
$$p = \quad 0.126 \quad 0.000$$
$$R^2 = 0.794, \quad F = 111.726$$

§4.2 自 相 关

一、自相关的概念

对于模型

$$Y_i = \beta_1 + \beta_2 X_{2i} + \beta_3 X_{3i} + \cdots + \beta_k X_{ki} + u_i \quad (i=1,2,\cdots,n) \tag{4.24}$$

在其他经典假定不变条件下,若

$$\text{Cov}(u_i, u_j) = \text{E}(u_i u_j) \neq 0 \quad (i \neq j) \tag{4.25}$$

则称为**自相关**(autocorrelation)或**序列相关**(serial correlation)。

如果仅存在

$$\text{Cov}(u_t, u_{t+1}) \neq 0 \quad (t = 1, 2, \cdots, n) \tag{4.26}$$

则称为**一阶自相关**。这是最常见的一种序列相关形式。

一阶自相关往往可以写成如下形式：

$$u_t = \rho u_{t-1} + v_t \quad (-1 < \rho < 1) \tag{4.27}$$

其中 ρ 为一阶自相关系数，v_t 为满足经典假定的随机误差项，即 $\text{E}(v_t)=0$，$\text{Var}(v_t)=\sigma^2$，$\text{Cov}(v_t,v_{t+i})=0$，其中 $i \neq 0$。因为模型(4.27)中 u_{t-1} 是 u_t 滞后一期的值，则称式(4.27)为一阶自回归形式，记为 AR(1)，式(4.27)中的 ρ 也称为一阶自回归系数。

如果式(4.28)中的误差项不满足经典假定，即 v_t 中包含有 u_t 的成分，例如包含有 u_{t-2} 的影响，则应把 u_{t-2} 包含在模型中，即

$$u_t = \rho_1 u_{t-1} + \rho_2 u_{t-2} + v_t' \tag{4.28}$$

其中 v_t' 是满足经典假定的误差项，ρ_1 为一阶自相关系数，ρ_2 为二阶自相关系数。(4.28)式称为**二阶自回归形式**，记为 AR(2)。

一般地，如果

$$u_t = \rho_1 u_{t-1} + \rho_2 u_{t-2} + \cdots + \rho_m u_{t-m} + v_t \tag{4.29}$$

其中 v_t 是满足经典假定的误差项，ρ_m 是 m 阶自相关系数，称式(4.29)为 m **阶自回归形式**，记为 AR(m)。

二、自相关产生的原因

实践中，自相关问题比较常见，产生自相关的原因主要有以下几个方面。

1. 模型设定偏误

模型设定偏误是指模型设定的因变量和自变量关系与实际变量间的关系相比具有较大偏差。模型设定偏误一般有自变量选择偏误和模型函数形式偏误两种。自变量选择偏误包括漏选和多选解释变量两种情况。函数形式偏误主要表现为将实际变量间的非线性关系在模型中设定为线性关系，或相反。当模型遗漏重要解释变量时，被遗漏变量对因变量的影响会遗留在随机干扰项中，这会导致随机干扰项表现出自相关性。另外，当因变量和自变量之间的非线性关系在模型中被设定为线性关系时，误差项也会表现出自相关。

2. 经济变量的滞后效应

大量经济时间数据会表现出时间的前后关联性，这往往是由经济变量的滞后效用造成

的。由于很多经济变量无法实时灵活变化,当它们受到冲击时,这些经济变量的变化往往会持续很长时间。如农产品市场价格发生变化时,农产品的产量由于生产周期、农民种植经验等原因无法迅速变化。此时用产量作被解释变量、价格作解释变量建模时,就会出现自相关现象。在实际问题的研究中,许多经济变量都会产生滞后效应,例如物价指数、基建投资、国民收入、消费、货币发行量等都有一定的滞后性。

3. 蛛网现象

蛛网现象是微观经济学中的一个概念。它表示某种商品的供给量受前一期价格影响而表现出来的某种规律性,即呈蛛网状收敛或发散于供需的均衡点。由于规律性的作用,使得所用回归模型的误差项不再是随机的,而产生了某种自相关。

4. 数据处理造成的自相关

在回归分析建模中,经常要对原始数据进行一些处理,如在具有季节性时间序列资料的建模中,常常要消除季节性,这就需要对数据作修匀处理。但如果采用了不恰当的差分变换,就会带来自相关。

相比于截面数据,时间序列数据更容易出现自相关。这是因为经济变量的滞后效应、时间序列非平稳性等原因都可能引发自相关问题。截面数据中也可能会出现自相关。例如,一个家庭或一个地区的消费行为可能会影响另外一些家庭或地区。

三、自相关的后果

当一个线性回归模型的随机误差项存在自相关时,违背了线性回归方程的经典假定。若直接用普通最小二乘法估计参数,将会产生严重后果。一般情况下,自相关产生的后果与异方差类似。

1. 对参数估计量统计特性的影响

参数的估计量依然是无偏的,但不再具有最小方差性,即参数的 OLS 估计量不再是最佳线性无偏估计量。

2. 对参数显著性检验的影响

当模型中随机误差项存在自相关时,OLS 估计量不再具有最小方差性。如果仍然在经典假定下用 OLS 法去估计参数及其方差,则估计的参数方差 $\text{Var}(\hat{\beta}_2)$ 会出现偏误。由于对参数显著性检验的 t 统计量为 $t=\hat{\beta}_2/\text{se}(\hat{\beta}_2)\sim t(n-k)$,当参数估计量标准差出现偏误时 t 检验就不再准确,此时参数的显著性检验就失去了意义。

3. 对模型预测的影响

区间预测与参数估计量的方差有关,在方差有偏误情况下,使得预测估计不准确,预测精度降低。所以,当模型出现自相关性时,它的预测功能失效。

四、自相关的检验

依据自相关定义,自相关的检验就是寻找能够判断随机干扰项与其自身一阶或多阶滞后项是否相关的方法。由于随机干扰项未知,在实践中往往用普通最小二乘法估计模型所得到的残差作为随机干扰项的近似估计量,通过分析 OLS 所得到残差与其自身滞后项的相关性来判断随机干扰项是否存在自相关问题。以下介绍的几种检验方法都是沿着这一思路进行的。

1. 图示法

图示法通过图形来表现残差 e_t 自相关情况,该方法简单直观,但精度较低,往往作为粗略判断之用。

图示法可以用两种方式表现残差的自相关情况。一种是通过绘制残差 e_t 与 e_{t-1} 之间的散点图来表现两者之间的相关性。如果大部分点落在第 Ⅰ、Ⅲ 象限,表明 u_t 存在着正的自相关;如果大部分点落在第 Ⅱ、Ⅳ 象限,那么随机误差项 u_t 存在着负的自相关。另一种图示法是直接绘制 e_t 随时间变化的图形,通过图形特征来判断是否存在自相关性。如果 e_t 随着 t 的变化逐次有规律地变化,呈现锯齿形或循环形状的变化,就可判断 e_t 存在相关,即 u_t 存在着自相关。如果 e_t 频繁不断地改变符号,那么随机误差项 u_t 存在负的自相关;如果 e_t 符号改变次数较少,则表明随机误差项 u_t 存在正的自相关,如图 4.3 所示。

2. DW 检验

DW 检验是杜宾(J. Durbin)和沃特森(G. S. Watson)于 1951 年提出的一种适用于小样本的检验方法。DW 检验只能用于检验随机误差项具有一阶自回归形式的自相关问题。这种方法是检验一阶自回归最常用的方法,一般的计算机软件都可以计算出 DW 值。

杜宾和沃特森构造了 DW 统计量用来检验自回归,并令

$$\mathrm{DW} \approx 2(1-\hat{\rho}) \tag{4.30}$$

其中 $\hat{\rho}$ 为 e_t 和 e_{t-1} 的相关系数,用该值作为 u_t 和 u_{t-1} 相关系数 ρ 的估值。式(4.30)的证明请见附录 4.2。由于 $-1 \leqslant \hat{\rho} \leqslant 1$,故有 $0 \leqslant \mathrm{DW} \leqslant 4$。当 $\hat{\rho}=0$,即 $\mathrm{DW} \approx 2$ 时,e_t 与 e_{t-1} 不相关;当 $\hat{\rho}=-1$ 时,即 $\mathrm{DW} \approx 4$ 时,e_t 与 e_{t-1} 完全负相关;当 $\hat{\rho}=1$ 时,即 $\mathrm{DW} \approx 0$ 时,e_t 与 e_{t-1} 完全正相关;e_t 为随机变量,DW 也为随机变量,故不能由 DW 值来直接判断 e_t 与 e_{t-1} 的相关性,而是需要统计假设检验来进行判断。杜宾和沃特森曾表明推导 DW 统计量的概率分布相当困难,但他们成功推导出了 DW 统计量的上界 d_L 和下界 d_U 的临界值并将其编制成表。今天,只需根据 DW 值落入临界值所界定的范围,就可以判断随机干扰项的自相关情况。具体的判断方法见图 4.4。

需要注意的是,DW 检验尽管有着广泛的应用,但也有明显的缺点和局限性:

§ 4.2 自相关　91

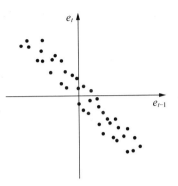
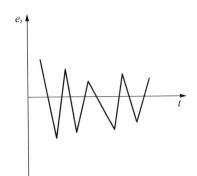

(a) 负自相关

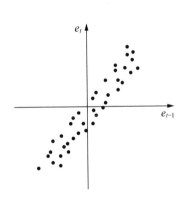
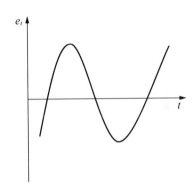

(b) 正自相关

图 4.3　自相关的图形特征

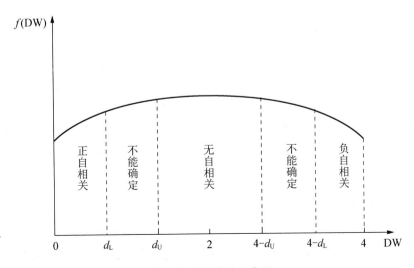

图 4.4　DW 检验示意图

(1) DW 检验有两个不能确定的区域,一旦 DW 值落在这两个区域,就无法判断。这时,只有增大样本容量或选取其他方法;

(2) DW 统计量的上、下界表要求 $n \geq 15$,这是因为样本如果再小,利用残差就很难对自相关的存在性做出比较正确的诊断;

(3) DW 检验不适用随机误差项具有高阶序列相关的检验;

(4) 只适用于有常数项的回归模型,且解释变量中不能含滞后的被解释变量,并且要求解释变量为非随机的和数据序列无缺失项。

3. 拉格朗日乘数检验(LM 检验)

拉格朗日乘数检验是由布劳殊(Breusch)和戈弗雷(Godfrey)于 1978 年提出来的,它克服了 DW 检验的缺陷,适用于高阶自相关以及模型中存在滞后被解释变量的模型。

对于多元回归模型

$$Y_t = \beta_1 + \beta_2 X_{2t} + \beta_3 X_{3t} + \cdots + \beta_k X_{kt} + u_t \tag{4.31}$$

假定误差项 u_t 为式(4.31)的 p 阶自回归 AR(p)模式:

$$u_t = \rho_1 u_{t-1} + \rho_2 u_{t-2} + \cdots + \rho_p u_{t-p} + v_t \tag{4.32}$$

其中 v_t 为满足经典假定的误差项。

检验的原假设为:

$$H_0: \rho_1 = \rho_2 = \cdots = \rho_p = 0 \tag{4.33}$$

即不存在任何阶数的自相关。

LM 检验的步骤如下:

步骤一 用 OLS 估计式(4.31),得到残差项 e_t。

步骤二 将 e_t 对式(4.31)中所有的解释变量 X 以及第一步估计得到的残差滞后值 $e_{t-1}, e_{t-2}, \cdots, e_{t-p}$ 作回归,即

$$e_t = \alpha_1 + \alpha_2 X_{2t} + \cdots + \alpha_k X_{kt} + \hat{\rho}_1 e_{t-1} + \hat{\rho}_2 e_{t-2} + \cdots + \hat{\rho}_p e_{t-p} + \varepsilon_t \tag{4.34}$$

并得到该辅助回归的判定系数 R^2。

步骤三 若样本容量很大,则有 $(n-p)R^2 \sim \chi^2(p)$,即 $(n-p)R^2$ 服从自由度为 p 的 χ^2 分布。在给定显著性水平下,若 $(n-p)R^2 > \chi^2(p)$,则拒绝原假设,此时式(4.32)中至少有一个 ρ 在统计上显著不为 0,说明存在自相关。

五、自相关的补救

随机干扰项的自相关是由模型设定偏误引起的情形称为虚假自相关。将不是由模型设定偏误所引起的自相关称为纯粹自相关。之所以这样区分,是因为两者补救方法完全不同。

虚假自相关的处理要从避免模型设定偏误入手,通过增加解释变量或调整模型函数形式来消除自相关。而当遇到纯粹自相关时应该考虑用差分变换来消除自相关,或者考虑通过优化估计方法来消除自相关所产生的影响。本书沿着这两个思路介绍两种常用方法。

1. 广义差分法

广义差分法是一类克服自相关的有效方法,被广泛采用。它将原模型变化为满足普通最小二乘的差分模型,再进行普通最小二乘法估计。

假设原模型为

$$Y_t = \beta_1 + \beta_2 X_{2t} + \cdots + \beta_k X_{kt} + u_t \tag{4.35}$$

该模型除存在自相关外,满足其他所有经典假定,则有

$$u_t = \rho_1 u_{t-1} + \rho_2 u_{t-2} + \cdots + \rho_p u_{t-p} + v_t \tag{4.36}$$

将式(4.36)带入式(4.35)有

$$Y_t = \beta_1 + \beta_2 X_{2t} + \cdots + \beta_k X_{kt} + \rho_1 u_{t-1} + \rho_2 u_{t-2} + \cdots + \rho_p u_{t-p} + v_t \tag{4.37}$$

根据式(4.35)可得

$$u_t = Y_t - \beta_1 - \beta_2 X_{2t} - \cdots - \beta_k X_{kt} \tag{4.38}$$

进而可以得到

$$\begin{aligned} u_t &= Y_t - \beta_1 - \beta_2 X_{2t} - \cdots - \beta_k X_{kt} \\ u_{t-1} &= Y_{t-1} - \beta_1 - \beta_2 X_{2t-1} - \cdots - \beta_k X_{kt-1} \\ u_{t-2} &= Y_{t-2} - \beta_1 - \beta_2 X_{2t-2} - \cdots - \beta_k X_{kt-2} \\ &\cdots\cdots\cdots\cdots\cdots\cdots\cdots\cdots\cdots\cdots\cdots\cdots\cdots\cdots \\ u_{t-p} &= Y_{t-p} - \beta_1 - \beta_2 X_{2t-p} - \cdots - \beta_k X_{kt-p} \end{aligned} \tag{4.39}$$

将式(4.39)带入式(4.37),并整理得:

$$\begin{aligned} Y_t &- \rho_1 Y_{t-1} - \rho_2 Y_{t-2} - \cdots - \rho_p Y_{t-p} \\ &= \beta_1 (1 - \rho_1 - \rho_2 - \cdots - \rho_p) \\ &\quad + \beta_2 (X_{2t} - \rho_1 X_{2,t-1} - \rho_2 X_{2,t-2} - \cdots - \rho_p X_{2,t-p}) + \cdots \\ &\quad + \beta_k (X_{kt} - \rho_1 X_{k,t-1} - \rho_2 X_{k,t-2} - \cdots - \rho_p X_{p,t-p}) + v_t \end{aligned} \tag{4.40}$$

模型(4.40)即为广义差分模型,该模型不存在自相关问题。采用普通最小二乘法估计模型(4.40)得到的参数估计量,即为原模型参数的无偏、有效的估计量。

在进行一阶广义差分时,解释变量 X 与被解释变量 Y 均以差分形式出现,因而样本容量由 n 减少为 $n-1$,即丢失了第一个观测值。如果样本容量较大,减少一个观测值对估计结果影响不大。但是,如果样本容量较小,则对估计精度产生较大的影响。此时,可采用普莱斯-温斯滕(Prais-Winsten)变换,将第一个样本观测值补充到差分序列中。将第一个观测值

变换为 $Y_1\sqrt{1-\rho^2}$ 和 $X_1\sqrt{1-\rho^2}$,此时,样本容量依然为 n,再使用普通最小二乘法估计参数。

2. 广义最小二乘法(GLS)

广义最小二乘法采取的策略是优化估计方法以获得无偏、有效、一致的参数估计量。设回归模型为

$$Y = X\beta + U \tag{4.41}$$

若随机干扰项 U 满足同方差、序列无关假定,则其协方差矩阵为

$$\mathrm{Cov}(U,U') = \mathrm{E}(UU') = \begin{bmatrix} \sigma^2 & 0 & \cdots & 0 \\ 0 & \sigma^2 & \cdots & 0 \\ \vdots & \vdots & & \vdots \\ 0 & \sigma & \cdots & \sigma^2 \end{bmatrix} = \sigma^2 I \tag{4.42}$$

其中 σ^2 为随机干扰项的方差,I 为单位矩阵。但若模型(4.41)的随机干扰项存在异方差,且序列相关,则其随机干扰项的协方差形式为

$$\mathrm{Cov}(U,U') = \mathrm{E}(UU') = \begin{bmatrix} \sigma_1^2 & \sigma_{12} & \cdots & \sigma_{1n} \\ \sigma_{21} & \sigma_2^2 & \cdots & \sigma_{2n} \\ \vdots & \vdots & & \vdots \\ \sigma_{n1} & \sigma_{n2} & \cdots & \sigma_n^2 \end{bmatrix} = \sigma^2 \Omega \tag{4.43}$$

其中 $\sigma_{ij} = \mathrm{Cov}(u_i, u_j)$。显然,如果能够用某种方法将式(4.43)中的矩阵化为式(4.42)中的形式,则所得到的 OLS 参数估计量将无偏、有效和一致的。这就是广义最小二乘法的基本思路。无论是异方差问题,还是自相关问题,或者两者兼而有之,都存在将式(4.43)中的矩阵化为式(4.42)中矩阵的形式的问题,因此可以将普通最小二乘法和加权最小二乘法都看作是广义最小二乘法的特例,这也是广义最小二乘法名称的由来。

由式(4.43)可知,Ω 是对称正定矩阵,根据矩阵原理,存在一个可逆矩阵 P,使得

$$P\Omega P' = I \tag{4.44}$$

则

$$\Omega = P^{-1}(P')^{-1} = (PP')^{-1}$$

因此

$$\Omega^{-1} = PP' \tag{4.45}$$

利用矩阵 P 对式(4.41)作如下变换:

$$PY = PX\beta + PU \tag{4.46}$$

令

$$Y^* = PY, \quad X^* = PX, \quad U^* = PU$$

则
$$Y^* = X^*\beta + U^* \tag{4.47}$$

模型(4.47)满足同方差与随机误差项相互独立的假定。这是因为
$$E(U^*U^{*\prime}) = E(PUU'P') = P_L(UU')P' = P\sigma^2\Omega P' = \sigma^2 P\Omega P' = \sigma^2 I$$

对式(4.47)应用 OLS 估计,得
$$\begin{aligned}\hat{\beta} &= (X^{*\prime}X^*)^{-1}X^{*\prime}Y^* \\ &= [(PX)'(PX)]^{-1}(PX)'PY \\ &= [X'P'PX]^{-1}X'P'PY \\ &= (X'\Omega^{-1}X)^{-1}X'\Omega^{-1}Y \end{aligned} \tag{4.48}$$

上式所得到的 $\hat{\beta}$ 为无偏、有效和一致的估计量。

通常用广义最小二乘法来修正具有一阶自相关的回归模型。即误差项有式(4.49)的形式
$$u_t = \rho u_{t-1} + v_t \tag{4.49}$$

可以证明
$$\text{Var}(u_t) = \sigma_u^2 = \frac{\sigma_v^2}{1-\rho^2}$$
$$\text{Cov}(u_t, u_{t-s}) = \rho^s \sigma_u^2$$

于是
$$\text{Cov}(U, U') = \sigma_u^2 \begin{bmatrix} 1 & \rho & \rho^2 & \cdots & \rho^{n-1} \\ \rho & 1 & \rho & \cdots & \rho^{n-2} \\ \vdots & \vdots & \vdots & & \vdots \\ \rho^{n-1} & \rho^{n-2} & \rho^{n-3} & \cdots & 1 \end{bmatrix} = \sigma_u^2 \Omega$$

因此可求得
$$\Omega^{-1} = \begin{bmatrix} 1 & -\rho & & & & & \\ -\rho & 1+\rho^2 & -\rho & & & & \\ & -\rho & 1+\rho^2 & -\rho & & & \\ & & -\rho & 1+\rho^2 & -\rho & & \\ & & & \ddots & \ddots & \ddots & \\ & & & & -\rho & 1+\rho^2 & -\rho \\ & & & & & -\rho & 1 \end{bmatrix} \tag{4.50}$$

代入 $\hat{\boldsymbol{\beta}} = (\boldsymbol{X}'\boldsymbol{\Omega}^{-1}\boldsymbol{X})^{-1}\boldsymbol{X}'\boldsymbol{\Omega}^{-1}\boldsymbol{Y}$，可得到参数广义最小二乘估计量。

3. 随机误差项相关系数的估计

无论应用广义差分法，还是广义最小二乘法，必须已知不同样本点之间随机误差项的相关系数 $\rho_1, \rho_2, \cdots, \rho_p$。实际上，人们并不知道它们的具体数值，所以必须首先对它们进行估计。对 ρ 的估计方法很多，其中比较有名的是科克伦-奥科特迭代法，其基本思想是首先用普通最小二乘法估计原模型得到随机误差项的"近似估计值"——残差 e，而后用普通最小二乘法求残差 e 的自相关系数。用求得残差自相关系数作为随机干扰项自相关系数 ρ 的第一次近似值。将该近似值带入广义差分法或广义最小二乘法的估计模型中进行估计，将估计所得的残差再次作为随机干扰项的"近似估计值"，并用 OLS 方法进行第二次相关系数的估计，估计得到的残差的自相关系数作为随机干扰项自相关系数 ρ 的第二次近似值，再次带入广义差分法或广义最小二乘法中的估计模型中。如此反复迭代，直到达到精度要求。用迭代所得的 ρ 最后带入广义差分法或广义最小二乘法的估计模型中进行估计，即可得到统计性质较好的参数估计量。

六、应用案例

例 4.2 沿用第二章中中国进口需求模型的例子，该例建立了一个一元回归模型描述国内生产总值对进口总量的影响。一元回归模型为

$$Y_t = \beta_1 + \beta_2 X_t + u_t \tag{4.51}$$

其中 Y_t 表示 t 年我国进口总额，X_t 为 t 年我国 GDP，u_t 是随机误差项。模型(4.51)的解释变量只有国内生产总值，因此其他因素都包含在随机干扰项 u_t 中，因此 u_t 自相关的可能性很大。具体数据见表 4.3。

用普通最小二乘法估计的结果为

$$\hat{Y}_t = 2484.698 + 0.211 X_t \tag{4.52}$$
$$\text{se} = 3527.824 \quad 0.011$$
$$t = 0.704 \quad 18.578$$
$$p = 0.490 \quad 0.000$$
$$R^2 = 0.950, \quad F = 345.140, \quad \text{DW} = 0.526$$

从结果可以看到，R^2 值为 0.950，模型拟合较好，解释变量及方程整体显著。但是 DW 值远小于 2，怀疑存在序列相关。通过查表知，20 个样本的一元回归模型 5% 显著性水平下的 DW 临界值 $d_L = 1.20, d_U = 1.41$，DW$= 0.526 < d_L$，说明随机干扰项存在自相关。随机干扰项的自相关也可以从 e_t 与 e_{t-1} 的散点图中表现出来，如图 4.5 所示。

表 4.3 1995—2014 年中国进口总额和国内生产总值数据　　　　　　单位：亿元

时间	进口总额(Y)	国内生产总值(X)	时间	进口总额(Y)	国内生产总值(X)
1995	11 048.1	61 129.8	2005	54 273.7	185 895.8
1996	11 557.4	71 572.3	2006	63 376.9	217 656.6
1997	11 806.5	79 429.5	2007	73 300.1	268 019.4
1998	11 626.1	84 883.7	2008	79 526.5	316 751.7
1999	13 736.4	90 187.7	2009	68 618.4	345 629.2
2000	18 638.8	99 776.3	2010	94 699.3	408 903.0
2001	20 159.2	110 270.4	2011	113 161.4	484 123.5
2002	24 430.3	121 002.0	2012	114 801.0	534 123.0
2003	34 195.6	136 564.6	2013	121 037.5	588 018.8
2004	46 435.8	160 714.4	2014	120 358.0	636 138.7

注：表中数据来源于《中国统计年鉴 2015》。

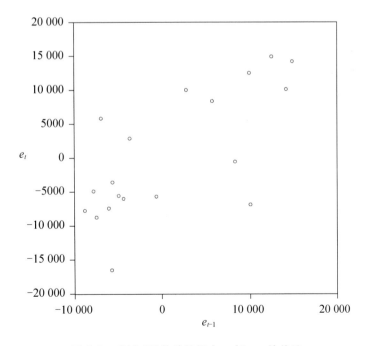

图 4.5　式(4.52)估计结果中 e_t 与 e_{t-1} 的关系

从图 4.5 中可以看出，e_t 与 e_{t-1} 之间同方向变化，说明存在正的自相关。作 LM 检验，构建辅助回归如下：

$$e_t = \alpha_1 + \alpha_2 X_t + \hat{\rho}_1 e_{t-1} + \varepsilon_t \tag{4.53}$$

经计算 $\hat{\rho}_1$ 都是高度显著的，且 $R^2 = 0.572, (n-1)R^2 = 10.868 > \chi^2_{0.01}(1) = 6.635$，拒绝原假设，故 LM 检验表明随机干扰项存在自相关。

经过 LM 检验，基本可以判断模型存在一阶自相关，故式(4.52)的参数估计量不再是最佳线性无偏估计量。建立式(4.52)的残差一阶自相关模型式

$$e_t = \hat{\rho} e_{t-1} + \mu_t \tag{4.54}$$

OLS 的估计结果为

$$\hat{e}_t = 0.780 e_{t-1} \tag{4.55}$$
$$\text{se} = 0.181$$
$$t = 4.310$$
$$p = 0.0004$$
$$R^2 = 0.508, \quad DW = 1.537$$

由式(4.55)可知，$\hat{\rho} = 0.780$，且高度显著。对模型进行广义差分变换，以消除自相关：

$$Y_t - \hat{\rho} Y_{t-1} = \beta_1(1-\hat{\rho}) + \beta_2(X_t - \hat{\rho} X_{t-1}) + v_t \tag{4.56}$$

将 $\hat{\rho} = 0.780$ 带入式(4.56)，得

$$Y_t - 0.780 Y_{t-1} = \beta_1(1-0.780) + \beta_2(X_t - 0.780 X_{t-1}) + v_t \tag{4.57}$$

令

$$Y_t^* = Y_t - 0.780 Y_{t-1}, \quad X_t^* = X_t - 0.780 X_{t-1}, \quad \beta_1^* = \beta_1(1-0.780), \quad \beta_2^* = \beta_2$$

则式(4.58)变为

$$Y_t^* = \beta_1^* + \beta_2^* X_t^* + v_i \tag{4.58}$$

使用普通最小二乘法估计式(4.58)，可得式(4.59)。

$$\hat{Y}_t^* = 2169.940 + 0.186 X_t^* \tag{4.59}$$
$$\text{se} = 2643.767 \quad 0.027$$
$$t = 0.821 \quad\quad 6.870$$
$$p = 0.423 \quad\quad 0.000$$
$$R^2 = 0.735, \quad F = 47.199, \quad DW = 1.704$$

由于使用了一阶差分数据,数据数量由原来的 20 个减少到 19 个。查 5% 显著性水平的 DW 统计表可知 $d_L=1.18, d_U=1.40, d_U<\text{DW}=1.704<4-d_U$,模型已经不存在自相关。同时可见,判定系数 R^2, t, F 统计量也均达到理想状态。

由于 $\beta_1^* = \beta_1(1-0.780)$,故有

$$\beta_1 = \frac{\beta_1^*}{1-\hat{\rho}} = \frac{2169.940}{1-0.780} = 9863.364 \tag{4.60}$$

故最终的模型应为

$$\hat{Y}_t = 9863.364 + 0.186 X_t \tag{4.61}$$

该模型表明,国内生产总值每增加 1 亿元,则进口总量增加 0.186 亿元。

一阶广义差分法会丢失第一个观测值。采用普莱斯-温斯腾变换补充差分序列 Y^*、X^* 的第一组观测值后 (4.58) 的 OLS 估计结果为

$$\hat{Y}_t^* = 1926.430 + 0.187 X_t^* \tag{4.62}$$
$$\text{se} = 2486.652 \quad 0.026$$
$$t = 0.777 \quad 7.209$$
$$p = 0.449 \quad 0.000$$
$$R^2 = 0.743, \quad F = 51.974, \quad \text{DW} = 1.690$$

普莱斯-温斯腾变换后的最终模型为

$$\hat{Y}_t = 8756.500 + 0.187 X_t \tag{4.63}$$

上面的方法由于需要重新生成 Y^*、X^* 变量操作起来比较麻烦,且只完成了一次迭代,估计精度也较低。EViews 软件提供了一种简便且精度高的方法,即在 EViews 中设置普通最小二乘法时,除了写出被解释变量、截距和解释变量之外,还加入 AR(1), AR(2), $\cdots$, AR(p),其中 p 为随机干扰项的 P 阶自回归。p 值的选取通过逐次引入 AR(1), AR(2) $\cdots$,EViews 会依据输入 p 的数量确定随机干扰项自回归的阶数,并自动完成迭代,进而计算出精度较高的广义差分最小二乘法结果。

由于每提高一次自回归的阶数,数据都会减少一个,因此过高的阶数会导致自由度降低和多重共线性问题,且随着阶数增加,会出现解释变量不显著问题。因此在实际操作过程中发现广义差分法无法迅速清除随机干扰项的序列相关时,则需考虑模型是否存在设定偏误的问题。

§4.3 多重共线性

一、多重共线性的概念

对于多元回归模型

$$Y_i = \beta_1 + \beta_2 X_{2i} + \beta_3 X_{3i} + \cdots + \beta_k X_{ki} + u_i \quad (i = 1, 2, \cdots, n) \tag{4.64}$$

若存在不全为零的数 $c_2, c_3, \cdots, c_k$，使得

$$c_2 X_{2i} + c_3 X_{3i} + \cdots + c_k X_{ki} = 0 \tag{4.65}$$

则称解释变量 $X_2, X_3, \cdots, X_k$ 之间存在完全共线性。若存在不全为零的数 $c_2, c_3, \cdots, c_k$，使得

$$c_2 X_{2i} + c_3 X_{3i} + \cdots + c_k X_{ki} + v_i = 0 \tag{4.66}$$

其中 v_i 为随机误差项，则称解释变量存在近似共线性。

无论是完全共线性，还是近似共线性，都意味着解释变量间存在相关性，将模型中解释变量间存在相关性的现象称为**多重共线性**。完全共线性违反了回归模型的经典假定，无法进行普通最小二乘估计；近似共线性虽然没有违反经典假定，但会使得普通最小二乘法估计模型产生不良结果，因此需要就该现象进一步研究。一般情况下，经济数据之间很少发生完全共线性情况，而近似共线性较为常见，且完全共线性的情况较容易发现和处理，故接下来的讨论将以近似共线性为主。

二、多重共线性产生的原因

在现实经济活动中，一个变量的变化往往受到多个因素的影响，而影响因素之间常常存在一定的相关性。一般地，产生多重共线性的主要原因有以下四个方面：

(1) 经济变量相关的共同趋势。例如，对于时间序列数据资本投入与劳动投入等，在经济周期当中一般具有共同的变化趋势，当把这两个变量同时作为解释变量引入模型时就可能带来多重共线性问题。

(2) 模型中包含滞后变量。当模型中引入了解释变量的滞后变量时，由于解释变量与其滞后变量往往呈现高度相关性，这就导致了多重共线性。

(3) 样本资料的限制。由于完全符合理论模型所要求的样本数据较难收集，特定样本可能存在某种程度的多重共线性。例如，如果抽样仅限于总体中解释变量取值的一个有限范围，使得数据差异不大，这时就可能出现多重共线性。

(4) 利用截面数据建立模型也可能出现多重共线性。例如，生产函数中，资本投入与劳

动力投入往往出现高度相关情况,大企业二者都大,小企业二者都小。

三、多重共线性的后果

完全多重共线性由于解释变量之间可以完全替代,因此无法进行估计。近似共线性情况下,其普通最小二乘法所得的估计量是无偏、有效和一致的。但是由于解释变量之间存在相关性,多重共线性仍然会引起一些严重问题。关于多重共线性产生的估计后果的数学论证可参阅附录4.3,本节只对该内容进行简要论述。

(1)变量间的完全共线性会导致模型估计失败。这是因为在估算参数时,完全共线性会使参与OLS估计的 $X'X$ 为不可逆矩阵,从而无法得到参数估计量。

(2)严重近似共线性由于变量间存在较强相关性,导致OLS参数估计值的方差变大。当方差变大时,t 检验和 F 检验的置信区间增大。这容易引起估计量变得不显著,使得参数 t 检验容易做出错误的判断,可能造成回归方程高度显著,但某些回归系数通不过显著性检验。

(3)在存在严重多重共线性时,参数估计值无法正确描述对应解释变量对被解释变量的影响,此时往往会出现参数估计值的经济意义明显不合理的情况。这是因为多元回归研究的是某一解释变量在其他解释变量不变的情况下,该解释变量变化对被解释变量的影响。如果解释变量之间相互影响,则模型无法准确区分具有相关关系的解释变量对被解释变量各自的影响。

四、多重共线性的检验

如何检验回归模型中变量之间存在多重共线性呢?对于完全的多重共线性,当最小二乘法无解时就可以发现。对于近似多重共线性的检验是一个程度而不是有无的问题。下面介绍几种常用的方法判断多重共线性是否严重。

1. 简单相关系数法

多重共线性是由解释变量间的相关性带来的。考察各解释变量两两间的简单相关系数可以对回归模型多重共线性的问题进行初步判断。当解释变量间的相关系数较大时,可能会出现多重共线性问题。之所以说"初步"判断,是因为多重共线性可能并不是单纯由两个解释变量之间的相关性引起的,也可能是由某个解释变量与其他多个解释变量的线性组合引起的。因此如果发现模型中某两个变量存在高度相关,则该模型的多重共线性就会比较严重,但若未发现模型中某两个变量存在高度相关,却不能由此判定该模型的多重性不严重。也就是说两两解释变量间的高度相关性是多重共线性存在的充分条件,而不是必要条件。

2. 辅助回归

前文提到,模型的多重共线性可能是由某个解释变量与其他多个解释变量的线性组合引起的。因此可以建立辅助回归来检验这种线性组合存在与否。辅助回归的建立方法是使用模型中的每一个解释变量分别对其余解释变量进行回归,并计算每个辅助回归的判定系数。若某一种形式中判定系数较大,则说明在该形式中作为被解释变量的某个解释变量 X_j 可以用其他解释变量的线性组合代替,X_j 与其他解释变量间存在严重共线性。

在给定显著性水平,通过辅助回归 F 检验可以对多重共线性进行检验。此时原假设为 X_j 与其他解释变量间不存在显著的线性关系。

除了使用 F 检验之外,还可以采取克里安经验法则(Kilen's rule of thumb)来进行多重共线性严重程度的判断,克里安认为仅当来自一个辅助回归的 R_j^2 大于来自原始模型中被解释变量对于所有解释变量所得的 R^2 值时,多重共线性才是一个麻烦的问题。

3. 方差扩大因子法

方差扩大因子(VIF)定义为

$$\text{VIF}_j = \frac{1}{1 - R_j^2} \tag{4.67}$$

由于 R_j^2 度量了解释变量 X_j 与其余 $k-1$ 个解释变量(包括常数项)的线性相关程度,这种相关程度越强,说明解释变量之间的多重共线性越严重。R_j^2 越接近于 1,VIF_j 也就越大。反之,X_j 与其余 $k-1$ 个解释变量的线性相关程度越弱,解释变量之间的多重共线性也就越弱。R_j^2 越接近于 0,VIF_j 也就越接近于 1。当完全共线性时,$R_j^2 = 1$,这意味着此时 VIF 趋于无穷,这会导致参数估计量的方差趋向无穷。由此可见,VIF_j 的大小反映了解释变量之间多重共线性的程度,因此可由它来度量多重共线性的严重程度。经验表明,当 $\text{VIF}_j \geqslant 10$ 时,就说明解释变量 X_j 与其余解释变量之间有严重的多重共线性,且这种多重共线性可能会过度地影响最小二乘估计量的精度。

也可以用 k 个解释变量所对应的方差扩大因子的平均数来度量多重共线性的严重程度,即

$$\overline{\text{VIF}} = \frac{1}{k} \sum_{j=1}^{k} \text{VIF}_j \tag{4.68}$$

当该值大于 10 时就表示存在严重的多重共线性问题。

4. 直观判定法

根据经验,通常以下情况的出现可能表明存在多重共线性:

(1)解释变量的回归系数所带符号与定性分析结果违背时,可能存在多重共线性问题。

(2)一些重要的解释变量在回归方程中没有通过显著性检验时,可初步判断存在着严重的多重共线性。

(3)当增加或剔除一个解释变量,或者改变一个观测值时,回归系数的估计值发生较大

变化,就认为回归方程可能存在严重的多重共线性。

(4)对于采用时间序列数据作为样本,以简单线性形式建立的计量经济模型,往往存在多重共线性。

五、多重共线性的补救措施

多重共线性补救的基本思路主要有两类:第一类是调整解释变量的设置以避免出现严重多重共线性问题,如使用非样本先验信息减少解释变量估计参数、剔除不重要共线性变量等办法来缓解多重共线性;第二类是通过调整数据来降低多重共线性问题,如增大样本容量或截面数据和时间序列混用等。下面提供几种常用的处理方法:

1. 使用非样本先验信息

如果据先前的计量经济分析或经济理论分析已知模型中的共线性解释变量的参数间具有某种线性关系,则可利用此条件消除解释变量间的多重共线性。例如,对于 C-D 生产函数,其对数线性形式为

$$\ln Y = \ln A + \alpha \ln L + \beta \ln K + u \tag{4.69}$$

其中 Y 为国内生产总值,L 为劳动力投入,K 是资本投入。

由于在时间序列数据中劳动力投入 L 和资本投入 K 有很高的相关性,因此该模型中往往有较严重的多重共线性。如果有先验信息判断该经济系统是规模报酬不变的,则有 $\alpha+\beta=1$,式(4.69)变为

$$\ln \frac{Y}{L} = \ln A + \beta \ln \frac{K}{L} + u \tag{4.70}$$

即将式(4.69)的二个解释变量的对数线性模型转变为式(4.70)的一个解释变量的对数线性模型,消除了多重共线性。使用普通最小二乘法估计出式(4.70)的资本弹性 $\hat{\beta}$,则劳动力弹性为 $\hat{\alpha}=1-\hat{\beta}$。从而得到式(4.69)的 C-D 生产函数。

2. 横截面与时间序列数据并用

首先利用横截面数据估计出部分参数,将结果代入原模型后,再利用时间序列数据估计另外的部分参数。例如,要研究汽车需求量,可设定模型为

$$\ln Y_t = \beta_1 + \beta_2 \ln P_t + \beta_3 \ln I_t + u_t \tag{4.71}$$

其中 Y 是汽车销售量,P 是汽车价格,I 是消费者收入。

在时间序列数据中,价格和收入一般都有着较高的相关关系。因此,在式(4.71)中将有多重共线性问题。如果能够取得某一期间横截面数据,此时价格保持不变,则式(4.71)变为 $\ln Y$ 对 $\ln I$ 的一元回归模型,则可得到收入弹性 β_3 的估计值 $\hat{\beta}_3$。然后再利用时间序列数据估计式

$$\ln Y_t - \hat{\beta}_3 \ln I_t = \beta_1 + \beta_2 \ln P_t + u_t \tag{4.72}$$

得到 $\hat{\beta}_1, \hat{\beta}_2$，从而得到汽车需求模型。

这种方法假定横截面数据估计的收入弹性与时间序列数据估计的收入弹性是相等的。

3. 增大样本容量

建立一个实际经济问题的回归模型，如果所收集的样本数据太少，容易产生多重共线性。从本质上讲，多重共线性是样本现象，所以相同模型，不同样本条件下，可能出现共线性严重程度完全不同的情况。

当增加样本容量时，$\sum(X_j - \bar{X}_j)^2$ 也会增大。因此，在 R_j^2 固定不变的条件下，会减小估计量 $\hat{\beta}_j$ 的方差，从而减弱了多重共线性对回归方程的影响。因此，增大样本容量也是缓解多重共线性的一个途径。

增大样本容量的方法在有些经济问题中是不现实的，因为在经济问题中，许多解释变量是不受控制的，或由于种种原因不可能再得到一些新的样本数据。在有些情况下，虽然可以增大一些样本数据，但解释变量个数较多时，往往难以确定增加什么样的数据，才能克服多重共线性问题。

4. 剔除一些不重要的共线性解释变量

通常在经济问题的建模中，由于认识水平的局限，容易考虑过多的解释变量。当涉及解释变量较多时，大多数回归方程都受到多重共线性的影响。这时，最常用的办法是首先作解释变量的筛选，舍去一些解释变量。如果有几个变量的方差扩大因子大于 10，则可把方差扩大因子最大者所对应的解释变量首先剔除，再重新建立回归方程，如果仍然存在严重的多重共线性，则再继续剔除方差扩大因子最大者所对应的解释变量，直到回归方程中不再存在严重的多重共线性为止。

一般而言，在选择回归模型时，可以将回归系数的显著性检验、方差扩大因子 VIF 的多重共线性检验与解释变量的经济意义结合起来考虑，以引进或剔除变量。

值得注意的是，从模型中剔除变量以缓解多重共线性的问题可能会导致设定上的偏误。

5. 使用有偏估计

处理多重共线性对回归模型的影响是近 40 年来统计学家们关注的热点课题之一，除以上方法被人们应用外，统计学家还致力改进古典的最小二乘法，提出以采用有偏估计为代价来提高估计量稳定性的方法，如岭回归法、主成分法、偏最小二乘法等。这些方法已有不少应用效果很好的经济例子，而且在计算机如此发达的今天，具体计算也不难实现。

多重共线性是一种普遍现象，从本章的讨论不难看出，多重共线性是一个程度问题，不是有无的问题。同时，多重共线性也是一个复杂的问题，检验多重共线性及对其补救的办法很多,但却没有一种方法能完全准确的检查出多重共线性,也没有一种方法能彻底解决这个问题。多重共线性的检验与解决方法仍有待于进一步研究。

六、应用案例

例 4.3 根据外汇储备规模的相关理论,影响外汇储备规模的因素主要有出口总额、进口总额、外商直接投资、人民币汇率。其中对外汇储备规模有正向影响的包括出口总额、外商直接投资,对外汇储备规模负向影响的有进口总额、人民币汇率。2000 至 2014 年具体数据及各变量标识如表 4.4 所示。

表 4.4 2000—2014 年我国外汇储备及相关影响因素数据

时间	外汇储备 (Y)/亿美元	出口总额 (X_2)/亿元	进口总额 (X_3)/亿元	实际利用外资 (X_4)/万美元	人民币对美元汇率 (X_5)
2000	1655.7	20 634.4	18 638.8	5 614 000.0	827.8
2001	2121.7	22 024.4	20 159.2	5 855 700.0	827.7
2002	2864.1	26 947.9	24 430.3	5 935 600.0	827.7
2003	4032.5	36 287.9	34 195.6	6 380 500.0	827.7
2004	6099.3	49 103.3	46 435.8	6 407 200.0	827.7
2005	8188.7	62 648.1	54 273.7	6 440 800.0	819.2
2006	10 663.4	77 597.2	63 376.9	6 707 600.0	797.2
2007	15 282.5	93 563.6	73 300.1	7 833 900.0	760.4
2008	19 460.3	100 394.9	79 526.5	9 180 400.0	694.5
2009	23 991.5	82 029.7	68 618.4	9 525 300.0	683.1
2010	28 473.4	107 022.8	94 699.3	10 882 100.0	677.0
2011	31 811.5	123 240.6	113 161.4	11 329 400.0	645.9
2012	33 115.9	129 359.3	114 801.0	11 769 800.0	631.3
2013	38 213.2	137 131.4	121 037.5	11 872 100.0	619.3
2014	38 430.2	143 883.8	120 358.0	11 970 500.0	614.3

注:表中数据来源于中国国家统计局网站 http://www.stats.gov.cn。

建立模型如下:

$$Y_i = \beta_1 + \beta_2 X_{2i} + \beta_3 X_{3i} + \beta_4 X_{4i} + \beta_5 X_{5i} + u_i \tag{4.73}$$

对该模型普通最小二乘法回归得

$$\hat{Y}_i = 37\,946.93 - 0.015X_{2i} + 0.129X_{3i} + 0.002X_{4i} - 58.772X_{5i} \tag{4.74}$$

$$\text{se} = 49\,646.61 \quad 0.123 \quad 0.168 \quad 0.002 \quad 46.803$$

$$t = 0.764 \quad -0.118 \quad 0.765 \quad 0.887 \quad -1.256$$

$$p = 0.462 \quad 0.908 \quad 0.462 \quad 0.396 \quad 0.238$$

$$R^2 = 0.991, \quad F = 287.977, \quad DW = 2.005$$

式(4.74)中回归结果无异方差和序列相关,外汇储备得到了较好拟合。但各解释变量系数皆没有通过显著性 10% 的 t 检验,且 X_2,X_3 的系数的符号与经济意义不符。怀疑存在多重共线性问题。表 4.5 列出了各解释变量间的相关系数。表 4.5 显示 X_2 和 X_3 之间存在较强的相关性;X_4 和 X_5 之间存在较强相关性。因此若模型中 X_2,X_3 和 X_4,X_5 同时出现,发生多重共线性问题将会比较严重。

表 4.5 解释变量相关系数矩阵

	X_2	X_3	X_4	X_5
X_2	1.0000	0.9939	0.9465	-0.9397
X_3	0.9939	1.0000	0.9606	-0.9443
X_4	0.9465	0.9606	1.0000	-0.9904
X_5	-0.9397	-0.9443	-0.9904	1.0000

再作辅助回归查看多重共线性的严重程度,辅助回归所得 R_j^2 见表 4.6。

表 4.6 各解释变量辅助回归的判定系数和 VIF

	X_2	X_3	X_4	X_5
R_j^2	0.9942	0.9958	0.9937	0.9905
VIF_j	172.4138	238.0952	158.7302	105.2632

根据克里安经验法则,只有 X_5 的辅助回归判定系数没有大于式(4.74)的判定系数,因此可以断定式(4.74)存在严重的多重共线性问题。各解释变量的 VIF_j 都远大于 10,表明模型多重共线性较为严重。

当模型存在多重共线性时,可以考虑剔除不重要的变量以缓解该问题。但根据外汇储备规模的相关理论,删除任意变量都可能造成模型遗漏变量。从表 4.5 中可以发现进口总额和出口总额之间存在较强的相关性。在进行模型估计的时候,是无法分别估计两者各自对外汇储备的影响的,因此可以考虑换一个角度思考。依据先验信息,进口总额加上出口总额等于进出口总额。而进出口总额是衡量一个国家对外贸易的重要指标。对外贸易对外汇储备具有重要影响。因此可以考虑用进出口总额来替代模型中的出口总额和进口总额。可以建立模型如式(4.75):

$$\hat{Y}_i = 20\,171.34 + 0.003X_{4i} - 42.325X_{5i} + 0.046X_{6i} \qquad (4.75)$$
$$\text{se} = 33\,176.76 \quad 0.001 \quad 31.893 \quad 0.016$$
$$t = 0.608 \quad 2.055 \quad -1.327 \quad 2.797$$
$$p = 0.555 \quad 0.065 \quad -0.211 \quad 0.017$$
$$R^2 = 0.991, \quad F = 412.127, \quad \text{DW} = 2.066$$

其中 X_6 为进出口总额,即有 $X_6 = X_2 + X_3$。从结果可以看到,各解释变量系数的符号合理,符合经济意义。同时,各解释变量只有 X_5 的系数没有通过 10% 的显著性 t 检验,方程整体也是显著的,模型的多重共线性问题得到大幅度缓解。

式 (4.75) 中 X_5 的系数没有通过 10% 的显著性 t 检验,考察简单相关系数可以发现,X_4, X_5 间的相关系数达到 -0.9904。因此式 (4.75) 的多重共线性问题并没有完全解决,只是程度与式 (4.74) 相比缓解了许多。如前文所述,多重共线性问题本质上是样本的问题,当样本量足够大时,多重共线性问题就会不治而愈。下面给出 1985 年至 2014 年的回归结果,与式 (4.75) 相比样本数量增加了 15 个,样本容量达到了 30。

$$\hat{Y}_i = 7470.104 + 0.002X_{4i} - 25.286X_{5i} + 0.058X_{6i} \qquad (4.76)$$
$$\text{se} = 1412.152 \quad 0.0004 \quad 3.299 \quad 0.016$$
$$t = 5.290 \quad 5.661 \quad -7.666 \quad 3.734$$
$$p = 0.000 \quad 0.000 \quad 0.000 \quad 0.000$$
$$R^2 = 0.983, \quad F = 514.821, \quad \text{DW} = 1.469$$

式 (4.76) 表明当增大样本容量时,估计结果质量有了显著提高。所有解释变量在 1% 显著性水平下都是显著的,方程整体也是显著的。此时,方程已经不再存在多重共线性问题。式 (4.76) 表明国家外汇储备受到实际利用外资和进出口总额的正向影响,同时也受到汇率的负向影响。

§4.4 随机解释变量

在模型经典假定中,假定解释变量是外生变量,与随机误差项不相关。违背这一基本假定的问题就称为随机解释变量问题,也称为内生解释变量问题。

一、随机解释变量问题

对于模型

$$Y_i = \beta_1 + \beta_2 X_{2i} + \beta_3 X_{3i} + \cdots + \beta_k X_{ki} + u_i \quad (i = 1, 2, \cdots, n) \qquad (4.77)$$

如果存在一个或多个解释变量的变化是随机的,则称该模型存在**随机解释变量问题**。

为什么解释变量与随机干扰项之间存在相关性会影响模型的估计呢？用一个简单的一元线性回归模型例子说明。设有模型

$$Y_i = \beta_1 + \beta_2 X_{2i} + u_i \tag{4.78}$$

该模型考察的是当解释变量 X_{2i} 变化一单位时，被解释变量 Y_i 跟随 X_{2i} 变化的量。若 X_{2i} 与 u_i 相关，则无法准确判断 X_{2i} 所引起 Y_i 变化的比例，也即无法准确估计 β_2。

根据解释变量与随机干扰项的相关性，可以将该问题分为三种情况。每一种情况对 OLS 的参数估计量的统计性质产生不同的影响。为了叙述方便，现假设式(4.77)中的 X_j 为随机解释变量。

1. 随机解释变量与随机误差项相互独立。 即

$$\begin{aligned} \mathrm{Cov}(X_{ji}, u_i \mid X_{2i}, X_{3i}, \cdots, X_{(j-1),i}, X_{(j+1),i}, \cdots, X_{ki}) &= 0 \\ \mathrm{Cov}(X_{ji}, u_{i-s} \mid X_{2i}, X_{3i}, \cdots, X_{(j-1),i}, X_{(j+1),i}, \cdots, X_{ki}) &= 0 \end{aligned} \quad (s \neq 0) \tag{4.79}$$

实际上，解释变量固定假设条件下，解释变量与随机干扰项同样满足式(4.79)。可见，解释变量固定的假设可以看作式(4.79)的一种特殊情况。在该条件下，OLS 的参数估计量是无偏、有效和一致的。一般地，把满足式(4.79)的解释变量称为外生变量。

2. 随机解释变量与随机误差项同期无关但异期相关， 即

$$\begin{aligned} \mathrm{Cov}(X_{ji}, u_i \mid X_{2i}, X_{3i}, \cdots, X_{(j-1),i}, X_{(j+1),i}, \cdots, X_{ki}) &= 0 \\ \mathrm{Cov}(X_{ji}, u_{i-s} \mid X_{2i}, X_{3i}, \cdots, X_{(j-1),i}, X_{(j+1),i}, \cdots, X_{ki}) &\neq 0 \end{aligned} \quad (s \neq 0) \tag{4.80}$$

该种情况下，OLS 的参数估计量是有偏的，但却是一致的。这意味着 OLS 的参数估计量的值会随样本量的增加逐渐趋向于估计参数的真值。

3. 随机解释变量与随机误差项同期相关， 即

$$\mathrm{Cov}(X_{ji}, u_i \mid X_{2i}, X_{3i}, \cdots, X_{(j-1),i}, X_{(j+1),i}, \cdots, X_{ki}) \neq 0 \tag{4.81}$$

该种情况下，OLS 的参数估计量是有偏的且非一致的。一般地，把与随机误差项相关的解释变量称为**内生解释变量**。

二、随机解释变量问题的后果

计量经济模型一旦出现随机解释变量，如果仍采用普通最小二乘法估计模型参数，不同性质的随机解释变量会产生不同的后果：

1. 如果随机解释变量与随机误差项相互独立，得到的参数估计量仍然是无偏的，且是一致估计量。

2. 如果随机解释变量与随机误差项同期不相关，但异期相关，得到的参数估计量有偏，但却是一致的。

3. 如果随机解释变量与随机误差项同期相关,得到的参数估计量有偏且非一致。

具体的证明过程请参阅附录 4.4。

三、产生随机解释变量问题的原因

1. 遗漏解释变量的影响

由于遗漏的解释变量包含在随机误差项之中,如果该解释变量同模型中的某个解释变量是相关的,这就造成该解释变量与随机误差项相关。

2. 滞后被解释变量作解释变量

滞后被解释变量为非确定性变量。如果模型中的解释变量包含有滞后被解释变量,就可能会带来随机解释变量问题。

3. 联立方程模型中,如果一个变量在一个方程中作为被解释变量,而在另一个方程中作为解释变量,这样就使得该变量成了随机解释变量。

4. 数据测量误差

变量的观测值与实际值之间的误差也会带来随机解释变量问题。

四、随机解释变量问题的解决

模型中出现随机解释变量且与随机误差项相关时,OLS 估计量是有偏的。如果随机解释变量与随机误差项异期相关,则可以通过增大样本容量的办法来得到一致的估计量;但如果是同期相关,即使增大样本容量也无济于事。这时,最常用的估计方法是工具变量法。

所谓工具变量法,就是在进行参数估计的过程中选择适当的工具变量,替代回归模型中同随机误差项存在相关性的解释变量。工具变量的选取应满足以下条件:

(1) 与所替代的解释变量高度相关(相关性准则);

(2) 与随机误差项不相关(外生性准则)。

设一元回归模型为

$$Y_t = \beta_1 + \beta_2 X_t + u_t \tag{4.82}$$

用普通最小二乘法估计式(4.82),相当于用 1 和 X_t 分别去乘模型两边,然后对 t 求和,再略去 $\sum u_t$ 和 $\sum X_t u_t$,得到的正规方程组为

$$\begin{cases} \sum Y_t = n\beta_1 + \beta_2 \sum X_t \\ \sum X_t Y_t = \beta_1 \sum X_t + \beta_2 \sum X_t^2 \end{cases} \tag{4.83}$$

求解该方程组即可得到参数的最小二乘估计量。在 X_t 与 u_t 相关的情况下,最小二乘估计量不具有一致性。如果按照工具变量的选取条件选取 Z 为 X 的工具变量,则在上述估计过

程中不用 X 而改用 Z 乘以模型的两边,并对 t 求和。利用工具变量与随机误差项不相关的性质,在大样本的情况下可略去 $\sum u_t$ 和 $\sum Z_t u_t$,得到如下的正规方程组:

$$\begin{cases} \sum Y_t = n\beta_1 + \beta_2 \sum X_t \\ \sum Z_t Y_t = \beta_1 \sum Z_t + \beta_2 \sum Z_t X_t \end{cases} \quad (4.84)$$

于是

$$\hat{\beta}_2 = \frac{\sum (Z_t - \overline{Z})(Y_t - \overline{Y})}{\sum (Z_t - \overline{Z})(X_t - \overline{X})}, \quad \hat{\beta}_1 = \overline{Y} - \hat{\beta}_2 \overline{X} \quad (4.85)$$

这种求解模型参数估计量的方法称为工具变量法,所得估计量称为工具变量法估计量。

工具变量法的局限性有以下几点:

(1)工具变量法得到的估计量是有偏的,但是一致的;

(2)在实践中,找到一个既具有经济意义,又满足条件的工具变量非常困难;

(3)若满足条件的工具变量有多个时,在选择方面具有任意性,不同工具变量估计的结果差别较大;

(4)检验工具变量与随机误差项不相关有很大困难。

五、内生解释变量的检验

如前所述,当随机解释变量与随机干扰项不相关时,其 OLS 估计结果具有很好的统计性质。而异期相关时,OLS 的结果是一致的。因此,检验主要侧重在同期相关上。同期相关检验一方面可以依赖于经济学的相关知识,另一方面也可以通过豪斯曼检验来判断解释变量的同期相关性。

豪斯曼从计量技术上给出了检验随机解释变量是否是同期不相关外生变量的方法。假设有如下二元线性回归模型:

$$Y_i = \beta_1 + \beta_2 X_i + \beta_3 Z_{1i} + u_i \quad (4.86)$$

其中 X 与 u 可能同期相关,即 X 可能为内生变量。Z_1 与 u 不相关,为外生变量。由于无法知道 u,故无法直接检验 X 与 u 的同期相关性。豪斯曼提出首先为随机解释变量 X 寻找某一工具变量 Z_2 对式(4.86)用工具变量法进行估计,估计的结果与用 OLS 对式(4.86)估计的结果进行比较,若两者结果差距很大,则认为存在同期相关性,否则认为解释变量 X 为外生变量。具体的操作步骤如下:

步骤一 用可能的内生变量 X 对外生变量和工具变量作 OLS 回归:

$$X_i = \alpha_1 + \alpha_2 Z_{1i} + \alpha_3 Z_{2i} + v_i \quad (4.87)$$

步骤二 得到式(4.87)随机干扰项的估计量——OLS估计的残差,记为 $\hat{v}$。

步骤三 将残差项 $\hat{v}$ 加入原始回归模型(4.86)得到式(4.88),并对该式进行OLS估计。

$$Y_i = \beta_1 + \beta_2 X_i + \beta_3 Z_{1i} + \gamma \hat{v}_i + \varepsilon_i \tag{4.88}$$

若 $\hat{v}$ 前的参数 γ 显著为零,则表明式(4.87)的随机干扰项 $\hat{v}$ 与 Y 同期无关,进而与原模型(4.86)的随机干扰项 u 同期无关。此检验的标准为:若式(4.88)OLS的参数 γ 的 t 检验不拒绝为零的假设,则可判断原模型中的解释变量 X 为外生变量,否则判断 X 为同期相关的内生变量。

六、应用案例

例 4.4 生命周期消费理论认为居民的消费是财富和收入的函数。居民消费除了受当期收入的影响,同时也会受到居民当期拥有财富的数量的影响。由于居民财富拥有量的数据很难获得,通过收入和财富的变化研究消费变化规律会比较困难。一个折中的办法是直接建立一个消费对收入的一元线性回归模型:

$$Y_i = \beta_1 + \beta_2 X_i + u_i \tag{4.89}$$

其中 Y_i 表示第 i 个地区的居民消费,X_i 表示第 i 个地区的可支配收入,u_i 表示随机干扰项。如果居民消费 Y_i 除了受到可支配收入 X_i 影响之外,还受到财富的影响,则在这个模型中财富对消费的影响就存在于随机干扰项 u_i 中。财富可能会在很多方面对可支配收入产生影响,如财富的拥有量会影响投资,而投资会影响收入。财富本身可能会直接产生利息,也会影响居民的可支配收入。也就是说财富与可支配收入之间很有可能是同期相关的,这会导致可支配收入与随机干扰项之间存在同期相关性,也就是说在模型(4.89)中可支配收入 X_i 是一个内生解释变量。在这种情况下模型的普通最小二乘估计量是有偏且非一致的,此时需要引入工具变量来解决这个问题。该工具变量一方面要与可支配收入相关,同时又与随机干扰项,特别是随机干扰项中包含的财富拥有量无关。个人所得税应该能够满足这两个条件。因为个人所得税是针对居民个人收入所征收的一个税种,居民拥有的财富量并不影响其缴纳的所得税额。因此,所得税一方面与居民收入有关,另一方面与财富拥有量无关。所以理论上说,个人所得税应该是一个合适的工具变量。当然以上讨论只是猜测,与事实是否一致,还需要在实证中进一步检验。表 4.7 给出了各变量的数据。

人均消费对人均可支配收入进行普通最小二乘法回归,

$$\hat{Y}_i = 704.803 + 0.668 X_i \tag{4.90}$$

$$\text{se} = 625.688 \quad 0.034$$

$$t = 1.126 \quad 19.922$$

$$p = 0.269 \quad 0.000$$

$$R^2 = 0.932, \quad F = 396.869, \quad \text{DW} = 1.693$$

表 4.7　2010 年中国各省份的城镇居民人均消费、收入及个人所得税情况　　　　　单位:元

地区	城镇居民人均消费现金支出(Y)	城镇居民人均可支配收入(X)	地方人均个人所得税(Z)	地区	城镇居民人均消费支出(Y)	城镇居民人均可支配收入(X)	地方人均个人所得税(Z)
北京	19 934.50	29 072.90	1097.50	湖北	11 451.00	16 058.40	60.07
天津	16 561.80	24 292.60	330.72	湖南	11 825.30	16 565.70	57.26
河北	10 318.30	16 263.40	65.40	广东	18 489.50	23 897.80	275.13
山西	9792.70	15 647.70	89.40	广西	11 490.10	17 063.90	56.05
内蒙古	13 994.60	17 698.20	159.14	海南	10 926.70	15 581.10	92.64
辽宁	13 280.00	17 712.60	146.74	重庆	13 335.00	17 532.40	90.95
吉林	11 679.00	15 411.50	85.15	四川	12 105.10	15 461.20	71.80
黑龙江	10 683.90	13 856.50	65.41	贵州	10 058.30	14 142.70	78.82
上海	23 200.40	31 838.10	1134.17	云南	11 074.10	16 064.50	70.03
江苏	14 357.50	22 944.30	229.94	西藏	9685.50	14 980.50	66.00
浙江	17 858.20	27 359.00	277.36	陕西	11 821.90	15 695.20	95.15
安徽	11 512.60	15 788.20	53.67	甘肃	9895.40	13 188.60	43.48
福建	14 750.00	21 781.30	152.56	青海	9613.80	13 855.00	61.46
江西	10 618.70	15 481.10	45.43	宁夏	11 334.40	15 344.50	87.99
山东	13 118.20	19 945.80	84.49	新疆	10 197.10	13 643.80	125.31
河南	10 838.50	15 930.30	42.84				

注:表中数据来源于《中国统计年鉴 2014》,其中由于没有单独的城镇地方人均所得税数据,所以该数据由地方所得税除以地方常住人口得到。

模型中 β_2 的估计量 1% 显著水平下仍然显著。运用 LM 检验和怀特检验未发现序列相关和异方差问题。现在可以用豪斯曼检验来判定可支配收入 X 是否为内生变量。

首先用内生变量对工具变量回归,以判断两者是否相关。回归结果为

$$\hat{X}_i = 15\,398.71 + 15.345 Z_i \tag{4.91}$$

$$\text{se} = 568.711 \quad 1.828$$

$$t = 27.077 \quad 8.393$$

$$p = 0.000 \quad 0.000$$

$$R^2 = 0.708, \quad F = 70.433, \quad DW = 1.508$$

从结果可以看出,Z 的参数估计量可以通过 t 检验。说明 X 与 Z 之间存在相关性。记录该模型的残差序列为 $\hat{v}$,并将其作为解释变量加入原模型,使用 OLS 估计,可得结果为

$$\hat{Y}_i = 64.302 + 0.703 X_i - 0.122 \hat{v}_i \tag{4.92}$$

$$\text{se} = 713.570 \quad 0.039 \quad 0.0714$$

$$t = 0.090 \quad 18.225 \quad -1.702$$
$$p = 0.929 \quad 0.000 \quad 0.099$$
$$R^2 = 0.938, \quad F = 212.849, \quad DW = 1.752$$

从式(4.92)回归结果可以看到,残差 v 在 10% 显著水平上拒绝了零假设,说明解释变量 X 在模型中为同期相关的随机解释变量。这意味着式(4.90)的估计结果不但是有偏的,且非一致,宜采取工具变量法进行估计。

以地方人均所得税 Z 作为城镇居民人均可支配收入的工具变量,可得工具变量的估计结果为

$$\hat{Y}_i = 64.302 + 0.703X_i \tag{4.93}$$
$$\text{se} = 750.588 \quad 0.041$$
$$t = 0.086 \quad 17.326$$
$$p = 0.932 \quad 0.000$$
$$R^2 = 0.929, \quad F = 300.185, \quad DW = 1.490$$

工具变量方法使得存在同期相关内生变量的模型估计不再是非一致的,但同时与式(4.90)比较会发现工具变量方法所得到的估计量的方差较普通最小二乘法估计量的方差要大,也就是估计的精度降低了。

附录 4.1 加权最小二乘法的基本原理

一般情况下,对于模型

$$\boldsymbol{Y} = \boldsymbol{X}\boldsymbol{\beta} + \boldsymbol{U} \tag{4.94}$$

如果存在

$$\mathrm{E}(\boldsymbol{U}) = \boldsymbol{0} \tag{4.95}$$

$$\mathrm{Cov}(\boldsymbol{U}) = \mathrm{E}(\boldsymbol{U}\boldsymbol{U}') = \sigma^2 \boldsymbol{\Omega} \tag{4.96}$$

其中

$$\boldsymbol{\Omega} = \begin{bmatrix} \sigma_1^2 & & & \\ & \sigma_2^2 & & \\ & & \ddots & \\ & & & \sigma_n^2 \end{bmatrix}$$

则说明模型中随机误差项存在异方差。

如果选择矩阵 $\boldsymbol{P}$ 为

$$P = \begin{bmatrix} \frac{1}{\sigma_1} & & & \\ & \frac{1}{\sigma_2} & & \\ & & \ddots & \\ & & & \frac{1}{\sigma_n} \end{bmatrix}$$

则根据矩阵理论,有 $P\Omega P' = I$。用矩阵 P 变换式(4.89),得

$$PY = PX\beta + PU \tag{4.97}$$

令

$$Y^* = PY = \begin{bmatrix} \frac{Y_1}{\sigma_1} \\ \frac{Y_2}{\sigma_2} \\ \vdots \\ \frac{Y_n}{\sigma_n} \end{bmatrix}, \quad X^* = PX = \begin{bmatrix} \frac{1}{\sigma_1} & \frac{X_{21}}{\sigma_1} & \cdots & \frac{X_{k1}}{\sigma_1} \\ \frac{1}{\sigma_2} & \frac{X_{22}}{\sigma_2} & \cdots & \frac{X_{k2}}{\sigma_2} \\ \vdots & \vdots & & \vdots \\ \frac{1}{\sigma_n} & \frac{X_{2n}}{\sigma_n} & \cdots & \frac{X_{kn}}{\sigma_n} \end{bmatrix}, \quad U^* = PU = \begin{bmatrix} \frac{u_1}{\sigma_1} \\ \frac{u_2}{\sigma_2} \\ \vdots \\ \frac{u_n}{\sigma_n} \end{bmatrix}$$

即

$$Y^* = X^*\beta + U^* \tag{4.98}$$

则模型(4.98)具有同方差,这是因为

$$\text{Cov}(U^*) = E(U^*U^{*\prime}) = E(PUU'P') = PE(UU')P' = P\sigma^2\Omega P' = \sigma^2 P\Omega P' = \sigma^2 I$$

对变换后的模型应用 OLS 法可以求出参数的加权最小二乘估计量,该估计量是无偏、有效的估计量。

附录 4.2 DW 统计量的推导过程

前面已经知道,随机误差项的一阶自回归形式为

$$u_t = \rho u_{t-1} + v_t \tag{4.99}$$

其中自相关系数 ρ 定义为

$$\rho = \frac{\sum_{t=2}^{n} u_t u_{t-1}}{\sqrt{\sum_{t=2}^{n} u_t^2} \sqrt{\sum_{t=2}^{n} u_{t-1}^2}} \tag{4.100}$$

附录4.2 DW统计量的推导过程

自相关系数 ρ 的取值范围是 $[-1,1]$，当 $\rho>0$ 时，表明误差序列存在正相关，当 $\rho<0$ 时，表明误差序列存在负相关。在实际应用中，误差序列 u_t, u_{t-1} 的真实值是未知的，需要用其估计值 e_t 代替，得自相关系数的估计值为

$$\hat{\rho} = \frac{\sum_{t=2}^{n} e_t e_{t-1}}{\sqrt{\sum_{t=2}^{n} e_t^2} \sqrt{\sum_{t=2}^{n} e_{t-1}^2}} \tag{4.101}$$

$\hat{\rho}$ 作为自相关系数 ρ 的估计值与样本量有关，需要作统计显著性检验才能确定自相关性的存在。为了检验序列的相关性，设立原假设：

$$H_0: \rho = 0 \tag{4.102}$$

为了检验上述假设，构造 DW 统计量，首先要求出回归估计式的残差 e_t，定义 DW 统计量为

$$\text{DW} = \frac{\sum_{t=2}^{n}(e_t - e_{t-1})^2}{\sum_{t=1}^{n} e_t^2} \tag{4.103}$$

其中 $e_t = Y_t - \hat{Y}_t$。将式(4.103)分子的平方项展开有

$$\text{DW} = \frac{\sum_{t=2}^{n} e_t^2 + \sum_{t=2}^{n} e_{t-1}^2 - 2\sum_{t=2}^{n} e_t e_{t-1}}{\sum_{t=1}^{n} e_t^2} \tag{4.104}$$

如果认为 $\sum_{t=2}^{n} e_t^2 \approx \sum_{t=2}^{n} e_{t-1}^2 \approx \sum_{t=1}^{n} e_t^2$，则有

$$\text{DW} \approx 2\left[1 - \frac{\sum_{t=2}^{n} e_t e_{t-1}}{\sum_{t=1}^{n} e_t^2}\right] \tag{4.105}$$

同理，当认为 $\sum_{t=2}^{n} e_t^2 \approx \sum_{t=2}^{n} e_{t-1}^2 \approx \sum_{t=1}^{n} e_t^2$ 时

$$\hat{\rho} \approx \frac{\sum_{t=2}^{n} e_t e_{t-1}}{\sum_{t=1}^{n} e_t^2} \tag{4.106}$$

因此有

$$\mathrm{DW} \approx 2(1-\hat{\rho}) \tag{4.107}$$

附录 4.3 多重共线性所引起的后果

用矩阵表示的线性回归模型

$$\boldsymbol{Y} = \boldsymbol{X\beta} + \boldsymbol{U} \tag{4.108}$$

若完全共线性则有：$R(\boldsymbol{X}) < k$，其中 $R(\boldsymbol{X})$ 表示矩阵 $\boldsymbol{X}$ 的秩，即在矩阵

$$\boldsymbol{X} = \begin{bmatrix} 1 & X_{21} & X_{31} & \cdots & X_{k1} \\ 1 & X_{22} & X_{32} & \cdots & X_{k2} \\ \vdots & \vdots & \vdots & & \vdots \\ 1 & X_{2n} & X_{3n} & \cdots & X_{kn} \end{bmatrix}$$

中，至少有一列向量可由其他列向量线性表出。当用最小二乘法对模型进行估计时，估计量为

$$\hat{\boldsymbol{\beta}} = (\boldsymbol{X}'\boldsymbol{X})^{-1}\boldsymbol{X}'\boldsymbol{Y} \tag{4.109}$$

显然在完全共线性条件下 $|\boldsymbol{X}'\boldsymbol{X}| = 0$，因此 $(\boldsymbol{X}'\boldsymbol{X})^{-1}$ 不存在，无法得到参数的估计量。

在近似多重共线性情况下 $|\boldsymbol{X}'\boldsymbol{X}|$ 会随着共线性的强度增加不断趋向于 0，使得 $(\boldsymbol{X}'\boldsymbol{X})^{-1}$ 主对角线元素较大，这就使得参数估计值的方差增大。

以二元线性回归模型 $Y_i = \beta_1 + \beta_2 X_{2i} + \beta_3 X_{3i} + u_i$ 为例，$\hat{\beta}_2$ 的方差为

$$\begin{aligned} \mathrm{Var}(\hat{\beta}_2) = \sigma^2 (\boldsymbol{X}'\boldsymbol{X})^{-1} &= \frac{\sigma^2 \sum (X_{3i} - \bar{X}_3)^2}{\sum (X_{2i} - \bar{X}_2)^2 \sum (X_{3i} - \bar{X}_3)^2 - \left[\sum (X_{2i} - \bar{X}_2)(X_{3i} - \bar{X}_3)\right]^2} \\ &= \frac{\dfrac{\sigma^2}{\sum (X_{2i} - \bar{X}_2)^2}}{1 - \dfrac{\left[\sum (X_{2i} - \bar{X}_2)(X_{3i} - \bar{X}_3)\right]^2}{\sum (X_{2i} - \bar{X}_2)^2 \sum (X_{3i} - \bar{X}_3)^2}} \end{aligned} \tag{4.110}$$

其中

$$\frac{\left[\sum (X_{2i} - \bar{X}_2)(X_{3i} - \bar{X}_3)\right]^2}{\sum (X_{2i} - \bar{X}_2)^2 \sum (X_{3i} - \bar{X}_3)^2}$$

恰好为 X_2 与 X_3 的线性相关系数的平方 R^2,故有

$$\mathrm{Var}(\hat{\beta}_2) = \frac{\sigma^2}{\sum (X_{2i} - \overline{X}_2)^2} \cdot \frac{1}{1-R^2}$$

其中 $\frac{1}{1-R^2}$ 即为方程膨胀因子 VIF,即有

$$\mathrm{Var}(\hat{\beta}_2) = \frac{\sigma^2}{\sum (X_{2i} - \overline{X}_2)^2} \cdot \mathrm{VIF}$$

当 X_2 与 X_3 完全不共线时,

$$R^2 = 0, \quad \mathrm{Var}(\hat{\beta}_2) = \frac{\sigma^2}{\sum (X_{2i} - \overline{X}_2)^2}$$

当 X_2 与 X_3 完全共线时,

$$R^2 = 1, \quad \mathrm{Var}(\hat{\beta}_2) = \infty$$

当 X_2 与 X_3 近似共线时,

$$0 < R^2 < 1, \quad \mathrm{Var}(\hat{\beta}_2) = \frac{\sigma^2}{\sum (X_{2i} - \overline{X}_2)^2} \cdot \frac{1}{1-R^2} > \frac{\sigma^2}{\sum (X_{2i} - \overline{X}_2)^2}$$

即近似多重共线性使参数估计量的方差增大,方差增大的速度取决于方差扩大因子 VIF。

附录 4.4　随机解释变量对最小二乘法估计的影响

设有线性回归模型

$$\boldsymbol{Y} = \boldsymbol{X}\boldsymbol{\beta} + \boldsymbol{U} \tag{4.111}$$

其普通最小二乘参数估计量为

$$\hat{\boldsymbol{\beta}} = (\boldsymbol{X}'\boldsymbol{X})^{-1}\boldsymbol{X}'\boldsymbol{Y} = (\boldsymbol{X}'\boldsymbol{X})^{-1}\boldsymbol{X}'(\boldsymbol{X}\boldsymbol{\beta} + \boldsymbol{U}) \tag{4.112}$$

对式(4.112)两边取期望,有

$$\mathrm{E}(\hat{\boldsymbol{\beta}}) = (\boldsymbol{X}'\boldsymbol{X})^{-1}\mathrm{E}(\boldsymbol{X}'\boldsymbol{X}\boldsymbol{\beta} + \boldsymbol{X}'\boldsymbol{U}) = \boldsymbol{\beta} + (\boldsymbol{X}'\boldsymbol{X})^{-1}\mathrm{E}(\boldsymbol{X}'\boldsymbol{U}) \tag{4.113}$$

显然,当 $\mathrm{E}(\boldsymbol{X}'\boldsymbol{U}) = \mathrm{Cov}(\boldsymbol{X},\boldsymbol{U}) \neq \boldsymbol{0}$ 时,$\mathrm{E}(\hat{\boldsymbol{\beta}}) \neq \boldsymbol{\beta}$,此时的最小二乘法估计是有偏的。即当随机解释变量与随机干扰项同期相关时,最小二乘法估计都是有偏的。

对于异期相关,以一元回归模型为例。对于一元回归模型

$$Y_t = \beta_1 + \beta_2 X_t + u_t \tag{4.114}$$

参数有如下的最小二乘估计量：

$$\hat{\beta}_2 = \frac{\sum(X_t - \overline{X})(Y_t - \overline{Y})}{\sum(X_t - \overline{X})^2} = \beta_2 + \frac{\sum(X_t - \overline{X})u_t}{\sum(X_t - \overline{X})^2} \tag{4.115}$$

则有

$$\mathrm{E}(\hat{\beta}_2) = \beta_2 + \mathrm{E}\left[\sum \frac{(X_t - \overline{X})u_t}{\sum(X_t - \overline{X})^2}\right] = \beta_2 + \sum \mathrm{E}(k_t u_t) \tag{4.116}$$

其中

$$k_t = \frac{(X_t - \overline{X})}{\sum(X_t - \overline{X})^2} \tag{4.117}$$

由于 k_t 中包含有不同期的 X，所以 X 与 u_t 异期相关会引起 k_t 与 u_t 相关，导致 $\mathrm{E}(\hat{\beta}) \neq \beta_2$，即参数估计量是有偏的。但是

$$p\lim_{n\to\infty}\left[\beta_2 + \frac{\sum(X_t - \overline{X})u_t}{\sum(X_t - \overline{X})^2}\right] = \beta_2 + \frac{p\lim_{n\to\infty}\left[\frac{1}{n}\sum(X_t - \overline{X})u_t\right]}{p\lim_{n\to\infty}\left[\frac{1}{n}\sum(X_t - \overline{X})^2\right]} = \beta_2 + \frac{\mathrm{Cov}(X_t u_t)}{\mathrm{Var}(X_t)} = \beta_2$$

即 $\hat{\beta}_2$ 是 β_2 的一致估计量。

练习题 四

4.1 违背经典假定的情况主要有哪些？每一种违背情况的原因及名称分别是什么？他们对模型参数的最小二乘法估计的影响有哪些？

4.2 异方差的主要检验方法有哪些？请试着总结一些这些检验方法的共同思想。

4.3 多重共线性情况下，模型 OLS 的参数估计量仍然是 BLUE 的。这种说法对吗？为什么？

4.4 在模型既存在异方差，又存在自相关的情况下，应该用哪些方法处理？为什么？

4.5 试总结解决同期相关内生变量问题的基本思想。

4.6 设有多元回归模型

$$Y_i = \beta_1 + \beta_2 X_{2i} + \beta_3 X_{3i} + \beta_4 X_{4i} + \mu_i$$

请列出戈德菲尔德－匡特检验的步骤。假设现共有样本点 40 个，且去掉样本点 $c=12$ 个，异方差由 X_2 引起，用 X_2 数值小的一组回归残差平方和为 $\mathrm{RSS}_1 = 466$，X_2 数值大的一组回归残差平方和为 $\mathrm{RSS}_2 = 360$，请问该模型存在异方差吗？随机干扰项的方差与 X_2 的关系怎样？

4.7 请利用以下线性回归模型相关数据进行自相关检验。通过以下题目的检验，可以总结出实践中

的某些经验吗？

(1) $d=0.81, k=3, n=21$，显著性水平 $\alpha=5\%$；

(2) $d=3.48, k=2, n=15$，显著性水平 $\alpha=5\%$；

(3) $d=1.99, k=5, n=30$，显著性水平 $\alpha=5\%$；

(4) $d=2.64, k=4, n=35$，显著性水平 $\alpha=5\%$；

(5) $d=2.02, k=1, n=45$，显著性水平 $\alpha=5\%$；

(6) $d=0.91, k=2, n=28$，显著性水平 $\alpha=5\%$；

(7) $d=1.03, k=5, n=26$，显著性水平 $\alpha=5\%$。

4.8 在面对多重共线性问题时，可以利用已有经济理论中变量间的关系来消除解释变量间的多重共线性问题。例如，对于 C－D 生产函数，其对数线性形式为

$$\ln Y = \ln A + \alpha \ln L + \beta \ln K + u$$

其中 Y 为国内生产总值，L 为劳动力投入，K 是资本投入。由于在时间序列数据中劳动力投入 L 和资本投入 K 有很高的相关性，因此该模型中往往有较严重的多重共线性。如果有先验信息判断该经济系统是规模报酬不变的，在这种情况下我们是否可以避免多重共线性问题？

4.9 表 4.8 给出的是 2006 年我国各地区农村居民家庭人均纯收入与人均生活消费支出的数据。

表 4.8 2006 年我国各地区农村居民人均纯收入和人均生活消费支出　　　单位：元

地区	人均纯收入(X)	人均消费支出(Y)	地区	人均纯收入(X)	人均消费支出(Y)
北京	8275.47	5724.50	湖北	3419.35	2732.46
天津	6227.94	3341.06	湖南	3389.62	3013.32
河北	3801.82	2495.33	广东	5079.78	3885.97
山西	3180.92	2253.25	广西	2770.48	2413.93
内蒙古	3341.88	2771.97	海南	3255.53	2232.19
辽宁	4090.40	3066.87	重庆	2873.83	2205.21
吉林	3641.13	2700.66	四川	3002.38	2395.04
黑龙江	3552.43	2618.19	贵州	1984.62	1627.07
上海	9138.65	8006.00	云南	2250.46	2195.64
江苏	5813.23	4135.21	西藏	2435.02	2002.24
浙江	7334.81	6057.16	陕西	2260.19	2181.00
安徽	2969.08	2420.94	甘肃	2134.05	1855.49
福建	4834.75	3591.40	青海	2358.37	2178.95
江西	3459.53	2676.60	宁夏	2760.14	2246.97
山东	4368.33	3143.80	新疆	2737.28	2032.36
河南	3261.03	2229.28			

注：表中数据来源于《中国统计年鉴 2007》。

要求:(1)请用OLS估计线性回归模型,并检验异方差是否存在;
(2)如果异方差存在,请用加权最小二乘法进一步估计。

4.10 表4.9列出了被解释变量Y及解释变量X_1, X_2, X_3, X_4的观测值。用OLS法估计线性回归模型,并采用适当的方法检验多重共线性。

表4.9 变 量 数 据

Y	6.0	6.0	6.5	7.1	7.2	7.6	8.0	9.0	9.0	9.3
X_1	40.1	40.3	47.5	49.2	52.3	58.0	61.3	62.5	64.7	66.8
X_2	5.5	4.7	5.2	6.8	7.3	8.7	10.2	14.1	17.1	21.3
X_3	108.0	94.0	108.0	100.0	99.0	99.0	101.0	97.0	93.0	102.0
X_4	63.0	72.0	86.0	100.0	107.0	111.0	114.0	116.0	119.0	121.0

4.11 表4.10给出了中国出口总额(Y)与国内生产总值(X)的数据。

表4.10 1990—2006年中国实际GDP和出口额　　　　　　　　单位:亿元

年份	实际GDP(X)	实际出口额(Y)	年份	实际GDP(X)	实际出口额(Y)
1990	18 718.3	2985.8	1999	88 479.2	16 159.8
1991	21 826.2	3827.1	2000	98 000.5	20 634.4
1992	26 937.3	4676.3	2001	108 068.2	22 024.4
1993	35 260.0	5284.8	2002	119 095.7	26 947.9
1994	48 108.5	10 421.8	2003	135 174.0	36 287.9
1995	59 810.5	12 451.8	2004	159 586.7	49 103.3
1996	70 142.5	12 576.4	2005	184 739.1	62 648.1
1997	78 060.8	15 160.5	2006	211 808.0	77 594.6
1998	83 024.3	15 223.6			

注:表中数据来源于《中国统计年鉴2007》。

要求:(1)请用OLS估计线性回归模型$Y_i = \beta_1 + \beta_2 X_i + \mu_i$,并检验是否存在自相关;
(2)如果存在自相关,请用广义差分法处理序列相关问题。

4.12 表4.11给出了1990—2006年我国最终消费支出、支出法国内生产总值及资本形成总额的一组数据。

表 4.11　1990—2006 年我国最终消费支出、支出法国内生产总值及资本形成总额　　单位：亿元

年份	国内生产总值(X)	最终消费支出(Y)	资本形成总额(Z)	年份	国内生产总值(X)	最终消费支出(Y)	资本形成总额(Z)
1990	19 347.8	12 090.5	6747.0	1999	91 125.0	55 636.9	32 951.5
1991	22 577.4	14 091.9	7868.0	2000	98 749.0	61 516.0	34 842.8
1992	27 565.2	17 203.3	10 086.3	2001	108 972.4	66 878.3	39 769.4
1993	36 938.1	21 899.9	15 717.7	2002	120 350.3	71 691.2	45 565.0
1994	50 217.4	29 242.2	20 341.1	2003	136 398.8	77 449.5	55 963.0
1995	63 216.9	36 748.2	25 470.1	2004	160 280.4	87 032.9	69 168.4
1996	74 163.6	43 919.5	28 784.9	2005	188 692.1	97 822.7	80 646.3
1997	81 658.5	48 140.6	29 968.0	2006	221 170.5	110 413.2	94 103.2
1998	86 531.6	51 588.2	31 314.2				

注：表中数据来源于《中国统计年鉴 2007》。

要求：(1) 请用 OLS 估计回归模型 $Y_i = \beta_1 + \beta_2 X_i + \mu_i$，检验是否存在内生解释变量问题；

(2) 如果存在内生解释变量问题，请用工具变量法寻找该模型的一致估计。

第五章 虚拟变量模型

前面几章讨论了有关量的因素如何建立计量经济模型、估计参数和假设检验。然而经济问题中还有许多质的因素需要研究。这就需要将质的因素也要纳入到计量经济模型中。为了解决这个问题,引入一种新的变量——虚拟变量。本章将讨论解释变量及被解释变量为质的因素时如何进行参数估计等一系列问题。

§5.1 虚拟变量的设定

量的因素可以在事前规定好的尺度上用不同的数值表现出来。质的因素则不同,如性别,只有男和女两种,无法像量的因素那样用不同的数值表现。显然,性别这种质的因素是无法直接引入到计量经济模型中去的,但这类变量通常表现为品质、属性、种类的出现或者未出现,所以可以根据质的因素这一特征将其数量化。数量化的方法就是引入虚拟变量。

给定某一质因素的属性出现为1,未出现为0,称这样的变量为**虚拟变量**。虚拟变量的特征很明显,即只有0和1两个值。例如,研究性别的影响时,可将男性设为1,女性设为0。也可以把男性设为0,女性设为1,得到的结论是一样的。通过虚拟变量可以把质的因素量化,进而引入计量经济模型中,以方便进行数学处理。包含虚拟变量的模型称为**虚拟变量模型**(dummy variables model)。

当然,不是所有质的因素都像性别那样只有两个特征,比如季节就有春、夏、秋、冬四个特征。当质的因素具有多于两个以上特征时,可以用多个虚拟变量的组合来描述这种情况。比如对于季节,我们最少可以用三个虚拟变量将四个季节区分开:

$$D_1 = \begin{cases} 1, & 春季 \\ 0, & 其他 \end{cases} \qquad D_2 = \begin{cases} 1, & 夏季 \\ 0, & 其他 \end{cases} \qquad D_3 = \begin{cases} 1, & 秋季 \\ 0, & 其他 \end{cases}$$

当D_1取1,其他虚拟变量取0时,表示春季。同样,夏季和秋季也可以用这种方式表示。当所有虚拟变量都取零时,则表示冬季。

可以用四个虚拟变量来表示四个季节吗?回答是可以的,但是要取决于回归函数的具体形式。简单来说,当回归函数没有截距项时,就需要用四个虚拟变量来表示季节。而回归函数有截距项时,则要用三个虚拟变量,否则就会出现虚拟变量陷阱问题。如果某质的因素有m个互斥的特征,则应设置$m-1$个虚拟变量来描述这m个特征;若引入m个虚拟变量,则会导致模型解释变量间出现完全共线性的情况。比如性别这种质的因素有 2 个互斥的特征,则用 1 个虚拟变量来描述,季节有 4 个互斥的特征,则用 3 个虚拟变量来描述。在模型存在截距情况下,由于引入虚拟变量个数与特征数相同而出现模型无法估计的问题,称为"虚拟变量陷阱"。为了说明这个问题,看下面的例子。

假设想研究不同季节居民空调需求的变化情况,设立模型如下:

$$Y_i = \beta_0 + \beta_1 D_{1i} + \beta_2 D_{2i} + \beta_3 D_{3i} + \beta_4 D_{4i} + u_i \tag{5.1}$$

其中 Y 代表居民消费额,β_0 为截距项。D_1,D_2,D_3 即为上文所设定的季节虚拟变量,

$$D_4 = \begin{cases} 1, & 冬季 \\ 0, & 其他 \end{cases}$$

也就是说,此时在截距项存在条件下,用四个虚拟变量来描述季节变化。为了说明问题,可以将模型(5.1)的截距项表示为 $\beta_0 X_{1i}$,其中 $X_{1i}=1$。根据虚拟变量之间的逻辑关系,容易知道必有 $D_{1i}+D_{2i}+D_{3i}+D_{4i}=1$(每个时点上,只能有一个季节出现),即有 $X_{1i}=D_{1i}+D_{2i}+D_{3i}+D_{4i}$。显然,模型(5.1)出现了完全共线性情况,即模型掉入了虚拟变量陷阱。当然,若模型(5.1)不包含截距项则不会出现这个问题。因此若想研究不同季节居民消费变化情况,正确的模型应设定为

$$Y_i = \beta_0 + \beta_1 D_{1i} + \beta_2 D_{2i} + \beta_3 D_{3i} + u_i \tag{5.2}$$

或者

$$Y_i = \beta_1 D_{1i} + \beta_2 D_{2i} + \beta_3 D_{3i} + \beta_4 D_{4i} + u_i \tag{5.3}$$

§5.2 虚拟解释变量模型

一、虚拟变量的引入

虚拟变量作为解释变量的回归模型称为**虚拟解释变量模型**。虚拟变量作为解释变量可以以多种形式进入模型。总体上,从虚拟变量引入对模型的影响上,可以分为截距变动和斜率变动两类。通过不同的引入方式及各类方式的组合,虚拟解释变量模型可以灵活地应用于各类复杂的情况。

1. 截距变动模型

以性别为虚拟变量来考察职工薪金的模型可以设为

$$Y_i = \beta_0 + \beta_1 D_{1i} + \beta_2 X_i + u_i \tag{5.4}$$

其中 Y_i 为职工薪金；D_{1i} 为虚拟变量，$D_{1i}=1$ 代表男性，$D_{1i}=0$ 代表女性；X_i 为工龄。在该模型中虚拟变量 D_{1i} 以加法的形式引入了模型。在该模型中，如果仍假定 $E(u_i)=0$，则女职工($D_{1i}=0$)的平均薪金为

$$E(Y_i \mid X_i, D_{1i}=0) = \beta_0 + \beta_2 X_i \tag{5.5}$$

男职工($D_{1i}=1$)的平均薪金为

$$E(Y_i \mid X_i, D_{1i}=1) = (\beta_0 + \beta_1) + \beta_2 X_i \tag{5.6}$$

通过比较(5.5)和(5.6)两式可见，当虚拟变量的值发生变化时，模型的截距会发生变化。这意味着在 X 不变情况下，男性职工薪金比女性职工薪金多 β_1。一般地，把虚拟变量 $D=0$ 所代表的特征称为基础类型或基础组。与其他特征相比，基础类型为对比的基础。在本例中，女性即为基础类型。通过对模型(5.4)的估计，可以得出性别这一质的因素对薪金的影响。

也可以将多个虚拟变量引入模型，比如除了性别可能会对薪金产生影响外，学历也会对薪金产生影响，因此引入学历变量 D_{2i}。$D_{2i}=1$ 代表本科及以上学历，$D_{2i}=0$ 代表其他情况，则职工薪金的模型可设计为

$$Y_i = \beta_0 + \beta_1 D_{1i} + \beta_2 D_{2i} + \beta_3 X_i + u_i \tag{5.7}$$

不同性别、不同学历的平均薪金分别为：

女职工本科以下薪金： $E(Y_i|X_i, D_{1i}=0, D_{2i}=0) = \beta_0 + \beta_3 X_i$ (5.8)

女职工本科以上薪金： $E(Y_i|X_i, D_{1i}=0, D_{2i}=1) = (\beta_0+\beta_2) + \beta_3 X_i$ (5.9)

男职工本科以下薪金： $E(Y_i|X_i, D_{1i}=1, D_{2i}=0) = (\beta_0+\beta_1) + \beta_3 X_i$ (5.10)

男职工本科以上薪金： $E(Y_i|X_i, D_{1i}=1, D_{2i}=1) = (\beta_0+\beta_1+\beta_2) + \beta_3 X_i$ (5.11)

显然，本例中，女职工本科以下的情况是基础类型或基础组。

2. 斜率变动模型

加法方式引入虚拟变量会改变模型的截距，但很多时候，质的因素可能会改变斜率，此时需要以乘法方式引入虚拟变量。

沿用薪金的例子，如果性别变化影响斜率，则可设模型为

$$Y_i = \beta_0 + \beta_1 X_i + \beta_2 D_{1i} X_i + u_i \tag{5.12}$$

式(5.12)各符号代表的意义同式(5.4)。在 $E(u_i)=0$ 的假定下，模型(5.12)所表示的函数可化为：

女性薪金： $E(Y_i|X_i, D_{1i}=0) = \beta_0 + \beta_2 X_i$

男性薪金： $E(Y_i|X_i, D_{1i}=1) = \beta_0 + (\beta_1 + \beta_2) X_i$

显然,该模型表示工龄 X_i 每增加一年时,女性薪金变化 β_2,男性薪金变化则为 $\beta_1+\beta_2$。可见,随着虚拟变量取值的变化,模型的斜率发生了变化。

实际情况中,质的因素可能对截距和斜率都会产生影响,此时包含一个虚拟变量的回归函数的形式为

$$Y_i = \beta_0 + \beta_1 X_i + \beta_2 D_{1i} + \beta_3 D_{1i} X_i + u_i \tag{5.13}$$

对于包含多个虚拟变量的情况,可以类推。

3. 交互项

一个模型可以包含多个质的因素。若这些质的因素所对应的虚拟变量的参数估计量显著不为零,则意味着这些质的因素都可以对被解释变量产生影响。某些情况下,不但不同的质的因素会分别对被解释变量产生影响,它们的相互作用也会对被解释变量产生影响。沿用职工薪金的例子,在模型(5.7)的截距上加入 D_1 和 D_2 的乘积,该乘积即为虚拟变量的交互项,形式为

$$Y_i = \beta_0 + \beta_1 D_{1i} + \beta_2 D_{2i} + \beta_3 D_{1i} D_{2i} + \beta_4 X_i + u_i \tag{5.14}$$

根据式(5.14)可知

女职工本科以下薪金: $E(Y_i|X_i,D_{1i}=0,D_{2i}=0)=\beta_0+\beta_4 X_i$ (5.15)

女职工本科以上薪金: $E(Y_i|X_i,D_{1i}=0,D_{2i}=1)=(\beta_0+\beta_2)+\beta_4 X_i$ (5.16)

男职工本科以下薪金: $E(Y_i|X_i,D_{1i}=1,D_{2i}=0)=(\beta_0+\beta_1)+\beta_4 X_i$ (5.17)

男职工本科以上薪金: $E(Y_i|X_i,D_{1i}=1,D_{2i}=1)=(\beta_0+\beta_1+\beta_2+\beta_3)+\beta_4 X_i$ (5.18)

与式(5.8)~(5.11)相比,加入交互项的结果只有男性本科以上薪金的截距项表达式发生了变化。即式(5.18)比式(5.11)多了一项 β_3,β_3 所表示的即是男职工又是本科这两种属性交互作用对职工薪金所带来的影响。直观的解释是男职工中本科以上与本科以下的薪资差异,也可以理解为本科以上学历中男职工与女职工的薪资差异。当模型中的被解释变量受到两个以上虚拟变量影响时,除了各个虚拟变量各自对被解释变量产生影响之外,还可能出现两两虚拟变量的交互作用独立对被解释变量产生影响的情况。

同样地,交互项不但可以以加法方式改变回归函数的截距,也可以通过乘法方式改变回归函数的斜率,或者以加法和乘法组合的方式同时影响回归函数的截距和斜率。

二、应用案例

例 5.1 在 2002 年中国家庭收入调查(Chinese household income project,CHIP)数据中随机抽取 100 个记录,并引用这些记录中的收入、性别、婚姻和教育四个指标作为案例数据,分析性别和婚姻及教育对收入的影响。具体数据情况见表 5.1。

表 5.1　CHIP 的部分数据

收入/元	性别	婚姻	教育	收入/元	性别	婚姻	教育	收入/元	性别	婚姻	教育	收入/元	性别	婚姻	教育
11 499	0	1	6	400	1	0	2	10 000	0	1	4	4425	0	1	2
10 000	0	1	3	2396	0	0	2	9087	0	1	6	6000	1	0	5
3900	1	0	5	14 424	0	1	7	12 816	0	1	5	33 158	1	1	6
6184	1	1	3	960	1	1	3	20 400	0	1	7	8200	1	1	3
8194	1	1	3	7763	1	1	4	18 000	0	1	5	12 615	1	1	5
4402	1	1	0	4248	0	1	2	19 214	0	1	7	6391	1	1	6
266	0	1	3	5390	1	1	4	20 000	0	1	4	5120	1	1	3
800	1	0	0	14 900	1	1	6	12 910	1	1	6	7200	1	1	4
12 440	1	1	3	6100	1	1	3	18 435	1	1	6	11 550	0	1	6
4000	1	0	0	8000	1	1	5	6800	0	1	3	5360	1	1	0
3000	0	0	0	6000	1	1	3	27 680	0	1	7	5810	0	1	4
14 093	0	1	6	39 000	1	1	2	12 000	1	1	3	9700	1	0	6
6360	1	1	3	18 000	1	1	7	750	0	1	3	18 000	1	1	6
7900	1	1	4	24 000	1	1	2	5313	1	1	2	12 000	1	1	4
14 155	0	1	7	12 000	1	1	6	13 220	0	1	3	10 000	0	1	4
17 037	0	1	7	15 611	1	1	3	620	0	1	4	3026	0	1	3
936	1	0	5	19 972	1	1	6	3000	0	1	3	13 600	0	1	5
4600	1	1	4	3500	1	1	3	600	1	0	3	15 460	1	1	4
4419	0	1	3	19 300	1	1	3	25 000	1	1	4	8698	1	1	3
48 000	1	1	6	12 000	1	1	5	5460	1	1	2	4957	0	0	7
10 169	1	1	6	12 883	1	1	3	6236	0	0	2	17 420	0	1	6
7674	1	1	3	15 030	1	1	3	11 660	1	1	7	6767	0	1	3
21 000	0	1	3	53 685	1	1	4	7028	0	1	3	2230	0	1	6
2676	0	1	4	14 880	1	0	4	11 340	1	1	3	6900	1	0	6
8742	0	1	6	8400	1	1	4	9656	0	1	6	9675	1	1	4

注：表中数据资料来源于 CHIP 数据集。

各变量赋值如下：Y_i 为第 i 个人收入；$D_{1i}=1$ 代表第 i 个人为男性，相应的 $D_{1i}=0$ 为女性；$D_{2i}=1$ 为正常婚姻状态，相应的 $D_{2i}=0$ 为非正常婚姻状态，包括离异、丧偶和未婚；X_i 为 0 到 8 之间的整数。代表受教育程度：从未接受教育为 0；参加过扫盲班为 1；小学教育为 2，初中教育为 3，高中教育（含职业高中）为 4；中专教育为 5；大专教育为 6；本科教育为 7；研究生教育为 8。

建立模型

$$Y_i = \beta_0 + \beta_1 D_{1i} + \beta_2 D_{2i} + \beta_3 X_i + u_i \tag{5.19}$$

估计结果如式(5.20),

$$\hat{Y}_i = -3496.621 + 3418.832 D_{1i} + 6494.837 D_{2i} + 1733.196 X_i \tag{5.20}$$

se = 3106.575　　　1687.806　　　2338.215　　　484.624

t　= −1.126　　　　2.026　　　　2.778　　　　3.576

p　= 0.263　　　　 0.046　　　　0.007　　　　0.0005

$R^2 = 0.199, \quad F = 7.941, \quad DW = 1.930$

各解释变量显著,表明在教育程度和婚姻状况相同的情况下,男性比女性平均收入高 3418.832 元;在性别和教育程度不变情况下,婚姻正常的人比婚姻非正常的人平均收入高 6494.837 元。该模型表明其他条件不变情况下,教育每增高一个层级,平均收入提高 1733.196 元。婚姻正常男性比婚姻非正常女性的收入高 3418.832 + 6494.837 = 9913.699 元。

限于篇幅我们只选取了 CHIP 数据集的一小部分样本,由于样本太少,其估计结果是不稳定的。事实上 CHIP 数据集包含近 20 000 个样本,对该数据集的所有有效样本进行回归后可以得到模型(5.21)。

$$\hat{Y}_i = 3011.378 - 1303.884 D_{2i} + 2975.628 D_{1i} D_{2i} + 1252.651 X_i + 169.581 D_{1i} X_i + 667.636 D_{2i} X_i - 242.633 D_{1i} D_{2i} X_i \tag{5.21}$$

se = 474.923　559.817　412.468　　108.987　　77.605　　128.796　　120.488

t　= 6.341　 −2.329　 7.214　　 11.494　　 2.1852　 5.1837　　 −2.0138

p　= 0.000　 0.020　　0.000　　 0.000　　　0.289　　 0.000　　　0.0441

$R^2 = 0.150, \quad F = 435.968, \quad DW = 1.977$

从式(5.21)可以看到,各回归系数显著,说明性别和婚姻的交叉项对截距和斜率皆有影响,而婚姻对截距和斜率皆有影响。模型(5.21)各虚拟变量不同取值情况如表 5.2 所示。

表 5.2　模型估计结果

性别	婚姻	估计方程
女:$D_{1i}=0$	非正常状态:$D_{2i}=0$	$\hat{Y}_i = 3011.378 + 1252.651 X_i$
	正常状态:$D_{2i}=1$	$\hat{Y}_i = 1707.494 + 1920.287 X_i$
男:$D_{1i}=1$	非正常状态:$D_{2i}=0$	$\hat{Y}_i = 3011.378 + 1422.232 X_i$
	正常状态:$D_{2i}=1$	$\hat{Y}_i = 4683.122 + 1847.235 X_i$

从表 5.2 可以看到无论男性还是女性,正常婚姻条件下,都有更高的斜率,这意味着婚姻正常与否对男性和女性的平均收入影响都是积极的。而在教育程度相等的情况下,婚姻正常女性的平均收入远低于婚姻正常男性的平均收入。但婚姻正常女性随着教育程度的提高,其平均收入增长速度比婚姻正常男性的平均收入提高得更快。非正常婚姻女性与非正常婚姻男性相比,其收入随着教育程度增加而提高的速度低。这似乎说明婚姻正常与否,对女性平均收入的影响大于对男性平均收入的影响。

另外需要注意的是式(5.20)与式(5.21)中的虚拟变量 D_2 的系数符号是相反的。这是否说明婚姻正常与否对收入的影响在不同的样本条件下的作用是相反的呢?或者说是否说明婚姻对收入的影响是缺乏稳健性的呢?其实不然。仔细观察式(5.20)与式(5.21)会发现,式(5.20)中与婚姻有关的解释变量只有 D_2,婚姻对收入的影响只通过 D_2 的偏回归系数表现。而在式(5.21)中与婚姻有关的解释变量有 D_{2i},$D_{1i}D_{2i}$,$D_{1i}X_i$,$D_{2i}X_i$,$D_{1i}D_{2i}X_i$ 五项,婚姻对收入的影响分散在这五个解释变量中的偏回归系数中。对于女性来说,其收入与教育的关系

$$E(Y_i \mid X_i, D_{1i}=0, D_{2i}) = 3011.378 - 1303.884 D_{2i} + 1252.651 X_i + 667.636 D_{2i} X_i$$

表明,在教育程度一定情况下,婚姻对收入的影响是负向的,这可能是源于女性对家庭的付出更多而影响了其工作的绩效。若考虑不同教育程度的影响会发现婚姻正常的女性具有更大的斜率,这表明婚姻对教育程度更高的女性具有更大的激励。而对于男性来说,其收入与教育的关系式的截距项为 $3011.378 + 1671.744 D_{2i}$。这表明在同样教育程度下,正常婚姻对男性的收入影响是积极的。这与男性对家庭的付出较少而得到家庭的照顾较多有关。从以上分析可以发现,婚姻状态对收入的影响对于不同性别的影响方向不同,这在式(5.20)中是表现不出来的。该例子表明,样本数量的多少对模型估计结果的影响是巨大的,样本数量越多,模型可以反映出的信息就越多,得到的结论就越精确和准确。

§5.3 分段回归模型

一、分段回归模型的概念及应用

在经济关系中常有这样的情况:当解释变量 X 的值达到某水平 X^* 之前,与被解释变量 Y 之间存在某种线性关系;当解释变量 X 的值达到或超过 X^* 以后,与被解释变量的关系就会发生变化。因此,如果知道 X 的转折点 X^*,就可以用虚拟变量来估计每一段的斜率。这就是**分段线性回归**。分段回归也是虚拟解释变量的一种,考虑到篇幅问题,将其独立为一节。

例如,我国在 1999 年以前,我国居民的消费价格指数呈较快上升的趋势,但是 1997、1998 年爆发了亚洲金融危机,对经济整体及居民的生活造成很大影响,1999 年之后,居民消费价格指数的增长较为缓慢,甚至出现负增长。显然,1999 年是一个转折点,即 $X^* = 1999$。于是,可

以用以下模型描述我国居民在 1990—2005 年期间消费价格指数的变动趋势：

$$Y_t = \beta_0 + \beta_1 t + \beta_2 (t - X^*) D + u_t \tag{5.22}$$

其中 Y_t 为某年的 CPI，t 为年份（$t = 1990, 1991, \cdots, 2005$），$D$ 为虚拟变量，满足

$$D = \begin{cases} 1, & t \geqslant X^* \\ 0, & t < X^* \end{cases} \tag{5.23}$$

于是，两个不同时期的 CPI 的变动趋势为：

1999 年以前： $\quad Y_t = \beta_0 + \beta_1 t + u_t \tag{5.24}$

1999 年以后： $\quad Y_t = \beta_0 - \beta_2 X^* + (\beta_1 + \beta_2) t + u_t \tag{5.25}$

在 1999 年以前，回归模型的斜率是 β_1，而在 1999 年之后回归模型的斜率则为 $\beta_1 + \beta_2$。如果 β_2 在统计上是显著的，则表明 1999 年以后物价的变动趋势发生了明显变化。

若模型出现多个转折点，则可以通过增加虚拟变量来处理。如中国的 CPI 的上涨在 1990 年至 1994 年是一个快速上涨期，1994 年至 1999 年为下降期，1999 年之后缓慢上涨。

设 Y_t 为 CPI，$X_1^* = 1994$，$X_2^* = 1999$，可以建立以下回归模型：

$$Y_t = \beta_0 + \beta_1 t + \beta_2 D_1 (t - X_1^*) + \beta_3 D_2 (t - X_2^*) + u_t \tag{5.26}$$

其中 t 为时间，D_1 和 D_2 都是虚拟变量，而且有

$$D_1 = \begin{cases} 1, & X_1^* \leqslant t < X_2^* \\ 0, & \text{其他} \end{cases} \qquad D_2 = \begin{cases} 1, & t \geqslant X_2^* \\ 0, & \text{其他} \end{cases}$$

那么，三个不同时期的 CPI 的变动趋势为

1994 年以前： $\quad D_1 = 0, \quad D_2 = 0, \quad Y_t = \beta_0 + \beta_1 t \tag{5.27}$

1994—1999 年： $\quad D_1 = 1, \quad D_2 = 0, \quad Y_t = \beta_0 + \beta_1 t + \beta_2 (t - X_1^*) \tag{5.28}$

1999 年之后： $\quad D_1 = 0, \quad D_2 = 1, \quad Y_t = \beta_0 + \beta_1 t + \beta_3 (t - X_2^*) \tag{5.29}$

二、应用案例

例 5.2 就业是依赖于经济发展水平的，经济发展对就业有正向促进作用。我们使用中国国内生产总值（X）来描述经济发展水平，使用就业人员数（Y）描述就业情况，建立模型研究就业是如何依赖经济发展水平的。表 5.3 给出了各变量的实际数据。

表 5.3　1990—2012 年中国国内生产总值与就业总人数

年份	实际 GDP(X)(1990 价)/亿元	就业人员数(Y)/万人	年份	实际 GDP(X)(1990 价)/亿元	就业人员数(Y)/万人
1990	9995.61	64 749	2002	31 854.70	73 280
1991	10 913.10	65 491	2003	35 048.25	73 736
1992	12 467.20	66 152	2004	38 582.88	74 264
1993	14 208.16	66 808	2005	42 946.62	74 647
1994	16 066.69	67 455	2006	48 390.77	74 978
1995	17 821.97	68 065	2007	55 244.06	75 321
1996	19 605.69	68 950	2008	60 566.64	75 564
1997	21 428.43	69 820	2009	66 147.37	75 828
1998	23 107.00	70 637	2010	73 057.77	76 105
1999	24 867.71	71 394	2011	79 852.07	76 420
2000	26 964.38	72 085	2012	85 962.79	76 704
2001	29 202.50	72 797			

注：表中数据来源于《中国统计年鉴 2013》。

绘制 X 与 Y 的散点图 5.1 如下：

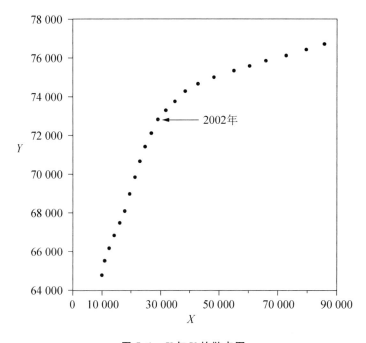

图 5.1　X 与 Y 的散点图

观察图 5.1 可以发现，X 与 Y 的关系为非线性关系，但是在 2002 年，也即在 X_{2002} 等于 31 854.70 时，曲线斜率有明显的变化，因此可以考虑以 2002 年之前，也即是 $X_t \leqslant 31\ 854.70$ 时，用一条直线对数据进行拟合，而在 $X_t > 31\ 854.70$ 时，用另一条直线对数据进行拟合。因此建立模型

$$Y_t = \beta_0 + \beta_1 X_t + \beta_2 D_t (X_t - X_{2002}) + u_t \tag{5.30}$$

其中 Y_t 为第 t 年就业人员数，X_t 为第 t 年我国实际 GDP，D_t 为虚拟变量，当 $t \geqslant 2002$ 时，$D_t = 1$；当 $t < 2002$ 时，$D_t = 0$。用普通最小二乘法求解得到的结果如式(5.31)。

$$\hat{Y}_t = 61\ 036.72 + 0.404 X_t - 0.349 D_t (X_t - 31\ 854.700) \tag{5.31}$$

$$\text{se} = 168.868 \quad\quad 0.007 \quad\quad 0.010$$

$$t = 361.447 \quad\quad 55.701 \quad\quad -36.551$$

$$p = 0.000 \quad\quad\quad 0.000 \quad\quad\quad 0.000$$

$$R^2 = 0.997, \quad \bar{R}^2 = 0.997, \quad F = 3368.097$$

从结果上可以看到回归系数高度显著，回归模型拟合较好，其 R^2 达到了 0.997。二个阶段的模型分别为

2002 年以前： $\hat{Y}_t = 61\ 036.720 + 0.404 X_t$

2002 年以后： $\hat{Y}_t = 49\ 919.430 + 0.055 X_t$

2002 年以前实际 GDP 每增加 1 亿元，就业人数增加 0.404 万人，2002 年后实际 GDP 每增加 1 亿元，就业人数增加 0.055 万人。

§5.4 二元选择模型

当被解释变量是虚拟变量时，称这个模型为虚拟被解释变量模型或二元选择模型。在现实经济系统中，我们会经常面临研究对象呈现为属性变量的特征。如一个企业是否被兼并，一个发行的债券是被评为 A 级或 B 级。对于这样的特征可用取值为 0,1 的虚拟变量予以表述，由于被解释变量只存在两种选择，所以也称其为**二元选择模型**(binary choice model)，其对应的被解释变量称为**二分变量**(dichotomous variable)。二元选择模型在经济活动中是大量存在的。

一、线性概率模型（LPM）

1. 线性概率模型的概念

我们以家庭汽车购买决策来说明线性概率模型的概念。家庭购买汽车的决策主要依赖于家庭的收入水平，因此可以建立如下简单线性回归方程：

$$Y_i = \beta_1 + \beta_2 X_i + u_i \tag{5.32}$$

其中 X 为家庭收入，Y 为虚拟变量，

$$Y_i = \begin{cases} 1, & \text{该家庭拥有汽车} \\ 0, & \text{该家庭没有汽车} \end{cases}$$

在该模型中,二分变量 Y_i 是解释变量 X_i 的函数,假定 $E(u_i)=0$,则据上式可得

$$E(Y_i \mid X_i) = \beta_1 + \beta_2 X_i \tag{5.33}$$

这是总体回归模型,也是总体回归线。假设收入水平为 X_i 的家庭拥有汽车的概率为 p_i,则不拥有汽车的概率为 $1-p_i$,即 Y_i 的分布如表 5.4 所示。

表 5.4 Y_i 的条件分布

取值	概率
0	$1-p_i$
1	p_i

Y_i 的条件期望值为

$$E(Y_i \mid X_i) = 0(1-p_i) + 1(p_i) = p_i \tag{5.34}$$

由此可以看到,线性概率模型的实际经济意义为:Y_i 的条件期望就是 X_i 取特定值时的条件概率,也就是特定收入水平下的家庭拥有汽车的概率。因此,该模型被称为**线性概率模型**(linear probability models,LPM)。

2. 线性概率模型的参数估计

由于被解释变量是二分变量,因此使用普通最小二乘法对其进行参数估计时将遇到如下问题。

(1)随机误差项 u_i 是非正态分布的

高斯-马尔可夫定理不要求 u_i 是正态分布的,即 OLS 估计量在 u_i 非正态分布条件下依然是最佳线性无偏估计量。但要进行假设检验就必须考虑 u_i 的正态分布问题。

由 Y_i 的取值可确定 u_i 的取值,由于 $u_i = Y_i - \beta_1 - \beta_2 X_i$,故 u_i 的取值为

$$u_i = \begin{cases} 1 - \beta_1 - \beta_2 X_i, & Y_i = 1 \text{ 时} \\ -\beta_1 - \beta_2 X_i, & Y_i = 0 \text{ 时} \end{cases}$$

这里,u_i 显然不服从正态分布。

当样本容量足够大时,据中心极限定理,普通最小二乘估计量的概率分布将趋近于正态分布。因此,在大样本条件下,线性概率模型的统计检验仍然可以按正态假定下的 OLS 法的统计推断方式进行。在大样本条件下,使用普通最小二乘法进行参数估计和检验,u_i 的非正态性影响不大。

(2)随机误差项 u_i 的异方差性

由 Y_i 的分布,可推得 u_i 的分布如表 5.5 所示。

表 5.5 u_i 的分布

取值	概率
$-\beta_1-\beta_2 X$	$1-p_i$
$1-\beta_1-\beta_2 X$	p_i

据方差定义可得

$$\begin{aligned}
\text{Var}(u_i) &= \text{E}[u_i - \text{E}(u_i)]^2 = \text{E}(u_i^2) \\
&= (-\beta_1-\beta_2 X_i)^2(1-P_i) + (1-\beta_1-\beta_2 X_i)^2 P_i \\
&= (-\beta_1-\beta_2 X_i)^2(1-\beta_1-\beta_2 X_i) + (1-\beta_1-\beta_2 X_i)^2(\beta_1+\beta_2 X_i) \\
&= (\beta_1+\beta_2 X_i)^2(1-\beta_1-\beta_2 X_i) \\
&= p_i(1-p_i)
\end{aligned} \tag{5.35}$$

上式表明 u_i 的方差是 Y_i 的条件期望的函数。由此可见，随机误差项 u_i 是异方差的，此时普通最小二乘法的参数估计量将不再是最小方差的，统计检验也是不可信的。要消除异方差的影响，可使用加权最小二乘法进行参数估计。由于在总体模型未知的情况下，p 是未知的，因此，加权变换是不可行的。通常先采用普通最小二乘法进行参数估计，从而得到 p 的估计值 $\hat{p}_i = \hat{Y}_i = \text{E}(Y_i|X_i)$。然后求得 $\sqrt{p_i(1-p_i)}$，取权系数为 $w_i = \dfrac{1}{\sqrt{p_i(1-p_i)}}$，对原模型使用加权最小二乘法进行参数估计。

3. 线性概率模型的不足

在线性概率模型中，由于 $\text{E}(Y_i|X_i) = p_i$，因此 $\text{E}(Y_i|X_i)$ 的值域范围应为 $[0,1]$。但线性概率模型的样本回归线并不能满足这一约束条件，即 $\hat{Y}_i$ 可能不在 $[0,1]$ 之间，$\hat{Y}_i$ 可能大于 1，也可能小于 0。这也是线性概率模型存在的核心问题之一。通常使用断尾或约束法解决这一类问题。即 $\hat{Y}_i > 1$ 时，$\hat{Y}_i$ 取值为 1，$\hat{Y}_i < 0$ 时，$\hat{Y}_i$ 取值为 0。

另外，在线性概率模型中 p_i 是随 X_i 线性增加的，β_2 为常数，这一点与经济系统的实际运行状态可能会不相符。在实际经济系统的运行中，概率的增加可能是非线性的。如对于低收入家庭而言拥有汽车的概率很小，并且收入的增加对拥有汽车的概率的增加也会很小。当收入达到很高水平时，家庭拥有汽车的概率很大，并且随收入的增加并不增加拥有汽车的概率。即 Y 与 X 呈现图 5.2 中的非线性关系。

下面的对数单位模型恰恰可以解决这一问题。

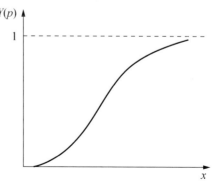

图 5.2 变量 Y 和 X 关系图

同时这类模型也解决了 $\hat{Y}_i$ 超出 0—1 范围的问题,使 $\hat{Y}_i$ 值始终处于 $[0,1]$ 之间。

二、对数单位模型(Logit 模型)

1. 对数单位模型的概念

为了解决线性概率模型中的两大问题:$\hat{Y}_i$ 超出 0—1 范围和 $\hat{Y}_i$ 与 X_i 线性变化的问题,可采用**逻辑斯蒂分布函数**(logistic distribution)取代线性概率模型,即

$$p_i = E(Y=1 \mid X_i) = \frac{1}{1+e^{-(\beta_1+\beta_2 X_i)}} \tag{5.36}$$

令 $Z_i = \beta_1 + \beta_2 X_i$ 则有

$$p_i = \frac{1}{1+e^{-Z_i}} \tag{5.37}$$

进而有

$$\frac{p_i}{1-p_i} = \frac{1+e^{Z_i}}{1+e^{-Z_i}} = e^{Z_i} \tag{5.38}$$

对式(5.38)两边取对数有 $\ln(e^{Z_i}) = Z_i$,并令 $L_i = \ln(e^{Z_i})$,则有

$$L_i = \ln\left(\frac{p_i}{1-p_i}\right) = \beta_1 + \beta_2 X_i \tag{5.39}$$

其中 $\dfrac{p_i}{1-p_i}$ 称为**机会比率**。机会比率的对数 $L_i = \ln\left(\dfrac{p_i}{1-p_i}\right)$ 称为**对数单位**,因此这一模型也称为**对数单位模型**(Logit 模型)。

对于对数单位模型,虽然解决了线性概率模型的两大缺点,但进行结构分析和预测就没有线性概率模型直观明了,当然这一问题也是可以解决的。当得到 β_1,β_2 的估计值后就可得到对数单位 L_i 的预测值,从而可以得到 p_i 的预测值,即是能够预测特定收入水平的家庭拥有汽车的概率。如果要分析随着收入水平的增加,家庭拥有汽车的概率的增加,可通过数学求导的方法获得 $\Delta p/\Delta X$ 计算公式为 $\hat{\beta}_2 p_i(1-p_i)$。

2. 对数单位模型的估计

式(5.39)已经是一个线性函数了,那么可以直接用普通最小二乘法对其进行估计吗?答案是否定的。还是以家庭是否拥有汽车为例,家庭拥有汽车时,$p_i=1,L_i=\ln(1/0)$,家庭没有汽车时,$p_i=0,L_i=\ln(0/1)$,对数单位 L_i 无法计算,因此不能用普通最小二乘法进行估计。此时可采用极大似然法估计参数,该方法超出本书范围,在此不作讨论,这类方法在现有计量经济分析软件中都已提供。例如 EViews 软件中就提供了较好的对数单位模型的参

数估计模块,可较方便地估计对数单位模型的参数。

根据前文所述,对数单位模型中并不是 Y_i 对 X_i 的直接回归,而是用 $\ln\left(\dfrac{p_i}{1-p_i}\right)$ 对 X_i 进行回归。如果数据为重复观测数据,则可以根据 Y_i 中出现 1 的频率直接估算出 P_i 的估值 $\hat{P}_i$,进而可以求得 $\hat{L}_i = \ln\left(\dfrac{p_i}{1-p_i}\right)$。由于对数单位模型的随机干扰项服从正态分布,即

$$u_i \sim N\left[0, \dfrac{1}{N_i p_i(1-p_i)}\right]$$

则作线性回归时会出现异方差问题。因此需要使用加权最小二乘法来对组群数据模型进行估计。该方法在 STATA 软件中使用 Glogit 命令即可实现。

三、应用案例

例 5.3 假设我们随机调查了 30 户家庭的收入和购买住房情况,测算家庭收入如何影响住房购买决策。数据如表 5.6 所示。

表 5.6 可支配收入与住房购买决策　　　　　　　　　　　　单位:万元

家庭可支配收入(X)	是否购买住房(Y)	家庭可支配收入(X)	是否购买住房(Y)
4.22	0	11.73	0
4.51	0	12.22	1
5.20	1	12.58	0
5.77	0	13.19	1
6.30	1	13.08	1
6.58	0	13.02	1
7.04	0	13.25	1
7.63	1	13.21	1
8.31	0	13.07	1
8.78	0	13.18	1
9.01	0	13.08	1
9.67	1	13.06	1
10.19	1	13.10	1
10.76	1	13.11	1
11.26	1	13.09	1

设立 LPM 模型如下：

$$Y_i = \beta_0 + \beta_1 X_i + u_i \tag{5.40}$$

其中 Y_i 为虚拟变量，表示第 i 个家庭住房购买情况，第 i 个家庭如果购买了住房，则该值为 1，未购买则为 0。X_i 为第 i 个家庭的可支配收入。用普通最小二乘法估计得

$$\hat{Y}_i = -0.235 + 0.088 X_i \tag{5.41}$$

$$\begin{aligned}
\text{se} &= 0.258 \quad 0.024 \\
t &= -0.902 \quad 3.646 \\
p &= 0.370 \quad 0.001
\end{aligned}$$

$$R^2 = 0.322, \quad F = 13.295, \quad DW = 2.395$$

模型显示 X 的系数是显著的，整个方程也是显著的，不存在序列相关，但存在异方差，这是概率模型的特征之一。该模型表明，家庭年收入每增加 1 万元，家庭购买住房的概率平均增加 0.088。

由于 LMP 模型存在 $E(Y_i|X_i)$ 不在 $[0,1]$ 范围内的可能性，u_i 非正态性且存在异方差，P_i 与 X_i 之间的关系只能为线性等诸多难以克服的问题，所以我们使用对数单位模型来对该问题进一步研究。对数单位模型的结果如式(5.42)。

$$\hat{L}_i = -3.720 + 0.449 X_i \tag{5.42}$$

$$\begin{aligned}
\text{se} &= 1.637 \quad 0.165 \\
z &= -2.272 \quad 2.729 \\
p &= 0.023 \quad 0.006
\end{aligned}$$

$$\text{McFadden } R^2 = 0.263, \quad LR = 10.056$$

模型(5.42)的估计参数和总体方程都是显著的。模型的表达式表明收入每增加 1 万元，购买住房的机会比率的对数增加 0.449 个单位。这样的解释显然无法清楚地说明收入和住房购买决策之间的关系，因此应该寻找对该式更清晰的表达方式。

我们知道 $L_i = \ln\left(\dfrac{p_i}{1-p_i}\right)$，故有 $\hat{L}_i = \ln\left(\dfrac{\hat{p}_i}{1-\hat{p}_i}\right) = -3.720 + 0.449 X_i$，进而可得

$$\frac{\hat{p}_i}{1-\hat{p}_i} = e^{-3.720 + 0.449 X_i} = e^{-3.720} \times e^{0.449 X_i} \tag{5.43}$$

该结果显示，若 X_i 增加一单位，则购买住房的机会比率会翻 $e^{0.449} = 1.567$ 倍，也即增加 56.7%。例如，假设某家庭收入为 10 000 元，则此时该家庭购买住房的机会比率为 3.798%。当另一个家庭的收入为 20 000 元时，其购买住房的机会比率为 5.951%。后者机会比率相对于前者机会比率增加了 56.7%。收入为 1 万元和 2 万元家庭购买住房的概率分别为 3.66% 和 5.62%，差额为 1.96%，说明在收入为 1 万元家庭基础上，增加 1 万元收入，购买住房的概率

增加 1.96%,这是一个很低的概率。

练 习 题 五

5.1 请判断下面的变量哪些是定性的,哪些是定量的:
(a)GDP (b)学历 (c)颜色 (d)季节 (e)教育 (f)考试成绩 (g)考试成绩是否及格 (h)专业

5.2 回归模型中引入虚拟变量有哪几种引入方式?他们各适用于什么情况?

5.3 什么叫虚拟变量陷阱,应该如何避免掉入虚拟变量陷阱?

5.4 在什么情况下使用分段回归模型?请写出有两个转折点的分段回归模型的基本形式。

5.5 线性概率模型有哪些缺点?如何克服这些缺点?

5.6 对数单位模型是如何避免估计的概率可能落在[0,1]区间之外的?

5.7 试在消费函数 $Y_i = \beta_1 + \beta_2 X_i + u_i$ 中以加法形式引入虚拟变量用于反映季节(淡季、旺季)因素和收入层次(高、中、低)对消费需求的影响,并写出各类消费函数的具体形式。

5.8 表 5.7 给出了 1965—1970 年美国制造业利润和销售额的季度数据。假定利润不仅与销售额有关,而且和季度因素有关。要求对下列两种情况分别估计利润模型:

(1)如果认为季度影响使利润平均值发生变异,应如何引入虚拟变量?

(2)如果认为季度影响使利润对销售额的变化率发生变异,如何引入虚拟变量?

表 5.7　1965—1970 年美国制造业利润和销售额季度数据　　单位:万美元

时间	利润	销售额	时间	利润	销售额
1965—1	10 503	114 862	1968—1	12 539	148 826
1965—2	12 092	123 968	1968—2	14 849	158 913
1965—3	10 834	121 454	1968—3	13 203	155 727
1965—4	12 201	131 917	1968—4	14 074	168 409
1966—1	12 245	129 911	1969—1	14 151	162 781
1966—2	14 001	140 976	1969—2	16 949	176 057
1966—3	12 213	137 828	1969—3	14 024	172 419
1966—4	12 820	145 645	1969—4	14 315	183 327
1967—1	11 349	136 989	1970—1	12 381	170 415
1967—2	12 616	145 126	1970—2	13 991	181 313
1967—3	11 014	141 536	1970—3	12 174	176 712
1967—4	12 730	151 776	1970—4	10 985	180 370

5.9 中国 1962—1998 年间货币流通量数据(表 5.8)显示,从 1978 年开始我国货币流通量增加速度加快,请以 1978 年为转折点,建立货币流通量对时间的分段函数回归模型。

表 5.8　1962—1998 年中国货币流通量数据　　　　　　单位:亿元

年份	货币流通量	时间	年份	货币流通量	时间
1962	106.5	1	1981	396.3	20
1963	89.9	2	1982	439.1	21
1964	80.0	3	1983	529.8	22
1965	90.8	4	1984	792.1	23
1966	108.5	5	1985	987.8	24
1967	121.9	6	1986	1218.4	25
1968	134.1	7	1987	1454.5	26
1969	137.1	8	1988	2134.0	27
1970	123.6	9	1989	2344.0	28
1971	136.2	10	1990	2644.0	29
1972	151.2	11	1991	3177.8	30
1973	166.1	12	1992	4336.0	31
1974	176.6	13	1993	5864.7	32
1975	182.6	14	1994	7288.6	33
1976	204.0	15	1995	7885.3	34
1977	195.4	16	1996	8802.0	35
1978	212.0	17	1997	10 177.6	36
1979	267.7	18	1998	11 204.2	37
1980	346.2	19			

5.10　考虑以下对数单位模型：

$$\ln\left(\frac{\hat{p}_i}{1-\hat{p}_i}\right) = -9.465 + 0.363\ 8\ \text{income} - 1.107\ \text{sitter}$$

其中 p 表示外出用餐的概率，$1-p$ 为在家用餐的概率；income 为年收入，单位为千元；sitter 为虚拟变量，代表是否雇佣保姆，若雇佣保姆则该值为 1，否则为 0。现假定某家庭的年收入为 44 千元，且雇用了保姆，求此家庭外出用餐的概率。

第六章 滞后变量模型

在实际经济活动中,由于经济活动主体的决策与行动都需要一个过程,加之人们的生活习惯、制度和技术条件的限制以及对未来预期等因素的影响,经济变量的变化往往存在滞后现象。这使得经济变量的影响不仅取决于同期各种因素,而且也取决于过去时期的各种因素,有时还受自身过去值的影响。例如,居民现期消费水平,不仅受本期居民收入影响,同时受到前几个时期居民收入的影响。对于这类问题的分析,就要涉及本章所要介绍的滞后变量模型相关知识。

§6.1 滞后变量模型的概念

我们将前期经济变量对本期经济变量的影响称为**滞后影响**,这种影响用滞后变量来表示,含有滞后变量的模型称为滞后变量模型。滞后变量可以是解释变量,也可以是被解释变量,因此滞后变量模型还需要进一步分类。

一、滞后效应与滞后变量

一般来说,被解释变量与解释变量的因果关系不一定瞬时发生,可能存在时间上的滞后。解释变量的变化可能需要经过一段时间才能完成对被解释变量的影响。同样地,被解释变量当前的变化也可能受到自身过去水平的影响,这种被解释变量受到自身或另一解释变量的前几期值影响的现象称为**滞后效应**。用来表示前几期的变量被称为**滞后变量**。设有包含 n 期的时间序列 X_t,则 X_{t-1} 表示序列 X_t 向前移动一期的序列,X_{t-2} 表示序列 X_t 向前移动两期的序列,类似地,X_{t-s} 表示 X_t 向前移动 s 期的序列。显然,X_{t-1} 与 X_t 相比,在向前移动时损失了一期变量值。同样,X_{t-s} 与 X_t 相比,损失了 s 期的变量值,即此时 X_{t-s} 只包含 $n-s$ 期的有效值。

下面来看一个关于滞后效应的一个例子。消费者的消费水平不仅依赖于当年的收入,还跟以前的收入水平有关。已知某一消费者每年收入增加 10 000 元(永久性增加),那么该消费者每年的消费支出会呈何种变化? 当人们的收入增加时一般不会将增加的收入全部马上花掉。假设该消费者的消费增加按如下模式进行:当年增加消费支出 4000 元,第二年再增加消费支出 3000 元,第三年再增加消费支出 2000 元,剩下的 1000 元作为储蓄。第三年的消费支出不仅取决于当年的收入,还与第一年和第二年的收入有关。于是,由该例可以得到消费函数关系式

$$Y_t = 截距项 + 0.4X_t + 0.3X_{t-1} + 0.2X_{t-2} + u_t \tag{6.1}$$

其中 Y 为消费支出,X 为收入。

经济活动中引起滞后效应的原因很多。一般说来,主要有以下几种方面:

(1)心理上的原因

由于消费习惯的影响,人们并不因为价格降低或收入增加而立即改变其消费习惯。因为人们要改变消费习惯以适应新的情况往往需要一段时间。这种心理因素会造成消费同收入的关系上出现滞后效应。

(2)技术上的原因

产品的生产周期有长有短,但都需要一定的周期,例如我国目前正在调整产业结构,但建设和调整都需要一定的时间。又如,农产品生产周期为一年,在市场经济条件下,农产品的本期供应量取决于前期或者前若干期市场价格的影响。这样,农产品供应量与价格之间出现滞后效应。

(3)制度上的原因

某些规章制度的约束使人们对某些外部变化不能立即做出反应,从而出现滞后现象。例如,企业要改变它的产品结构和产量,会受到过去签订的供货合同的制约;拥有一定数量定期存款的消费者,要调整自己的消费水平,会受到银行契约制度的限制。

二、滞后变量模型概念及分类

以滞后变量作为解释变量,就得到**滞后变量模型**。它的一般形式为

$$Y_t = \alpha + \beta_0 X_t + \beta_1 X_{t-1} + \beta_2 X_{t-2} + \cdots + \beta_s X_{t-s} + \gamma_1 Y_{t-1} + \gamma_2 Y_{t-2} + \cdots + \gamma_q Y_{t-q} + u_t \tag{6.2}$$

其中 s,q 分别为滞后解释变量和滞后被解释变量的滞后期长度。如果滞后期长度有限,则称为**有限滞后变量模型**;如果滞后期无限,则称为**无限滞后变量模型**。由于式(6.2)中既包含解释变量的滞后变量,也包含被解释变量的滞后变量,因此一般称之为**自回归分布滞后模型**(autoregressive distributed-lag model,ADL)。

1. 分布滞后模型

如果模型中没有滞后被解释变量,仅有解释变量 X 的当期值及其若干期的滞后值,即

$$Y_t = \alpha + \beta_0 X_t + \beta_1 X_{t-1} + \beta_2 X_{t-2} + \cdots + \beta_s X_{t-s} + u_t \tag{6.3}$$

其中 s 为滞后长度。具有这种滞后分布结构的模型称为**分布滞后模型**(distributed-lag model)。根据滞后长度 s 取值的有限和无限,将模型(6.3)式分别称为有限分布滞后模型和无限分布滞后模型。

在分布滞后模型中,各回归系数体现了解释变量当期值和各个滞后值对被解释变量的影响程度,即通常所说的乘数效应。回归系数 β_0 称为短期乘数或即期乘数,它表示解释变

量 X 变化一个单位对同期被解释变量 Y 产生的影响；$\beta_1,\beta_2,\cdots,\beta_s$ 称为延期乘数或动态乘数，它们表示解释变量 X 的各个前期值变动一个单位对被解释变量 Y 的滞后影响；所有乘数的和 $\sum \beta_i = \beta_0 + \beta_1 + \beta_2 + \cdots + \beta_s = \beta$ 称为长期乘数或总分布乘数，表示 X 变动一个单位，由于滞后效应而形成的对 Y 总影响的大小。

2. 自回归模型

如果模型中的解释变量仅包含 X 的当期值与被解释变量 Y 的一个或多个滞后值，即

$$Y_t = \alpha + \beta_0 X_t + \gamma_1 Y_{t-1} + \gamma_2 Y_{t-2} + \cdots + \gamma_q Y_{t-q} + u_t \tag{6.4}$$

其中 q 称为自回归模型的**阶数**。称这类模型为**自回归模型**（autoregressive model）。如果 $q=1$，则模型变为

$$Y_t = \alpha + \beta_0 X_t + \gamma_1 Y_{t-1} + u_t \tag{6.5}$$

称之为**一阶自回归模型**。

§6.2 分布滞后模型

一、分布滞后模型估计的困难

如前所述，分布滞后模型可分为有限分布滞后模型与无限分布滞后模型两类。对于无限分布滞后模型，因为其包含无限多个参数，无法用最小二乘法直接对其估计。对于这类模型，主要是通过适当的模型变换，使其转化为只需估计有限参数的自回归模型。对于有限分布滞后模型，即使它满足经典假定条件，对它应用普通最小二乘估计也存在以下困难：

1. 产生多重共线性

时间序列 X_t 的各期变量之间往往是高度相关的，因而分布滞后模型常常产生多重共线性问题。

2. 损失自由度

由于样本容量有限，当滞后变量数目增加时，必然使得自由度减少。由于经济数据的收集常常受到各种条件的限制，估计这类模型时经常会遇到数据不足的困难。

3. 滞后期长度难以准确判断

如果滞后期过长，则容易出现多重共线性及自由度损失问题，但若滞后期过短又会出现遗漏变量问题，所以合适的滞后期长度对模型的成功构建具有重要意义。然而，目前还没有一个明确的方法能够实现这一要求。虽然有些人提出用 $\bar{R}^2$ 的变化、AIC 准则、SC 准则等规则来判断滞后期的长度，但这些方法并未获得广泛认同。另一种思路是用实际的经济理论

或实践经验来判断经济变量的滞后期数,但这种思路所确定的结果往往主观随意性强。

由于以上这些原因,使得直接利用普通最小二乘法获得的估计量可能不再是最佳无偏估计量。对于这些缺陷,人们进行了广泛的研究,提出了一系列的修正方法。有限分布滞后模型的估计方法通常有经验加权法和阿尔蒙法等。

二、分布滞后模型的估计

为了避免有限分布滞后模型直接应用最小二乘估计的困难,可以假定影响系数具有某种特殊结构,通过对这种特殊结构的模拟来减少待估参数的数量。通过这种方式可缓解多重共线性和自由度不足的问题。

1. 经验加权法

经验加权法是从实践经验出发,指定滞后变量对被解释变量影响的权数,并将滞后变量按权数线性组合构成新变量,再进行 OLS 估计。这种方式通过用多个滞后变量组合构成新变量的方式减少回归模型的待估参数,缓解了多重共线性和自由度不足的问题。

设外生变量滞后模型为

$$Y_t = \alpha + \beta_0 X_t + \beta_1 X_{t-1} + \cdots + \beta_k X_{t-k} + u_t \tag{6.6}$$

其中 u_t 满足经典假定,k 为一个确定的有限数。

权数的类型有以下三类:

(1)递减型

即权数递减,这种权数类型假定 X 对 Y 的影响是随着时间的流逝而递减的。一个滞后期为 3 的一组权数可取值如下:

$$\frac{1}{2}, \frac{1}{4}, \frac{1}{6}, \frac{1}{8}$$

因此,有

$$\begin{aligned} Y_t &= \alpha + \beta_0 \left(\frac{1}{2} X_t\right) + \beta_0 \left(\frac{1}{4} X_{t-1}\right) + \beta_0 \left(\frac{1}{6} X_{t-2}\right) + \beta_0 \left(\frac{1}{8} X_{t-3}\right) + u_t \\ &= \alpha + \beta_0 \left(\frac{1}{2} X_t + \frac{1}{4} X_{t-1} \frac{1}{6} X_{t-2} \frac{1}{8} X_{t-3}\right) + u_t \end{aligned} \tag{6.7}$$

令

$$W_t = \frac{1}{2} X_t + \frac{1}{4} X_{t-1} + \frac{1}{6} X_{t-2} + \frac{1}{8} X_{t-3} \tag{6.8}$$

则有

$$Y_t = \alpha + \gamma_1 W_t + u_t \tag{6.9}$$

此时分布滞后方程变成了一个一元回归方程,且随机干扰项未发生变化,可以使用普通最小二乘法对该方程进行估计。假设估计的结果为

$$\hat{Y}_t = \hat{\alpha} + \hat{\gamma}_1 W_t \tag{6.10}$$

则根据式(6.8)及(6.10)可知

$$\hat{Y}_t = \hat{\alpha} + \frac{1}{2}\hat{\gamma}_1 X_t + \frac{1}{4}\hat{\gamma}_1 X_t + \frac{1}{6}\hat{\gamma}_1 X_t + \frac{1}{8}\hat{\gamma}_1 X_t \tag{6.11}$$

即有

$$\beta_0 = \frac{1}{2}\hat{\gamma}_1, \quad \beta_1 = \frac{1}{4}\hat{\gamma}_1, \quad \beta_2 = \frac{1}{6}\hat{\gamma}_1, \quad \beta_3 = \frac{1}{8}\hat{\gamma}_1$$

(2)矩型

即权数不变,这种权数类型假定 X 对 Y 的影响不随着时间的变化而变化。一个滞后期为 3 的一组权数可取值如下:

$$\frac{1}{4}, \frac{1}{4}, \frac{1}{4}, \frac{1}{4}$$

同样地,我们可以得到一个新的变量

$$W_t = \frac{1}{4}X_t + \frac{1}{4}X_{t-1} + \frac{1}{4}X_{t-2} + \frac{1}{4}X_{t-3} \tag{6.12}$$

此时原方程(6.6)也可以变为一个满足经典假定的一元线性回归方程。

(3)倒 V 型

即权数先递增,后递减。这种权数假定 X 对 Y 的影响随着时间的变化先增大后减小。一个滞后期为 4 的一组权数可取值如下:

$$\frac{1}{6}, \frac{1}{4}, \frac{1}{2}, \frac{1}{3}, \frac{1}{5}$$

此时,对应的新变量为

$$W_t = \frac{1}{6}X_t + \frac{1}{4}X_{t-1} + \frac{1}{2}X_{t-2} + \frac{1}{3}X_{t-3} + \frac{1}{5}X_{t-4} \tag{6.13}$$

在实际操作中,可根据研究对象提出最合适的权数类型。如消费函数中,用递减型权数描述收入滞后变量对消费的影响比较合适。在投资函数中,投资数额的滞后变量对投资产出的影响则用倒 V 型描述则比较合理。另外,在操作中,应多设几组权数,依次对不同权数组进行最小二乘法估计,选出最优模型形式。

经验加权法的优点是简单易行、不损失自由度、避免多重共线性干扰及参数估计具有一致

性的特点。但是,经验加权法设置的权数类型及权数随意性都较大,因此用经验权数法处理滞后变量模型是一种比较武断的方法,这就要求分析者对实际问题的特征要有比较深刻的理解。

2. 阿尔蒙多项式法

阿尔蒙多项式法的基本思想是:如果有限分布滞后模型中的参数 $\beta_i(i=0,1,\cdots,k)$ 的分布可以近似用一个关于 i 的低阶多项式表示,就可以利用多项式减少模型中的待估参数。

对于模型(6.6),假定它的系数 β_i 是随着 i 的变化而变化的滞后结构,可能是递减结构、递增结构或复合结构。依据数学分析的魏尔斯特拉斯(Weierstrass)定理,多项式可以逼近各种形式的函数。于是,阿尔蒙对模型(6.6)中的系数 β_i 用阶数适当的多项式去逼近,即

$$\beta_i = \alpha_0 + \alpha_1 i + \alpha_2 i^2 + \cdots + \alpha_m i^m \quad (i=0,1,\cdots,k;m<k) \tag{6.14}$$

上式称为**阿尔蒙多项式变换**(Almon polynomial transformation)。最高阶数 m 要视系数 β_i 的规律而定。

取模型(6.6)中的 $k=3$,系数多项式表达式(6.14)中 $m=2$,则分布滞后模型为

$$Y_t = \alpha + \beta_0 X_t + \beta_1 X_{t-1} + \beta_2 X_{t-2} + \beta_3 X_{t-3} + u_t \tag{6.15}$$

系数多项式表达式为

$$\beta_i = \alpha_0 + \alpha_1 i + \alpha_2 i^2 \quad (i=0,1,2,3) \tag{6.16}$$

其中 $\alpha_0,\alpha_1,\alpha_2$ 为待估计的参数。将式(6.16)代入式(6.15)并整理得

$$Y_t = \alpha + \alpha_0(X_t + X_{t-1} + X_{t-2} + X_{t-3}) + \alpha_1(X_{t-1} + 2X_{t-2} + 3X_{t-3}) + \alpha_2(X_{t-1} + 4X_{t-2} + 9X_{t-3}) + u_t \tag{6.17}$$

若记

$$Z_{0t} = X_t + X_{t-1} + X_{t-2} + X_{t-3}$$
$$Z_{1t} = X_{t-1} + 2X_{t-2} + 3X_{t-3}$$
$$Z_{2t} = X_{t-1} + 4X_{t-2} + 9X_{t-3}$$

则式(6.17)变为

$$Y_t = \alpha + \alpha_0 Z_{0t} + \alpha_1 Z_{1t} + \alpha_2 Z_{2t} + u_t \tag{6.18}$$

利用样本数据对式(6.18)进行最小二乘估计,可得到式(6.15)各个参数的估计值,分别记为 $\hat{\alpha},\hat{\alpha}_0,\hat{\alpha}_1,\hat{\alpha}_2$,将之代入式(6.16),可得原模型(6.15)参数的估计值为

$$\hat{\beta}_0 = \hat{\alpha}_0$$
$$\hat{\beta}_1 = \hat{\alpha}_0 + \hat{\alpha}_1 + \hat{\alpha}_2$$
$$\hat{\beta}_2 = \hat{\alpha}_0 + 2\hat{\alpha}_1 + 4\hat{\alpha}_2$$
$$\hat{\beta}_3 = \hat{\alpha}_0 + 3\hat{\alpha}_1 + 9\hat{\alpha}_2$$

可以看出，通过阿尔蒙多项式变换，新模型中的变量个数少于原分布滞后模型中的个数，从而自由度得到了保证。同时，新模型中的解释变量为原模型变量的线性组合，这在一定程度上缓解了多重共线性问题。

当然，此转换思路也可以扩展到滞后期为 k，阿尔蒙多项式最高阶为 m 时的情况。实际估计中，$m<k$，且阿尔蒙多项式的阶数 m 取 2 或 3，很少超过 4，否则达不到减少估计参数个数的目的。

经验加权法和阿尔蒙多项式法只能解决有限滞后变量问题，对于无限滞后模型可以用库伊克方法解决。

三、应用案例

例 6.1 表 6.1 为我国固定资产投资和国民总收入 1995 年至 2011 年数据。国民收入的增长会带动固定资产投资的增加吗？如果有带动作用，这种带动作用能够持续多久？我们通过建立滞后模型来考察这种关系。

表 6.1　1995—2011 年我国固定资产投资和国民总收入　　　　　　　　单位：亿元

年份	全社会固定资产投资(Y)	国民总收入(X)	年份	全社会固定资产投资(Y)	国民总收入(X)
1995	20 019	59 811	2004	70 477	159 454
1996	22 914	70 142	2005	88 774	183 617
1997	24 941	78 061	2006	109 998	215 904
1998	28 406	83 024	2007	137 324	266 422
1999	29 855	88 479	2008	172 828	316 030
2000	32 918	98 000	2009	224 599	340 320
2001	37 214	108 068	2010	278 122	399 760
2002	43 500	119 096	2011	311 485	472 115
2003	55 567	134 977			

注：表中数据来源于《中国统计年鉴 2012》。

为了测算国民总收入与全社会固定资产投资之间的变动关系，我们拟建立如下模型：

$$Y_t = \alpha + \sum_{i=0}^{s}\beta_i X_{t-i} + u_i \tag{6.19}$$

由于无法预知国民总收入对全社会固定资产投资影响的滞后期，需取不同的滞后期试算，经过试算发现，在 2 阶阿尔蒙多项式变换下，滞后期数 3 期所估计的结果最好，且经济意义合理。在 $k=3$ 情况下，式(6.19)变为

$$Y_t = \alpha + \beta_0 X_t + \beta_1 X_{t-1} + \beta_2 X_{t-2} + \beta_3 X_{t-3} + u_t \tag{6.20}$$

当 $m=2$ 时,有

$$\beta_i = \alpha_0 + \alpha_1 i + \alpha_2 i^2 \tag{6.21}$$

此时有

$$Z_{0t} = X_t + X_{t-1} + X_{t-2} + X_{t-3} \tag{6.22}$$

$$Z_{1t} = X_{t-1} + 2X_{t-2} + 3X_{t-3} \tag{6.23}$$

$$Z_{2t} = X_{t-1} + 4X_{t-2} + 9X_{t-3} \tag{6.24}$$

用普通最小二乘法估计下式:

$$Y_t = \alpha + \alpha_0 Z_{0t} + \alpha_1 Z_{1t} + \alpha_2 Z_{2t} + u_t \tag{6.25}$$

结果为

$$\hat{Y}_t = -57\,079.62 - 0.207 Z_{0t} + 0.791 Z_{1t} - 0.199 Z_{2t} \tag{6.26}$$

$$\text{se} = \quad 2852.871 \quad\quad 0.110 \quad\quad 0.258 \quad\quad 0.085$$

$$t = -20.008 \quad -1.886 \quad\quad 3.065 \quad -2.342$$

$$p = \quad 0.000 \quad\quad 0.089 \quad\quad 0.012 \quad -0.041$$

$$R^2 = 0.998, \quad F = 1895.928, \quad DW = 1.191$$

在 10% 显著性水平上,式(6.26)各估计值都是显著的。由式(6.26)及式(6.21)可以计算出式(6.20)的各参数估计值:

$$\alpha = -57\,079.62, \quad \beta_0 = -0.207, \quad \beta_1 = 0.385, \quad \beta_2 = 0.577, \quad \beta_3 = 0.372$$

最后得到的分布滞后模型为

$$\hat{Y} = -57\,079.62 - 0.207 X_t + 0.385 X_{t-1} + 0.577 X_{t-2} + 0.372 X_{t-3} \tag{6.27}$$

式(6.27)无法给出各估计量的标准差和 t 估计量。需要将(6.26)中的参数估计量标准差和 t 统计量换算为(6.27)中滞后期参数估计量的标准差和 t 统计量,这个过程比较麻烦,但大部分应用软件都具有此功能,EViews 中用 PDL(X,k,m) 命令实现该功能。PDL(X,3,2)运行的结果为

$$\hat{Y}_t = -57\,079.62 - 0.207 X_t + 0.385 X_{t-1} + 0.577 X_{t-2} + 0.372 X_{t-3} \tag{6.28}$$

$$\text{se} = \quad 2852.871 \quad 0.109 \quad\quad 0.090 \quad\quad 0.094 \quad\quad 0.136$$

$$t = -20.008 \quad -1.886 \quad\quad 4.286 \quad\quad 6.176 \quad\quad 2.741$$

$$R^2 = 0.998, \quad F = 1895.928, \quad DW = 1.191$$

估计结果式(6.28)显示当期的国民收入变化对固定资产投资具有负向影响,国民收入的滞后二期对固定资产投资影响最大,国民收入对固定资产投资总的影响为各估计值的和 0.997。即从长期看,国民收入每增加 1 亿元,固定资产投资会增加 0.997 亿元。

§6.3 自回归模型

自回归模型的常用的方式有三种:库伊克模型、自适应预期模型和部分调整模型。

一、库伊克模型

对于无限分布滞后模型

$$Y_t = \alpha + \beta_0 X_t + \beta_1 X_{t-1} + \cdots + u_t \tag{6.29}$$

其中 u_t 满足经典假定。库伊克(Koyck)提出了两个假定:

假定 1 模型中所有参数的符号都是相同的。

假定 2 模型中的参数是按几何数列衰减的,即

$$\beta_j = \beta_0 \lambda^j \quad (j = 0, 1, 2) \tag{6.30}$$

其中 $0 < \lambda < 1$,λ 称为分布滞后的衰减率,λ 越小,衰减速度就越快,X 滞后的远期值对当期 Y 值的影响就越小。

将式(6.30)代入式(6.29)中,得到模型

$$Y_t = \alpha + \beta_0 X_t + \beta_0 \lambda X_{t-1} + \beta_0 \lambda^2 X_{t-2} + \cdots + \beta_0 \lambda^j X_{t-j} + \cdots + u_t \tag{6.31}$$

将式(6.31)滞后一期,有

$$Y_{t-1} = \alpha + \beta_0 X_{t-1} + \beta_0 \lambda X_{t-2} + \beta_0 \lambda^2 X_{t-3} + \cdots + \beta_0 \lambda^{j-1} X_{t-j} + \cdots + u_{t-1} \tag{6.32}$$

对式(6.32)两边同乘以 λ 并与式(6.31)相减,得

$$Y_t - \lambda Y_{t-1} = \alpha(1-\lambda) + \beta_0 X_t + (u_t - \lambda u_{t-1}) \tag{6.33}$$

即

$$Y_t = \alpha(1-\lambda) + \beta_0 X_t + \lambda Y_{t-1} + (u_t - \lambda u_{t-1}) \tag{6.34}$$

式(6.34)就是**库伊克模型**,上述变换称为**库伊克变换**(Koyck transformation)。

如果令 $\alpha^* = \alpha(1-\lambda)$,$\beta_0^* = \beta_0$,$\beta_1^* = \lambda$,$u_t^* = u_t - \lambda u_{t-1}$,则式(6.34)变为

$$Y_t = \alpha^* + \beta_0^* X_t + \beta_1^* Y_{t-1} + u_t^* \tag{6.35}$$

关于库伊克模型有以下几点需要说明:

(1) 有些情况下,无限分布滞后模型替代有限分布滞后模型可以避免滞后期确定问题。

(2) 库伊克变换将无限分布滞后模型转变成了一阶自回归模型,简化了模型结构,解决了多重共线性和自由度问题。

(3) 库伊克变换产生了两个新问题,一是模型中随机误差项存在一阶自相关;二是滞后被解释变量与随机误差项不独立。这些新问题将在下一节中解决。

(4) 库伊克模型只是通过对模型进行纯数学上的变换得到的,没有相应的经济意义,故在实际问题中运用很少。

二、自适应预期模型

在经济活动中,经济行为者将根据过去的经验修改他们的期望,特别是要从错误中学习。也就是说影响被解释变量 Y_t 的因素不是 X_t 而是其预期值 X_t^*,即

$$Y_t = \beta_0 + \beta_1 X_t^* + u_t \tag{6.36}$$

其中 u_t 为随机误差项。

现实中,这种思考方式比较常见,如当通货膨胀比较严重的时候,商品需求量不是取决于当期的价格,而是取决于对未来价格水平的预期。式(6.36)中预期值 X_t^* 是不可观测的。因此,在实际应用中需要对预期的形成机制做出某种假定,自适应预期假定就是其中之一。所谓自适应预期假定就是指现期的预期形成是以上期预测值为基础并加上一个前期预期误差修正量实现的,即

$$X_t^* = X_{t-1}^* + \gamma(X_t - X_{t-1}^*) \tag{6.37}$$

其中 γ 称为**预期调整系数**,且 $0 \leq \gamma \leq 1$。也就是说,本期预期值 X_t^* 等于前一期预期值 X_{t-1}^* 加上一个修正量,该修正量 $\gamma(X_t - X_{t-1}^*)$ 是前一期预期误差 $(X_t - X_{t-1}^*)$ 的一部分。这一调整过程叫作**自适应过程**。对式(6.37)变形,得

$$X_t^* = \gamma X_t + (1-\gamma) X_{t-1}^* \tag{6.38}$$

将式(6.38)代入式(6.36),得

$$\begin{aligned} Y_t &= \beta_0 + \beta_1 [\gamma X_t + (1-\gamma) X_{t-1}^*] + u_t \\ &= \beta_0 + \beta_1 \gamma X_t + \beta_1 (1-\gamma) X_{t-1}^* + u_t \end{aligned} \tag{6.39}$$

类似库伊克转换所用方法,将式(6.39)滞后一期乘以 $1-\gamma$,得

$$(1-\gamma) Y_{t-1} = \beta_0 (1-\gamma) + \beta_1 (1-\gamma) X_{t-1}^* + (1-\gamma) u_{t-1} \tag{6.40}$$

式(6.39)与式(6.40)相减,整理后得

$$Y_t = \beta_0 \gamma + \beta_1 \gamma X_t + (1-\gamma) Y_{t-1} + [u_t - (1-\gamma) u_{t-1}] \tag{6.41}$$

令

$$\beta_0^* = \beta_0 \gamma, \quad \beta_1^* = \beta_1 \gamma, \quad \beta_2^* = 1-\gamma, \quad u_t^* = u_t - (1-\gamma)u_{t-1} \tag{6.42}$$

则式(6.41)变为

$$Y_t = \beta_0^* + \beta_1^* X_t + \beta_2^* Y_{t-1} + u_t^* \tag{6.43}$$

即通过自适应预期假定,把自适应预期模型变换成了一阶自回归模型。

三、部分调整模型

在经济活动中,会遇到为了适应解释变量的变化,被解释变量有一个预期的最佳值与之对应的现象。也就是说,解释变量的现期值影响着被解释变量的预期值,即表达为

$$Y_t^* = \beta_0 + \beta_1 X_t + u_t \tag{6.44}$$

其中 Y_t^* 为第 t 期被解释变量预期的最佳值,X_t 为解释变量在第 t 期的真实值,u_t 为满足经典假定的随机误差项。

模型(6.44)说明,被解释变量预期的最佳值是同期解释变量的线性函数。经济生活中这种情况比较常见。例如,本期商品库存量预期的最佳值取决于本期实际销售量;资本存量的预期的最佳值取决于同期实际生产水平等。

由于种种原因,如资金和原材料的限制、合同的不易变更性、决策的延迟及惯性等,使被解释变量的希望最佳值难以实现,被解释变量的实际变动值 $Y_t - Y_{t-1}$ 往往只能达到预期最佳水平与实际水平变动 $Y_t^* - Y_{t-1}$ 的一部分。设只达到了 δ 比例的一部分,则部分调整假设可表示为

$$Y_t - Y_{t-1} = \delta(Y_t^* - Y_{t-1}) \tag{6.45}$$

其中 δ 为**部分调整系数**,且有 $0 \leqslant \delta \leqslant 1$。当 $\delta=1$ 时,表示被解释变量的实际变化与所希望的变化一致;当 $\delta=0$ 时,表示被解释变量的实际值没有变化,完全没有调整。另外,δ 的数值表示调整速度,δ 越大调整速度越快,实际水平就越接近于预期的最佳值。

由部分调整假设式(6.45)可得

$$Y_t^* = \frac{1}{\delta} Y_t + \frac{\delta - 1}{\delta} Y_{t-1} \tag{6.46}$$

式(6.46)说明 t 时期希望水平是当期实际水平与前期实际水平的加权平均数。其权数分别为 $\frac{1}{\delta}$ 和 $\frac{\delta-1}{\delta}$。将式(6.46)代入式(6.44),整理得

$$Y_t = \delta\beta_0 + \delta\beta_1 X_t + (1-\delta)Y_{t-1} + \delta u_t \tag{6.47}$$

令

$$\beta_0^* = \delta\beta_0, \quad \beta_1^* = \delta\beta_1, \quad \beta_2^* = 1-\delta, \quad u_t^* = \delta u_t \tag{6.48}$$

则式(6.47)可以写成

$$Y_t = \beta_0^* + \beta_1^* X_t + \beta_2^* Y_{t-1} + u_t^* \tag{6.49}$$

这说明部分调整模型本质上是一个自回归模型。若能得到该模型的参数估计，代入式(6.48)就可求出原来模型的参数估计。

从上面的分析可以看出，库伊克模型、自适应预期模型与部分调整模型的最终形式都是一阶自回归模型，这样，对这三类模型的估计就都可以转化成对相应一阶自回归模型的估计了。

四、自回归模型的估计与检验

1. 自回归模型的估计

上一节我们的结论说明，库伊克模型、自适应预期模型、部分调整模型的最终形式都是一阶自回归模型，即

库伊克模型： $Y_t = \alpha^* + \beta_0^* X_t + \beta_1^* Y_{t-1} + u_t^*$ （$u_t^* = u_t - \lambda u_{t-1}$） (6.50)

自适应预期模型： $Y_t = \beta_0^* + \beta_1^* X_t + \beta_2^* Y_{t-1} + u_t^*$ （$u_t^* = u_t - (1-\gamma)u_{t-1}$） (6.51)

部分调整模型： $Y_t = \beta_0^* + \beta_1^* X_t + \beta_2^* Y_{t-1} + u_t^*$ （$u_t^* = \delta u_t$） (6.52)

从模型形式上看，三个模型形式基本相同，不同之处主要在三个模型的随机干扰项上。库伊克模型与自适应预期模型的随机干扰项属于同一类，它们的随机干扰项都是白噪声的某种差分，可以证明在式(6.50)和式(6.51)中的 u_t^* 是自相关的，同时与两个模型的解释变量 Y_{t-1} 也是同期相关的（见附录6.1），即此时库伊克模型和自适应预期模型存在自相关和随机解释变量与随机干扰项同期相关问题。而部分调整模型的随机干扰项则是白噪声与常数项的乘积，其满足随机误差项独立和滞后被解释变量与随机误差项同期不相关的假定。可以使用普通最小二乘法估计参数，且得到的参数估计量是有偏、一致的。因此我们需要解决的是库伊克模型和自适应预期模型中存在的自相关和内生解释变量问题。

库伊克和自适应预期类的自回归模型既存在自相关问题，又有内生解释变量问题，目前还没有完全有效的解决办法。现有的解决思路是用工具变量法解决内生解释变量问题，但无法同时解决自相关问题。

对于一阶自回归模型

$$Y_t = \beta_1 + \beta_2 X_t + \alpha Y_{t-1} + u_t \tag{6.53}$$

若滞后被解释变量 Y_{t-1} 与随机误差项同期相关（如库伊克模型与自适应预期模型），则 OLS 估计量是有偏的，并且不是一致估计量。因此，对上述模型，可以采用工具变量法。即找到一个新的变量作为 Y_{t-1} 的工具变量进行估计。

工具变量的选择有多种方式。在实际估计中,一般选择 $\hat{Y}_{t-1}$ 作为 Y_{t-1} 的工具变量,其中 $\hat{Y}_{t-1}$ 是 X 若干期滞后值的某一线性组合:

$$Y_{t-1} = \alpha_0 + \alpha_1 X_{t-1} + \alpha_2 X_{t-2} + \cdots + \alpha_s X_{t-s} \tag{6.54}$$

由于 X_t 与 u_t 不相关,$\hat{Y}_{t-1}$ 作为对 X 滞后值的回归,也与 u_t 不相关。因此,可以选择 $\hat{Y}_{t-1}$ 作为 Y_{t-1} 的工具变量,得到参数的一致估计量。

另外,若解释变量 Y_{t-1} 与误差项不相关时,也可以直接使用最小二乘法。

2. 自回归模型的检验

DW 检验要求解释变量中不能存在被解释变量的滞后变量,自回归模型显然违反了这一规则,故此时 DW 检验不再适用。杜宾本人于 1970 提出了一种在大样本情形下检验自回归模型的 h 检验法。设自回归模型为

$$Y_t = \beta_0 + \beta_1 X_t + \beta_2 Y_{t-1} + u_t \tag{6.55}$$

定义统计量(称为 h 统计量)为

$$h = \hat{\rho}\sqrt{\frac{n}{1 - n\mathrm{Var}(\hat{\beta}_2)}} \tag{6.56}$$

其中 $\hat{\beta}_2$ 是模型中 Y_{t-1} 的系数 β_2 的估计量,$\mathrm{Var}(\hat{\beta}_2)$ 是 $\hat{\beta}_2$ 的方差的样本估计值,n 为样本容量,$\hat{\rho}$ 是随机误差项一阶自相关系数的估计值。在应用时,可取 $\hat{\rho} \approx 1 - \frac{1}{2}d$,$d$ 是通常意义下 DW 统计量的取值。

检验的原假设为 $H_0: \rho = 0$,备择假设为 $H_1: \rho \neq 0$。在大样本情形下,杜宾证明了在原假设 $H_0: \rho = 0$ 成立的条件下,统计量 h 渐进地服从零均值和单位方差的标准正态分布。由此得出检验方法:对给定的显著性水平 α,可查得标准正态分布正的临界值 $Z_{\alpha/2}$,如果 $|h| > Z_{\alpha/2}$,则拒绝 H_0,认为随机误差项存在一阶自相关;反之,如果 $|h| < Z_{\alpha/2}$,则不拒绝 H_0,即接受随机误差项无一阶自相关的假设。

值得注意的是,h 检验法具有如下特征:

(1)该检验法可适应任意阶的自回归模型,计算 h 统计量时只需用到滞后变量 Y_{t-1} 回归系数的估计方差。

(2)如果 $n\mathrm{Var}(\hat{\beta}_2) \geqslant 1$ 时,统计量 h 就不再有意义,但在实践中,这种情形很少发生。

(3)h 检验法只适用于大样本情形。

五、应用案例

例 6.2 通货膨胀率和失业率之间呈反向变化的关系。设通货膨胀率为 Y,失业率为

X。为了研究我国通货膨胀率和失业率之间的关系,建立如下长期就业与通货膨胀模型:

$$Y_t^* = \beta_0 + \beta_1 X_t + u_t \tag{6.57}$$

其中 Y^* 为通货膨胀率预期最佳值。由于预期的最佳值无法观测,故有如下部分调整假定:

$$Y_t - Y_{t-1} = \delta(Y_t^* - Y_{t-1}) \tag{6.58}$$

这里 δ 为部分调整系数。将式(6.58)带入式(6.57)并整理可得

$$Y_t = \beta_0^* + \beta_1^* X_t + \beta_2^* Y_{t-1} + u_t^* \tag{6.59}$$

其中

$$\beta_0^* = \delta\beta_0, \quad \beta_1^* = \delta\beta_1, \quad \beta_2^* = 1-\delta, \quad u_t^* = \delta u_t \tag{6.60}$$

此时式(6.59)即为一个部分调整的自回归模型。表 6.2 为我国通货膨胀率与城镇登记失业率 1981—2014 年数据。其中通货膨胀率用居民消费价格指数的年化环比增长率代替。部分调整模型可直接进行普通最小二乘估计。

表 6.2　1981—2014 年我国通货膨胀率与城镇登记失业率　　　　　　　单位:%

年份	城镇登记失业率(X)	通货膨胀率(Y)	年份	城镇登记失业率(X)	通货膨胀率(Y)
1981	3.8	2.5	1998	3.1	−0.8
1982	3.2	2.0	1999	3.1	−1.4
1983	2.3	2.0	2000	3.1	0.4
1984	1.9	2.7	2001	3.6	0.7
1985	1.8	9.3	2002	4.0	−0.8
1986	2.0	6.5	2003	4.3	1.2
1987	2.0	7.3	2004	4.2	3.9
1988	2.0	18.8	2005	4.2	1.8
1989	2.6	18.0	2006	4.1	1.5
1990	2.5	3.1	2007	4.0	4.8
1991	2.3	3.4	2008	4.2	5.9
1992	2.3	6.4	2009	4.3	−0.7
1993	2.6	14.7	2010	4.1	3.3
1994	2.8	24.1	2011	4.1	5.4
1995	2.9	17.1	2012	4.1	2.6
1996	3.0	8.3	2013	4.1	2.6
1997	3.1	2.8	2014	4.1	2.0

注:表中数据来源于中国国家统计局网站 http://www.stats.gov.cn/。

OLS 估计结果为

$$\hat{Y}_t = -7.839 - 1.747 X_t + 0.587 y_{t-1} \quad (6.61)$$

$$\text{se} = 3.662 \quad 1.012 \quad 0.138$$

$$t = 2.141 \quad -1.727 \quad 4.257$$

$$p = 0.041 \quad 0.095 \quad 0.000$$

$$R^2 = 0.494, \quad F = 14.663, \quad \text{DW} = 1.495$$

由上式知 $\hat{\beta}_2^* = 1 - \hat{\delta} = 0.587$,则有 $\hat{\delta} = 0.413$,进而有 $\hat{\beta}_0 = \dfrac{7.839}{0.413} = 18.981$,$\hat{\beta}_1 = -\dfrac{1.747}{0.413} = -4.23$。最后得到长期通货膨胀率模型为

$$\hat{Y}_t^* = 18.981 - 4.23 X_t \quad (6.62)$$

模型(6.62)表明,失业率对我国通货膨胀率预期最佳值的影响,短期为 -1.747,长期为 -4.23。即失业率每增加1个百分点,通货膨胀率短期降低 1.747 个百分点,而长期则降低 4.23 个百分点。

如果直接对式(6.63)作 OLS 回归

$$Y_t = \beta_0 + \beta_1 X_t + u_t \quad (6.63)$$

得到的结果为

$$\hat{Y}_t = 15.719 - 3.215 X_t \quad (6.64)$$

$$\text{se} = 3.875 \quad 1.161$$

$$t = 4.056 \quad -2.769$$

$$R^2 = 0.193, \quad F = 7.666, \quad \text{DW} = 0.848$$

从式(6.64)可以看到,模型存在自相关,并且无法判定失业率对通货膨胀率的短、长期影响。因此式(6.61)的设定更为合理。

§6.4 格兰杰因果关系检验

因果关系是我们经济研究中最经常的一种关系,这种关系能否使用计量方法验证?格兰杰为解决该问题提供了一种简单的方法。格兰杰检验的基本思想是因果关系中的"因"对"果"产生的影响一定在"果"发生之前发生。假设"果"为变量 Y,"因"为变量 X,则此时因果关系可以初步描述为

$$Y_t = \sum_{i=1}^{m} \alpha_i X_{t-i} + u_{1t} \quad (6.65)$$

上式表明 Y_t 的发生源于 X 的滞后变量,若解释变量系数 α_i 统计上不同时为零,则表明 X 是 Y 发生的原因。现实经济生活中,变量间的影响往往是双向的。例如,GDP 的增长能够促进消费,反过来看,消费的提高又能促进 GDP 的增长。因此我们也可以用同样的方法考察 X 为结果而 Y 为原因的情况,也即

$$X_t = \sum_{i=1}^{m}\lambda_i Y_{t-i} + u_{2t} \tag{6.66}$$

同样地,当 λ_i 统计上不同时为零时,则表明 Y 是 X 发生的原因。

一、格兰杰因果关系检验的原理

以上介绍只是简洁地描述了格兰杰因果关系检验建立的基本思路,实际的**格兰杰因果关系检验模型**为

$$Y_t = \sum_{i=1}^{m}\alpha_i X_{t-i} + \sum_{i=1}^{m}\beta_i Y_{t-i} + u_{1t} \tag{6.67}$$

$$X_t = \sum_{i=1}^{m}\lambda_i Y_{t-i} + \sum_{i=1}^{m}\delta_i X_{t-i} + u_{2t} \tag{6.68}$$

其中误差项 u_{1t} 和 u_{2t} 假定是不相关的。

与式(6.65)相比,式(6.67)多了一组 Y_t 的滞后变量作为解释变量。该组滞后变量表明 Y_t 的当期状态也可能会受到 Y 前期变化的累积影响,这种影响并不是我们考察因果关系所关注的,因此该组解释变量作为控制变量引入方程。同样的道理,式(6.68)比式(6.66)多了一组 X_t 的滞后变量作为控制变量。下面分四种情况来讨论:

(1)如果式(6.67)X 各滞后变量前的系数整体不为零,而式(6.68)Y 各滞后变量前的系数整体为零,则表明有从 X 到 Y 的单向因果关系。

(2)如果式(6.67)X 各滞后变量前的系数整体为零,而式(6.68)Y 各滞后变量前的系数整体不为零,则表明有从 Y 到 X 的单向因果关系。

(3)如果 X 与 Y 各滞后变量前的系数整体不为零,则表明 X 与 Y 之间有双向因果关系。

(4)如果 X 与 Y 各滞后变量前的系数整体为零,则表明 X 与 Y 之间是互不为因果关系。

考察多个系数整体是否为零,用 F 检验即可完成。如针对 X 不是 Y 的格兰杰原因这一假设,即针对式(6.68)中的 X 滞后变量系数参数总体为零的假设,分别作包含与不包含 X 滞后变量的回归,不包含 X 滞后变量回归为约束回归。记前者的残差平方和为 RSS_U,后者的残差平方和为 RSS_R,构建 F 统计量为

$$F = \frac{(\text{RSS}_R - \text{RSS}_U)/m}{\text{RSS}_U/(n-k)} \tag{6.69}$$

其中 m 为 X 的滞后变量的个数,n 为样本容量,k 为包含可能存在的常数项及其他变量在内

的无约束回归模型中待估参数的个数。式(6.69)服从自由度为 m 和 $n-k$ 的 F 分布。在给定的显著性水平 α 下,如果计算的 F 值大于 F 分布相应的临界值 $F_\alpha(m,n-k)$,则拒绝原假设,认为 X 是 Y 的**格兰杰原因**。

同样地,要检验 Y 是否是导致 X 的原因,可重复以上步骤。

需要指出的是,格兰杰因果关系检验对于滞后期长度的选择有时很敏感,不同的滞后期可能会得到完全不同的检验结果。因此,一般而言,常进行不同滞后期长度的检验。

"X 是 Y 的格兰杰原因"并不意味着 Y 的变化是因为 X 变化的结果,它只表明 X 的前期信息(滞后值)对解释 Y 的变化或预测 Y 是有帮助的。因此格兰杰因果关系是统计上的先导和滞后的关系,而非哲学意义上的因果关系,但它能为找出变量变化的原因提供重要参考。

进行格兰杰因果关系检验时,要求待检验的变量都是平稳或趋势平稳的,即使变量不是平稳的,待检验变量之间也应该是协整的(平稳、协整是时间序列分析中的概念)。当这些前提条件不具备时,格兰杰因果关系检验中构造的 F 统计量通常不再渐进服从 F 分布,因此该检验也是无效的。

二、应用案例

例 6.3 赵进文和范继涛(2007)研究了经济增长与能源消费内在依从关系,他们选取1990 年为基年的实际年度 GDP(gdp 序列)的对数和发电煤耗法计算的一次能源消费量(eny 序列)的对数作为研究变量,分别记为 lgdp 和 leny 序列,样本为 1953—2005 年间的 53组年度数据。由于 lgdp 和 leny 序列均为一阶非平稳序列,即 $I(1)$ 序列,而格兰杰因果关系检验对变量的平稳性非常敏感,所以采用其一阶差分序列 dlgdp 和 dleny 进行检验,检验结果见表 6.3。

表 6.3 格兰杰因果关系检验结果

原假设	滞后阶数	观测值	F 统计量	p 值	结论($\alpha=5\%$)
dlgdp 不是 dleny 的格兰杰原因	1	51	0.73815	0.39452	不能拒绝
dleny 不是 dlgdp 的格兰杰原因			9.68847	0.00312	拒绝
dlgdp 不是 dleny 的格兰杰原因	2	50	0.26995	0.76465	不能拒绝
dleny 不是 dlgdp 的格兰杰原因			4.07442	0.02364	拒绝
dlgdp 不是 dleny 的格兰杰原因	3	49	1.92588	0.14006	不能拒绝
dleny 不是 dlgdp 的格兰杰原因			8.26481	0.00020	拒绝

在滞后二阶的情况下,可在 5% 显著性水平下拒绝"dleny 不是 dlgdp 的格兰杰原因"的原假设,并接受"dlgdp 不是 dleny 的格兰杰原因"的原假设;而在滞后一阶和三阶情况下均

可在1%的显著性水平下拒绝"dleny 不是 dlgdp 的格兰杰原因"的原假设,并接受"dlgdp 不是 dleny 的格兰杰原因"的原假设。由此我们可得出结论,无论是在滞后一阶、二阶还是三阶下,均存在且仅存在着从能源消费到经济增长的单向格兰杰因果关系。

附录　自回归模型随机干扰项对普通最小二乘估计的影响

一、库伊克模型

在库伊克模型中 $u_t^* = u_t - \lambda u_{t-1}$,其中 u_t 满足经典假定。有

$$\begin{aligned}
\text{Cov}(u_t^*, u_{t-1}^*) &= \text{E}[(u_t - \lambda u_{t-1}) - \text{E}(u_t - \lambda u_{t-1})][(u_{t-1} - \lambda u_{t-2}) - \text{E}(u_{t-1} - \lambda u_{t-2})] \\
&= \text{E}(u_t - \lambda u_{t-1})(u_{t-1} - \lambda u_{t-2}) \\
&= \text{E}(u_t u_{t-1}) - \lambda \text{E}(u_{t-1}^2) - \lambda \text{E}(u_t u_{t-2}) + \lambda^2 \text{E}(u_{t-1} u_{t-2}) \\
&= -\lambda \text{E}(u_{t-1}^2) = -\lambda \sigma^2 \neq 0
\end{aligned}$$

显然,库伊克模型的随机干扰项是自相关的。又由于

$$\begin{aligned}
\text{Cov}(Y_{t-1}, u_t^*) &= \text{Cov}(Y_{t-1}, u_t - \lambda u_{t-1}) = \text{Cov}(Y_{t-1}, u_t) - \lambda \text{Cov}(Y_{t-1}, u_{t-1}) \\
&= -\lambda \text{Cov}(Y_{t-1}, u_{t-1}) \neq 0
\end{aligned}$$

故库伊克模型的随机干扰项与解释变量 Y_{t-1} 同期相关,即存在随机解释变量问题。

二、自适应预期模型

在自适应预期模型中,$u_t^* = u_t - (1-\gamma)u_{t-1}$,其中 u_t 满足经典假定。其随机干扰项的形式与库伊克模型类似,故有

$$\text{Cov}(u_t^*, u_{t-1}^*) \neq 0, \quad \text{Cov}(Y_{t-1}, u_t^*) \neq 0$$

即自适应预期模型的随机干扰项是自相关的,且存在随机解释变量问题。

三、部分调整模型

在部分调整模型中,$u_t^* = \delta u_t$,其中 u_t 满足古典假定。有

$$\begin{aligned}
\text{Cov}(u_t^*, u_{t-1}^*) &= \text{E}[\delta u_t - \text{E}(\delta u_t)][(\delta u_{t-1}) - \text{E}(\delta u_{t-1})] = \delta^2 \text{E}(u_t u_{t-1}) = 0 \\
\text{Cov}(Y_{t-1}, u_t^*) &= \text{Cov}(Y_{t-1}, \delta u_t) = \delta \text{Cov}(Y_{t-1}, u_t) = 0
\end{aligned}$$

可以看出,部分调整模型不存在自相关和随机解释变量问题。

练 习 题 六

6.1 什么叫滞后效应?产生滞后效应的原因是什么?
6.2 请写出滞后变量模型的一般形式,滞后变量模型可以分为几类?各类的定义如何?
6.3 分布滞后模型估计上有哪些困难?
6.4 分布滞后模型估计的方法有哪些?
6.5 库伊克模型、自适应预期模型和部分调整模型有什么区别和联系?
6.6 自回归模型估计的方法有哪些?
6.7 自回归模型的自相关可以用 DW 方法检验吗?如果不能,该用什么方法检验?
6.8 格兰杰检验的基本思路是什么?其检验结果是哲学上的因果关系吗?
6.9 设分布滞后模型的估计式为

$$\hat{Y}_t = 2.3 + 1.2X_t + 0.7X_{t-1} + 0.5X_{t-2} + 0.2X_{t-3} + 0.1X_{t-4}$$

试计算该模型短期影响乘数及长期影响乘数。

6.10 有下述分布滞后模型:

$$Y_t = \alpha + \beta_0 X_t + \beta_1 X_{t-1} + \beta_2 X_{t-2} + \beta_3 X_{t-3} + \beta_4 X_{t-4} + u_t$$

假定要用 2 阶的阿尔蒙多项式估计这个模型,并有一个 60 个观测值的样本求出了二阶多项式的系数估计值如下:

$$\hat{a}_0 = 0.2, \quad \hat{a}_1 = 0.3, \quad \hat{a}_2 = -0.1$$

试计算 $\beta_0, \beta_1, \beta_2, \beta_3, \beta_4$ 的估计值。

6.11 设实际货币需求可用期望实际收入和预期利率的线性函数来拟合,即

$$M_t = \beta_0 + \beta_1 Y_t^* + \beta_2 R_t^* + u_t$$

式中,M 为实际货币余额,Y^* 为期望实际收入,R^* 为预期利率。假定期望值的形成机制如下:

$$Y_t^* = \gamma_1 Y_t + (1-\gamma_1)Y_{t-1}^*$$
$$R_t^* = \gamma_2 R_t + (1-\gamma_2)R_{t-1}^*$$

其中 γ_1, γ_2 均在 $[0,1]$ 区间内。

(1) 怎样用可观测变量来表达 M?
(2) 这样变化后会产生什么估计问题?

6.12 根据某国 1979—1995 年的货币存量、国民收入及长期利率的数据,用 OLS 法估计出如下双对数型的货币需求函数:

$$\ln\hat{M}_t = 1.5484 - 0.10411\ln(R_t) + 0.6859\ln(Y_t) + 0.5297\ln M_{t-1}$$
$$\text{se} = 1.857 \quad -0.2807 \qquad 1.777 \qquad 2.631$$
$$R^2 = 0.9379, \quad F = 338, \quad DW = 1.8801$$

其中 M 为货币需求量,R 为长期利率,Y 为国民收入。

(1) 试检测上述模型的扰动项是否存在自相关;
(2) 如果将估计模型看成是对局部调整模型的估计结果,试计算调整系数 δ;
(3) 对模型的经济意义做出解释。

6.13 表 6.4 给出了某企业 1993—2014 年的固定资产投资和销售额情况,试按照下列要求估计模型,并解释模型的经济意义。

表 6.4　1993—2014 年某企业固定资产投资与销售额数据　　　　　　　　　单位:万元

年份	固定资产投资(Y)	销售额(X)	年份	固定资产投资(Y)	销售额(X)
1993	36.99	52.805	2004	128.68	168.129
1994	33.60	55.906	2005	123.97	163.351
1995	35.42	63.027	2006	117.35	172.547
1996	42.35	72.931	2007	139.61	190.682
1997	52.48	84.790	2008	152.88	194.538
1998	53.66	86.589	2009	137.95	194.657
1999	58.53	98.797	2010	141.06	206.326
2000	67.48	113.201	2011	163.45	223.541
2001	78.13	126.905	2012	183.80	232.724
2002	95.13	143.936	2013	192.61	239.459
2003	112.60	154.391	2014	182.81	235.142

(1) 设定模型: $Y_t^* = \beta_0 + \beta_1 X_t + u_t$, 运用部分调整模型假定;
(2) 设定模型: $Y_t = \beta_0 + \beta_1 X_t^* + u_t$, 运用自适应预期假定;
(3) 运用阿尔蒙多项式变换法,估计分布滞后模型:

$$Y_t = \alpha + \beta_0 X_t + \beta_1 X_{t-1} + \beta_2 X_{t-2} + \beta_3 X_{t-3} + \beta_4 X_{t-4} + u_t$$

6.14 表 6.5 给出了我国 1978—2006 年按支出法计算的国内生产总值(GDP)与最终消费支出(CONS)的数据。

表 6.5　1978—2006 年我国 GDP 与消费支出　　　　　　　　　单位:亿元

年份	GDP	CONS	年份	GDP	CONS
1978	3605.6	2239.1	1993	36 938.1	21 899.9
1979	4092.6	2633.7	1994	50 217.4	29 242.2
1980	4592.9	3007.9	1995	63 216.9	36 748.2
1981	5008.8	3361.5	1996	74 163.6	43 919.5
1982	5590.0	3714.8	1997	81 658.5	48 140.6
1983	6216.2	4126.4	1998	86 531.6	51 588.2

续表

年份	GDP	CONS	年份	GDP	CONS
1984	7362.7	4846.3	1999	91 125.0	55 636.9
1985	9076.7	5986.3	2000	98 749.0	61 516.0
1986	10 508.5	6821.8	2001	108 972.4	66 878.3
1987	12 277.4	7804.6	2002	120 350.3	71 691.2
1988	15 388.6	9839.5	2003	136 398.8	77 449.5
1989	17 311.3	11 164.2	2004	160 280.4	87 032.9
1990	19 347.8	12 090.5	2005	188 692.1	97 822.7
1991	22 577.4	14 091.9	2006	221 170.5	110 413.2
1992	27 565.2	17 203.3			

请用不同的滞后期检验两者之间的格兰杰因果关系,并给出最终的因果关系的结论。

第七章 联立方程模型

在本章之前,我们所讨论的都是单一方程模型。单一方程模型只能揭示变量单向的依赖关系。然而,在实际经济系统中,诸多经济变量间的关系是极为错综复杂的,常常表现为变量之间的多向依赖关系。这种关系已经无法用单一方程模型来描述,只有建立多个方程联立的模型才能全面、真实地描述经济系统的运行机制。本章介绍联立方程模型的相关知识,包括联立方程模型的概念和类型、联立方程模型的识别问题及识别条件、联立方程模型的估计方法等。

§7.1 联立方程模型的概念

一、联立方程模型的提出

经济中许多变量间的影响是互为因果的,且变量之间的联系是普遍和相互的。此时需要多个相互联系的方程描述经济中的这种系统性关系。要解决系统性关系靠单一方程模型无法解决,只能用联立方程模型来表述。

1. 联立方程模型的基本概念

所谓**联立方程模型**,是指同时用若干个相互关联的方程,去表示一个经济系统中经济变量相互依存性的模型。下面用例子加以说明。

例 7.1 凯恩斯收入决定模型:

消费方程: $C_t = a_0 + a_1 Y_t + u_{1t}$ (7.1)

投资方程: $I_t = b_0 + b_1 Y_t + b_2 Y_{t-1} + u_{2t}$ (7.2)

收入方程: $Y_t = C_t + I_t + G_t$ (7.3)

其中 C 为消费支出;I 为投资;Y 为国民收入;G 为政府支出;Y_{t-1} 为 Y_t 的滞后值;u_1,u_2 为随机干扰项;a_0,a_1,b_0,b_1,b_2 为各方程的参数。

式(7.1)中,国民收入影响消费支出;式(7.3)中,消费又反过来影响国民收入。同样地,式(7.2)和(7.3)共同描述了国民收入和投资之间的双向因果关系。显然,与单一方程模型描述单向因果关系不同,联立方程描述的是经济变量之间的系统性关系。

2. 联立方程模型的变量

为了在后续说明的方便性,需要学习一些新的相关概念:

(1) **内生变量**:由模型系统决定其取值的变量称为内生变量。内生变量受模型中其他变量的影响,也可影响其他内生变量,即内生变量是某个方程中的被解释变量,同时可能又是同一模型中某些方程的解释变量。如在上面讨论的凯恩斯收入决定模型中,C,I,Y都是内生变量。一般地,内生变量与随机干扰项是同期相关的。

(2) **外生变量**:由模型系统以外的因素决定其取值的变量称为外生变量。外生变量只影响模型中的其他变量,而不受其他变量的影响。上例中,政府支出G只出现在式(7.3)的解释变量中,不受其他变量的影响,因此它是外生变量。一般地,外生变量与随机干扰项是同期无关的。

(3) **前定变量**:外生变量和滞后内生变量合称为前定变量。前定变量影响现期模型中的其他变量,但不受它们的影响,因此只能在现期的方程中作解释变量,且与其中的随机干扰项互不相关。上例中的前定变量为外生变量G和滞后内生变量Y_{t-1}。

二、联立方程模型产生的问题

从例 7.1 可以看出,联立方程模型并不是其所含方程的简单组合,在大部分场合下不能对每个方程分别直接应用普通最小二乘法来估计它们的参数。为了能够正确寻找到联立方程模型的估计方法,需要对联立方程模型区别于单个回归方程的相关问题进行讨论。

1. 联立性偏误问题

内生变量在一个方程中为被解释变量,在另一方程中为解释变量。作为解释变量的内生变量与随机干扰项的同期相关性导致普通最小二乘估计量有偏、非一致,这就是联立性偏误问题。如式(7.1)中的国民收入Y是一个随机解释变量。国民收入Y是由式(7.3)中的消费C、投资I和政府支出G决定的,其中C和I为随机变量,故Y为随机变量,且式(7.3)表明Y与C之间存在同期线性关系,这导致式(7.1)中的Y与u_1存在同期相关性。同样道理,式(7.2)中的国民收入Y与u_2也同期相关。此时如果直接利用普通最小二乘法估计式(7.1)或(7.2),则估计结果将是有偏和非一致的。联立方程模型估计量的统计性质的详细讨论见附录 7.1。

2. 损失变量信息问题

联立方程模型中的各个方程是一个整体,如果分别对模型中各个方程用单方程模型估计方法进行估计,则会损失变量信息。消费方程(7.1)中解释变量只有国民收入Y,并没有包含消费C、投资I、政府支出G以及国民收入Y的一期滞后变量,如果我们单独估计消费方程,则此时这些信息都将损失掉。

3. 损失方程之间相关性信息问题

联立方程模型中各方程之间的联系有时还会体现在各方程随机干扰项之间,尤其是以时间序列数据为样本时,不同随机干扰项之间往往存在同期相关性。如经济景气对消费和投资具有虽不显著但确实存在的影响,那么这种影响包含在了消费方程和投资方程中的随机干扰项 u_1 和 u_2 中,导致在同一个样本点 u_1 和 u_2 是相关的。这种相关性的存在意味着投资方程中包含有对消费方程估计有用的信息。同样,消费方程中也包含有对投资方程估计有用的信息。如果单独把其中一个方程用单方程模型方法进行估计,就割裂了两个方程之间的联系,没有利用全部的信息,造成估计的低效率。

通过以上分析可以看出联立方程模型与单方程模型相比有其自身特点,必须发展新的估计方法估计联立方程模型,以避免出现上述问题。

三、联立方程模型的形式

联立方程模型按方程的形式可分为结构式模型和简化式模型。

1. 结构式模型

每一个方程都把内生变量表示为其他内生变量、前定变量和随机干扰项的函数,描述经济变量关系结构的联立方程组称为**结构式模型**。

例 7.1 为一个结构性模型,其标准表达方式如下:

$$\begin{cases} C_t = a_0 + a_1 Y_t + u_{1t} & (7.4) \\ I_t = b_0 + b_1 Y_t + b_2 Y_{t-1} + u_{2t} & (7.5) \\ Y_t = C_t + I_t + G_t & (7.6) \end{cases}$$

其中 C 为消费支出;I 为投资;Y 为国民收入;G 为政府支出;Y_{t-1} 为 Y_t 的滞后值;u_1,u_2 为随机干扰项;a_0,a_1,b_0,b_1,b_2 为各方程的参数。

结构式模型中的每个方程都称为**结构方程**,各个结构方程的参数称为**结构参数**。在结构方程中解释变量既可以是内生变量,也可以是前定变量。并不是所有结构方程都必须包含随机干扰项,对于不包含随机干扰项的结构方程我们称之为**恒等方程**。恒等方程可以用来表明某个变量的定义。如式(7.6)即为恒等方程,该方程表示国民收入被定义为消费支出、投资额以及政府支出三者之和。恒等方程还可以基于某种平衡关系设立,如市场均衡模型中总需求恒等于总供给。

2. 简化式模型

把模型中每个内生变量表示为前定变量和随机干扰项的函数,就得到一个新的模型,称此模型为**简化式模型**。

例 7.2 简单的宏观经济模型:

$$\begin{cases} C_t = \alpha_0 + \alpha_1 Y_t + u_t & (7.7) \\ Y_t = C_t + S_t & (7.8) \end{cases}$$

其中 C 为消费支出,Y 为国民收入,S 为储蓄,u_t 为随机干扰项。

式(7.7)是消费函数,式(7.8)是定义方程。C 和 Y 均为内生变量,S 为前定变量,该模型是结构式模型。我们可以将其转化为一个简化式模型。将例 7.2 中的内生变量 C_t 和 Y_t 用前定变量和干扰项来表示,则得到该模型的简化式:

$$\begin{cases} C_t = \dfrac{\alpha_0}{1-\alpha_1} + \dfrac{\alpha_1}{1-\alpha_1} S_t + \dfrac{1}{1-\alpha_1} u_t & (7.9) \\ Y_t = \dfrac{\alpha_0}{1-\alpha_1} + \dfrac{1}{1-\alpha_1} S_t + \dfrac{1}{1-\alpha_1} u_t & (7.10) \end{cases}$$

式(7.9)和式(7.10)称为简化式方程。简化式模型的一般表达式为

$$\begin{cases} C_t = \pi_0 + \pi_1 S_t + v_{1t} & (7.11) \\ Y_t = \pi_2 + \pi_3 S_t + v_{2t} & (7.12) \end{cases}$$

其中

$$\pi_0 = \frac{\alpha_0}{1-\alpha_1}, \quad \pi_1 = \frac{\alpha_1}{1-\alpha_1}, \quad v_{1t} = \frac{1}{1-\alpha_1} u_t$$

$$\pi_2 = \frac{\alpha_0}{1-\alpha_1}, \quad \pi_3 = \frac{1}{1-\alpha_1}, \quad v_{2t} = \frac{1}{1-\alpha_1} u_t$$

显然,简化式参数 π_i 是结构式参数 α_i 的函数,v_{1t} 与 v_{2t} 是简化式方程的干扰项。简化式参数表达前定变量对内生变量的直接影响和间接影响的总度量。

§7.2 联立方程模型的识别

联立方程模型是由多个方程组成,方程之间应该满足一定关系才能保证模型能够估计,所以在模型估计之前首先要判断方程的可估计性,这就是模型识别。模型的识别问题,在模型设定时就应解决。

一、识别的概念

若某一结构方程具有唯一的统计形式,则称此方程是**可以识别的**;否则,就称此结构方程是**不可识别的**。若联立方程中的每个结构方程都是可以识别的,则称此模型是可以识别的;否则,就称此模型是不可识别的。识别的定义有些抽象,我们用具体例子来解释。

例 7.3 设有简单需求-供给模型:

$$\begin{cases} Q^d = \alpha_0 + \alpha_1 P + u_1 & (\alpha_1 < 0) & (7.13) \\ Q^s = \beta_0 + \beta_1 P + u_2 & (\beta_1 > 0) & (7.14) \\ Q^d = Q^s & (7.15) \end{cases}$$

其中需求量 Q^d、供给量 Q^s、市场商品价格 P 为内生变量,且系统处于均衡状态,即 $Q^d=Q^s$。可以设 $Q^d=Q^s=Q$,用 Q 代替式(7.13)中的 Q^d 和式(7.14)中的 Q^s 后,两式分别变成了式(7.16)和(7.17):

$$Q = \alpha_0 + \alpha_1 P + u_1 \qquad (7.16)$$

$$Q = \beta_0 + \beta_1 P + u_2 \qquad (7.17)$$

观察发现(7.16)和(7.17)两式的变量和方程关系式是完全相同的,即有相同的统计形式。这里的相同的统计形式是指模型中其他方程的任意线性组合所构成的新的方程中所包含的方程变量和方程关系式与原方程相同。如模型中的式(7.13)和(7.14)在式(7.15)条件下就表现出相同的统计形式。与相同的统计形式相反,唯一的统计形式是指模型系统所有方程的任意线性组合所构成的新的方程都不具有相同的统计形式。

如我们用 P 和 Q 的样本资料进行估计,得

$$\hat{Q} = \hat{b}_0 + \hat{b}_1 P \qquad (7.18)$$

则无法判断 $\hat{b}_0,\hat{b}_1$ 是 α_0,α_1 的参数估计量还是 β_0,β_1 的参数估计量,因此估计是无效的,此时我们称方程(7.13)和(7.14)是**不可识别**的。当结构方程出现不可识别的情况时,联立方程模型也是不可识别的。若某联立方程模型中的每一个结构方程都具有唯一的统计形式,则不会出现参数估计量混淆的情况,此时模型是**可识别**的。

对于可识别的模型,虽然不会出现参数估计量混淆的情况,但还可能出现某个方程的结构式参数不唯一的情况,称之为**过度识别**;当联立方程模型的各个结构方程不但能够被识别,且结构式参数唯一时,称之为**恰好识别**。我们通过例题来理解恰好识别和过度识别的情况。

例 7.4 设有需求-供给模型:

$$\begin{cases} D_t = \alpha_0 + \alpha_1 P_t + \alpha_2 I_t + u_{1t} & (7.19) \\ S_t = \beta_0 + \beta_1 P_t + \beta_2 P_{t-1} + u_{2t} & (7.20) \\ D_t = S_t = Q_t & (7.21) \end{cases}$$

其中 D 为需求量;S 为供给量;P 为市场商品价格;I 为消费者收入;u_1,u_2 为随机干扰项;$\alpha_0,\alpha_1,\alpha_2,\beta_0,\beta_1,\beta_2$ 为各方程的参数;D,S,P 为内生变量;I 为外生变量;P_{t-1} 是 P_t 的滞后变量;I 和 P_{t-1} 都是前定变量。

式(7.21)表示供给量等于需求量,即市场是供求平衡的,供求平衡的量为 Q_t。因此,该模型可以简化为

$$\begin{cases} Q_t = \alpha_0 + \alpha_1 P_t + \alpha_2 I_t + u_{1t} & (7.22) \\ Q_t = \beta_0 + \beta_1 P_t + \beta_2 P_{t-1} + u_{2t} & (7.23) \end{cases}$$

这是结构式模型，据此可得简化式模型为

$$\begin{cases} P_t = \pi_0 + \pi_1 I_t + \pi_2 I_{t-1} + v_{1t} & (7.24) \\ Q_t = \pi_3 + \pi_4 I_t + \pi_5 P_{t-1} + v_{2t} & (7.25) \end{cases}$$

其中

$$\pi_0 = \frac{\beta_0 - \alpha_0}{\alpha_1 - \beta_1}, \quad \pi_1 = -\frac{\alpha_2}{\alpha_1 - \beta_1}, \quad \pi_2 = \frac{\beta_2}{\alpha_1 - \beta_1}, \quad v_{1t} = \frac{u_{2t} - u_{1t}}{\alpha_1 - \beta_1}$$

$$\pi_3 = \frac{\alpha_1 \beta_0 - \alpha_0 \beta_1}{\alpha_1 - \beta_1}, \quad \pi_4 = -\frac{\alpha_2 \beta_1}{\alpha_1 - \beta_1}, \quad \pi_5 = \frac{\alpha_1 \beta_2}{\alpha_1 - \beta_1}, \quad v_{2t} = \frac{\alpha_1 u_{2t} - \beta_1 u_{1t}}{\alpha_1 - \beta_1}$$

从所给的需求-供给模型可知结构式模型中共有 6 个结构式参数，即 $\alpha_0, \alpha_1, \alpha_2$ 和 $\beta_0, \beta_1, \beta_2$。而在其简化式模型中也含有 6 个参数，即 $\pi_0, \pi_1, \pi_2, \pi_3, \pi_4, \pi_5$。因此，可以从 6 个简化式参数导出 6 个结构式参数，从 6 个简化式参数中求出结构式参数的唯一表达式，从而唯一地确定了结构式参数值。所以，整个模型是可识别的，而且是恰好识别的。

现在对上述需求-供给模型作了一些修改，引入表示财富的外生变量 R_t，得到模型(7.26)。

例 7.5 需求-供给模型

$$\begin{cases} Q_t = \alpha_0 + \alpha_1 P_t + \alpha_2 I_t + \alpha_3 R_t + u_{1t} & (7.26) \\ Q_t = \beta_0 + \beta_1 P_t + \beta_2 P_{t-1} + u_{2t} & (7.27) \end{cases}$$

研究此模型的识别性。仿照上例的讨论方法，简化式模型为

$$\begin{cases} P_t = \pi_0 + \pi_1 I_t + \pi_2 R_t + \pi_3 P_{t-1} + v_{1t} & (7.28) \\ Q_t = \pi_4 + \pi_1 I_t + \pi_5 R_t + \pi_6 R_{t-1} + v_{2t} & (7.29) \end{cases}$$

其中

$$\pi_0 = \frac{\beta_0 - \alpha_0}{\alpha_1 - \beta_1}, \quad \pi_1 = -\frac{\alpha_2}{\alpha_1 - \beta_1}, \quad \pi_2 = -\frac{\alpha_3}{\alpha_1 - \beta_1}, \quad \pi_3 = \frac{\beta_2}{\alpha_1 - \beta_1}, \quad v_{1t} = \frac{u_{2t} - u_{1t}}{\alpha_1 - \beta_1}$$

$$\pi_4 = \frac{\alpha_1 \beta_0 - \alpha_0 \beta_1}{\alpha_1 - \beta_1}, \quad \pi_5 = -\frac{\alpha_2 \beta_1}{\alpha_1 - \beta_1}, \quad \pi_6 = -\frac{\alpha_3 \beta_1}{\alpha_1 - \beta_1}, \quad \pi_7 = \frac{\alpha_1 \beta_2}{\alpha_1 - \beta_1}, \quad v_{2t} = \frac{\alpha_1 u_{2t} - \beta_1 u_{1t}}{\alpha_1 - \beta_1}$$

模型包含 7 个结构式参数，但是有 8 个简化式参数方程可用来求解这 7 个结构式参数。这时，方程数大于变量数，因此结构式参数没有唯一解，有多个解。所以，本例是过度识别的。

用识别的定义判断方程的可识别性，用以上方法判断过度识别和恰好识别过于烦琐，很不方便，特别是当联立方程模型的结构方程较多和复杂时，寻找简化式参数和结构式参数之间的关系将几乎变得不可能。我们必须建立切实可行、方便省时的判别法来解决模型的识别问题。

二、识别的条件

模型识别的条件有两个,即**阶条件**和**秩条件**。阶条件是必要条件,秩条件是充分必要条件。判断模型的识别情况时,要将两个条件结合起来,灵活应用。

设结构式模型所含方程的总数(或内生变量总数)为 M,模型包含的变量总数(包括前定变量和内生变量)为 H,第 i 个结构方程包含的变量总数(包括内生变量和前定变量)为 H_i。下面对方程可识别的阶条件、秩条件进行讨论。

1. 阶条件

若联立方程模型中第 i 个结构方程是可以识别的,则模型中此方程排除的变量总数大于或等于方程数减 1,即

$$M - 1 \leqslant H - H_i \tag{7.30}$$

其中 $H - H_i$ 表示第 i 个结构方程未包含的变量数量,即排除的变量总数。当等号成立为恰好识别,不等号成立为过度识别,即

若 $M - 1 > H - H_i$,则不可识别;

若 $M - 1 = H - H_i$,则为恰好识别;

若 $M - 1 < H - H_i$,则为过度识别。

应用阶条件时要注意:

(1)阶条件的基本意思是包含 M 个方程的结构式模型中,若某结构方程是可识别的,则该结构方程排除的变量数至少达到 $M - 1$ 个;若某结构方程不可识别,则该结构方程排除的变量数量少于 $M - 1$ 个;若某结构方程恰好识别,则该结构方程排除的变量数量恰好等于 $M - 1$。

(2)阶条件是必要条件,不是充分条件,如果阶条件不成立,则方程不可识别,但若阶条件成立,方程不一定可识别。即不能仅从不等式 $M - 1 \leqslant H - H_i$ 的成立,来断定方程是可以识别的。

例 7.6 例 7.5 模型的识别:

$$\begin{cases} Q_t = \alpha_0 + \alpha_1 P_t + \alpha_2 I_t + \alpha_3 R_t + u_{1t} & (7.31) \\ Q_t = \beta_0 + \beta_1 P_t + \beta_2 P_{t-1} + u_{2t} & (7.32) \end{cases}$$

其中 $M = 2, H = 5, H_1 = 4, H_2 = 3$,则

对于方程(7.31)有:$H - H_1 = 1, M - 1 = 1, M - 1 = H - H_1$;

对于方程(7.32)有:$H - H_2 = 2, M - 1 = 1, M - 1 < H - H_2$。

所以,两个方程都满足阶条件,方程(7.31)为恰好识别,方程(7.32)为过度识别。

2. 秩条件

在具有 M 个方程的结构式模型中,任何一个方程可以识别的充分必要条件是:不包括在该方程中的变量(包括内生变量和前定变量)的参数所组成的矩阵(记为 A)的秩为 $M - 1$,即 $R(A) = M - 1$。秩条件是充分必要条件,也就是说:如果秩条件成立,则方程是可识别;如

果方程是可识别的,则秩条件成立,如果秩条件不成立,则方程是不可识别的。

注意,秩条件虽然是充分必要条件,但它不能断定方程是恰好识别还是过度识别。因此,必须将秩条件和阶条件结合起来,才能完成方程识别性判断。

下面举例说明应用秩条件和阶条件判断结构方程识别性的实际步骤。

例 7.7　设有模型

$$\begin{cases} Y_1 = 1 + 3Y_2 - 2X_1 + X_2 + u_1 & (7.33) \\ Y_2 = Y_3 + X_3 + u_2 & (7.34) \\ Y_3 = 3 + Y_1 - Y_2 - 2X_3 + u_3 & (7.35) \end{cases}$$

试判断第二个方程的识别性。

解　步骤一　将各方程删去干扰项,把变量全部移至方程左边得

$$\begin{cases} -1 + Y_1 - 3Y_2 + 2X_1 - X_2 = 0 \\ Y_2 - Y_3 - X_3 = 0 \\ -3 - Y_1 + Y_2 + Y_3 + 2X_3 = 0 \end{cases}$$

将参数列入表 7.1 中。

表 7.1　参　数　表

变量 参数 方程	截距	Y_1	Y_2	Y_3	X_1	X_2	X_3
1	2	1	-3	0	2	-1	0
2	0	0	1	-1	0	0	-1
3	3	-1	1	1	0	0	2

步骤二　划去要判断识别性的方程的参数行,划去该方程中非零参数的那些列。例如,本例研究第二个方程的识别性,就划去表 7.1 中第二行参数,再划去第三、四、七列的参数,从而得到表 7.2。

表 7.2　划去后的参数表

变量 参数 方程	截距	Y_1	Y_2	Y_3	X_1	X_2	X_3
1	2	1	-3	0	2	-1	0
2	0	0	1	-1	0	0	-1
3	3	-1	1	1	0	0	2

步骤三 求得所余参数矩阵的秩,并利用秩条件作出判断。本例所得的 2×4 阶矩阵为

$$\begin{bmatrix} 2 & 1 & 2 & -1 \\ 3 & -1 & 0 & 0 \end{bmatrix}$$

该矩阵的秩为 $r=2$,而 $M-1=2$,即 $R(\mathbf{A})=M-1$。判断结果是:第二个方程是可以识别的。

步骤四 若步骤三判断结果为可以识别的,就进一步用阶条件判断其是恰好识别还是过度识别。对于第二个方程来说,$H=6,H_2=3,M=3$,所以 $M-1<H-H_2$,第二个方程为过度识别。

重复以上四个步骤就可以判断其他方程的可识别性,直至达到要求为止。

从上面的例子可以看到,在判断联立方程模型是否可识别时,应首先通过秩条件判断结构式模型是否可识别,然后再用阶条件判断该模型中各结构方程是否恰好识别还是过度识别。若秩条件表明该模型不可识别,则需要重新对模型进行设定以达到识别要求。

§7.3 联立方程模型的估计

联立方程模型的估计方法分为两大类:**单方程估计法**和**系统估计法**。单方程估计法指每次只估计模型中的一个方程,依次逐个估计;系统估计法指同时对全部方程进行估计,同时得到所有方程的参数估计量。由于单方程估计法是逐个估计方程的,因此无法考虑方程之间的相关性对单个方程参数估计量的影响,因此单方程估计方法也称为有限信息估计方法。系统估计方法利用了模型系统提供的所有信息,包括方程之间的相关性信息,因此也将系统估计法称为完全信息估计法。

一、单方程估计方法

单方程估计法需要解决联立方程模型中每个方程的随机解释变量问题,同时也应尽可能地利用单个方程中没有包含的而在模型系统中包含的变量样本观测值的信息。单方程估计方法主要包括**间接最小二乘法**(indirect least squares,ILS)、**工具变量法**(instrumental variable,IV)、**二阶段最小二乘法**(two stage least squares,2SLS)、**有限信息最大似然法**(limited information maximum likelihood,LIML)、**最小方差比法等**(least variable ration,LVR)。本书主要介绍单方程估计方法中以最小二乘法为原理的三种估计方法。

1. 间接最小二乘法(ILS)

当联立方程模型恰好识别时,其结构式参数才能唯一表示为简化式参数的函数。此时可以通过估计简化式模型得到简化式参数估计量,用简化式参数估计量计算结构式参数估计量。由于简化式模型的解释变量均为前定变量,不存在随机解释变量问题,故可以用普通最小二乘法进行估计。当然,待估的结构方程的随机干扰项也应满足经典假定。这种方法

是对简化式进行最小二乘估计,经过间接计算才求得结构式参数估计值,故称为**间接最小二乘法**,求得的估计值称为间接最小二乘法估计值。

间接最小二乘法包括以下四个步骤:

步骤一 判断结构式模型是否为恰好识别,间接最小二乘法只适用于恰好识别情况。

步骤二 将结构式模型化为简化式模型。也就是把每一个内生变量表示为前定变量和随机干扰项的函数。

步骤三 对简化式模型的各方程用最小二乘法估计参数,从而得到简化式参数估计值。

步骤四 把简化式参数的估计值代入结构式参数与简化式参数的关系式,求得结构式参数的估计值。由于方程是恰好识别的,所以,结构式参数的估计值是唯一的。

下面举例说明间接最小二乘法的具体步骤。

例 7.8 例 7.4 的需求-供给模型为

$$\begin{cases} D_t = \alpha_0 + \alpha_1 P_t + \alpha_2 I_t + u_{1t} & (7.36) \\ S_t = \beta_0 + \beta_1 P_t + \beta_2 P_{t-1} + u_{2t} & (7.37) \\ D_t = S_t = Q_t & (7.38) \end{cases}$$

式(7.36)为需求函数,式(7.37)为供给函数,据识别的阶条件和秩条件可知这两个方程为恰好识别,可使用间接最小二乘法估计两个结构方程的参数。例 7.4 的简化式为

$$\begin{cases} P_t = \pi_0 + \pi_1 I_t + \pi_2 P_{t-1} + v_{1t} & (7.39) \\ Q_t = \pi_3 + \pi_4 I_t + \pi_5 P_{t-1} + v_{2t} & (7.40) \end{cases}$$

其中

$$\pi_0 = \frac{\beta_0 - \alpha_0}{\alpha_1 - \beta_1}, \qquad \pi_1 = -\frac{\alpha_2}{\alpha_1 - \beta_1}, \qquad \pi_2 = \frac{\beta_2}{\alpha_1 - \beta_1}$$

$$\pi_3 = \frac{\alpha_1 \beta_0 - \alpha_0 \beta_1}{\alpha_1 - \beta_1}, \qquad \pi_4 = -\frac{\alpha_2 \beta_1}{\alpha_1 - \beta_1}, \qquad \pi_5 = \frac{\alpha_1 \beta_2}{\alpha_1 - \beta_1}$$

解得

$$\alpha_0 = \frac{\pi_2 \pi_3 - \pi_0 \pi_5}{\pi_2}, \quad \alpha_1 = \frac{\pi_5}{\pi_2}, \quad \alpha_2 = \frac{\pi_2 \pi_4 - \pi_1 \pi_5}{\pi_2}$$

$$\beta_0 = \frac{\pi_1 \pi_3 - \pi_0 \pi_4}{\pi_1}, \quad \beta_1 = \frac{\pi_4}{\pi_1}, \quad \beta_2 = \frac{\pi_1 \pi_5 - \pi_2 \pi_4}{\pi_1}$$

用普通最小二乘法估计式(7.39)和(7.40),得到 $\pi_0, \pi_1, \pi_2, \pi_3, \pi_4, \pi_5$ 无偏、有效和一致的估计 $\hat{\pi}_0, \hat{\pi}_1, \hat{\pi}_2, \hat{\pi}_3, \hat{\pi}_4, \hat{\pi}_5$。由此,可解得

$$\hat{\alpha}_0 = \frac{\hat{\pi}_2 \hat{\pi}_3 - \hat{\pi}_0 \hat{\pi}_5}{\hat{\pi}_2}, \quad \hat{\alpha}_1 = \frac{\hat{\pi}_5}{\hat{\pi}_2}, \quad \hat{\alpha}_2 = \frac{\hat{\pi}_2 \hat{\pi}_4 - \hat{\pi}_1 \hat{\pi}_5}{\hat{\pi}_2}$$

$$\hat{\beta}_0 = \frac{\hat{\pi}_1\hat{\pi}_3 - \hat{\pi}_0\hat{\pi}_4}{\hat{\pi}_1}, \quad \hat{\beta}_1 = \frac{\hat{\pi}_4}{\hat{\pi}_1}, \quad \hat{\beta}_2 = \frac{\hat{\pi}_1\hat{\pi}_5 - \hat{\pi}_2\hat{\pi}_4}{\hat{\pi}_1}$$

$\hat{\alpha}_0, \hat{\alpha}_1, \hat{\alpha}_2$ 即为需求函数(7.36)的间接最小二乘估计量,是有偏、一致估计量。同样地,$\hat{\beta}_0, \hat{\beta}_1, \hat{\beta}_2$ 为供给函数(7.37)的间接最小二乘估计量,也是有偏、一致估计量。

2. 工具变量法(IV)

恰好识别的结构方程虽然可以通过间接最小二乘法得到结构式参数的有偏、一致估计量,但用简化式参数估计值求得结构式参数的估计值的过程会随着参数数量增加而迅速变得复杂,很多时候难以推导出结构式参数的估计量。为了避免这种情况的发生,我们可以直接对结构方程而不是简化式方程进行估计。但由于结构方程存在随机解释变量问题,因此需要使用工具变量法。有关工具变量法的原理已在第四章讲授,这里我们主要需要解决的是联立方程模型中的工具变量选择问题。

可以选择该方程被排除的前定变量作为工具变量。如前文所述,工具变量的选择要求:①工具变量与随机干扰项不相关;②与内生解释变量相关。而第 i 个方程中被排除的前定变量是符合这两个要求的。因为前定变量必然与随机干扰项无关,所以满足①。由于这些被第 i 个方程排除的前定变量是包含在整个联立方程模型中的,所以它们与模型的内生变量也一定相关,因此这些被第 i 个结构方程排除的前定变量也满足②。由此,用工具变量法估计第 i 个结构方程时,可以选择被第 i 个结构方程排除的前定变量作为工具变量。工具变量法求得的结构式参数估计量是有偏、一致的估计量。但是,当可选择的工具变量有多个时,就存在选择的困难。这时可以采用二阶段最小二乘法解决。

3. 二阶段最小二乘法(2SLS)

联立方程模型中,内生解释变量与前定变量均相关(直接相关或间接相关)。当前定变量较多时,就无法判断选用哪个前定变量为工具变量才是最好的。二阶段最小二乘法的思路就是将所有的前定变量结合起来产生一个复合变量,作为最优工具变量。具体方法为将内生解释变量对联立方程模型中所有前定变量回归,得到内生解释变量的估计值(拟合值),将这个估计值(拟合值)作为工具变量,对结构方程使用普通最小二乘法。

二阶段最小二乘法必须满足以下假设条件:

(1)被估计的结构方程必须是可识别的,特别地,二阶段最小二乘法适合于过度识别方程。

(2)结构式模型中的各随机干扰项必须满足最小二乘法经典假定,即零期望值、同方差、无自相关且与全部前定变量无关。由于简化式方程的随机干扰项是结构方程随机干扰项的线性组合,所以,简化式模型的随机干扰项也满足上述最小二乘法经典假定。

(3)所有前定变量之间不存在高度多重共线性。

(4)解释变量之间不是完全共线性的。

(5)样本容量足够大。至少观测值数目必须大于前定变量的数目,以保证简化式参数估计值有意义。

二阶段最小二乘法的步骤如下：

步骤一 将待估计方程中的内生解释变量 Y_t 对联立方程模型中的全部前定变量回归，即估计简化式方程，计算内生解释变量 Y_t 的估计值 $\hat{Y}_t$。

步骤二 用第一阶段得到的内生解释变量的估计值 $\hat{Y}_t$ 代替内生解释变量 Y_t，对该结构方程使用工具变量法估计结构式参数。

由于二阶段最小二乘法是工具变量法的一个特例，因此，得到的估计量是有偏、一致估计量。对于恰好识别的方程，二阶段最小二乘法与间接最小二乘法的估计结果完全相同。

二、系统估计方法——三阶段最小二乘法（3SLS）

前面的间接最小二乘法和二阶段最小二乘法方法中，只使用了联立方程组的部分信息，也没有考虑到不同方程中的随机误差项之间的同期存在着相关的可能，即 $\text{Cov}(u_{it}, u_{jt}) \neq 0$，在使用系统估计方法时，这个潜在的可能就必须加以考虑。**三阶段最小二乘法**（three stage least squares, 3SLS）就是考虑这种可能的一种常用的系统估计方法。三阶段最小二乘法的方法如同其名一样，在估计过程中要使用三次最小二乘法，其前两次和二阶段最小二乘法没有什么本质区别，而最后一次是使用**广义最小二乘法**（generalized least squares, GLS）来消除不同方程之间的同期相关，这和单方程使用广义最小二乘法也没有什么本质区别，只是现在包含方程数目多了，是一个大型的需要更多的样本容量和估计更多参数的联立方程系统而已。

三阶段最小二乘法使用的条件主要包括以下几条：

(1) 联立方程组中的每个方程都可识别，而且模型设定要正确。

(2) 每个方程的随机误差项不存在序列相关，但允许不同结构方程之间的随机误差项在同期之间相关，即随机误差项满足

$$\text{Var} - \text{Cov}(u_i) = \sigma_{ii} I_n, \quad \text{Cov}(u_i, u_j) = \sigma_{ij} I_n \tag{7.41}$$

(3) 需要有较大的样本数据作支撑，因而对数据要求比二阶段最小二乘法更高。

三阶段最小二乘法得到的参数估计量在小样本下是有偏的，在大样本下一致的，它比二阶段最小二乘法更有效。

三、应用案例

例 7.9 下面的例子里，将建立一个最简单的中国宏观经济模型，该模型包含 3 个方程和 3 个内生变量。其结构式模型为

$$\begin{cases} C_t = \alpha_0 + \alpha_1 Y_t + \alpha_2 C_{t-1} + u_{1t} & (7.42) \\ I_t = \beta_0 + \beta_1 Y_t + u_{2t} & (7.43) \\ Y_t = I_t + C_t + G_t & (7.44) \end{cases}$$

该模型中 C_t 代表 t 年居民消费总额；Y_t 代表 t 年国内生产总值；I_t 代表 t 年投资总额；G_t 代表政府消费总额（为了实现数据的平衡，该数据是由 $Y_t - C_t - I_t$ 计算出来而得）；C_{t-1} 为 t 年前一年的消费总额。其中 C_t, I_t, Y_t 为内生变量；C_{t-1}, G_t 为前定变量。根据秩条件和阶条件可以判断消费方程(7.42)为恰好识别的结构方程；投资方程(7.43)为过度识别的结构方程。式(7.44)为恒等式，不存在识别问题，也不需要估计参数。样本观测值见表7.3。

表 7.3　1978—2013 年中国宏观经济数据　　　　　　　　　　单位：亿元

年份	国内生产总值(Y)	居民消费总额(C)	投资总额(I)	政府消费总额(G)	年份	国内生产总值(Y)	居民消费总额(C)	投资总额(I)	政府消费总额(G)
1978	3605.6	1759.1	1377.9	468.6	1996	74163.6	33955.9	28784.9	11422.8
1979	4092.6	2011.5	1478.9	602.2	1997	81658.5	36921.5	29968.0	14769.0
1980	4592.9	2331.2	1599.7	662.0	1998	86531.6	39229.3	31314.2	15988.1
1981	5008.8	2627.9	1630.2	750.7	1999	91125.0	41920.4	32951.5	16253.1
1982	5590.0	2902.9	1784.2	902.9	2000	98749.0	45854.6	34842.8	18051.6
1983	6216.2	3231.1	2039.0	946.1	2001	109028.0	49435.9	39769.4	19822.7
1984	7362.7	3742.2	2515.1	1105.6	2002	120475.0	53056.6	45565.0	21854.0
1985	9076.7	4687.4	3457.5	931.8	2003	136613.4	57649.8	55963.0	23000.6
1986	10508.5	5302.1	3941.9	1264.5	2004	160956.0	65218.5	69168.4	26569.7
1987	12277.4	6126.1	4462.0	1689.3	2005	187423.4	72958.7	77856.8	36607.9
1988	15388.6	7868.1	5700.2	1820.3	2006	222712.5	82575.5	92954.1	47183.0
1989	17311.3	8812.6	6332.7	2166.0	2007	266599.2	96332.5	110943.2	59323.4
1990	19347.8	9450.9	6747.0	3149.9	2008	315974.6	111670.4	138325.3	65978.9
1991	22577.4	10730.6	7868.0	3978.8	2009	348775.1	123584.6	164463.2	60727.2
1992	27565.2	13000.1	10086.3	4478.8	2010	402816.5	140758.6	193603.9	68453.9
1993	36938.1	16412.1	15717.7	4808.3	2011	472619.2	168956.6	228344.3	75318.3
1994	50217.4	21844.2	20341.1	8032.1	2012	529399.2	190584.6	252773.2	86041.4
1995	63216.9	28369.7	25470.1	9377.1	2013	586673.0	212187.5	280356.1	94129.4

注：表中数据来源于《中国统计年鉴2014》。

1. 间接最小二乘法

消费方程(7.42)为恰好识别，可以用间接最小二乘法获得结构方程系数的有偏、一致估计。

由于方程(7.42)恰好识别，需要找到方程(7.42)结构式参数的简化式参数表达式。观察方程(7.42)可以看到，该式只包含两个内生变量 C_t 和 Y_t，因此写出这两个内生变量的简化式：

$$\begin{cases} C_t = \pi_1 + \pi_2 C_{t-1} + \pi_3 G_t + v_t & (7.45) \\ Y_t = \pi_4 + \pi_5 C_{t-1} + \pi_6 G_t + v_t & (7.46) \end{cases}$$

只要能够解出两种方程关于 $\alpha_0, \alpha_1, \alpha_2$ 的参数关系体系即可,没必要将所有简化式参数表达成结构式参数的代数式。因此可以考虑以下简便方法:

将式(7.46)带入式(7.42),得

$$C_t = \alpha_0 + \alpha_1(\pi_4 + \pi_5 C_{t-1} + \pi_6 G_t + v_t) + \alpha_2 C_{t-1} + u_{1t} \tag{7.47}$$

整理得

$$C_t = (\alpha_0 + \alpha_1 \pi_4) + (\alpha_1 \pi_5 + \alpha_2) C_{t-1} + \alpha_1 \pi_6 G_t + (\alpha_1 v_t + u_{1t}) \tag{7.48}$$

式(7.45)与式(7.48)相比各解释变量系数相等,故有

$$\begin{cases} \pi_1 = \alpha_0 + \alpha_1 \pi_4 & (7.49) \\ \pi_2 = \alpha_1 \pi_5 + \alpha_2 & (7.50) \\ \pi_3 = \alpha_1 \pi_6 & (7.51) \end{cases}$$

由此我们可以解方程组得

$$\alpha_0 = \pi_1 - \frac{\pi_3 \pi_4}{\pi_6}, \quad \alpha_1 = \frac{\pi_3}{\pi_6}, \quad \alpha_2 = \pi_2 - \frac{\pi_3 \pi_5}{\pi_6}$$

我们可以用普通最小二乘法估计式(7.45)和式(7.46)得到简化式参数估计值,进而解出结构式参数估计值。简化式参数估计值为

$$\hat{\pi}_1 = 319.695, \quad \hat{\pi}_4 = -9092.789$$
$$\hat{\pi}_2 = 1.019, \quad \hat{\pi}_5 = 2.287$$
$$\hat{\pi}_3 = 0.210, \quad \hat{\pi}_6 = 1.676$$

由简化式参数估计值计算结构式参数估计值得

$$\hat{\alpha}_0 = 1457.079, \quad \hat{\alpha}_1 = 0.125, \quad \hat{\alpha}_2 = 0.733$$

2. 工具变量法

消费方程(7.42)还可以使用工具变量法进行估计,以政府消费 G 作为国内生产总值 Y 的工具变量对式(7.42)估计的结果为

$$\hat{C}_t = 1457.079 + 0.125 Y_t + 0.733 C_{t-1} \tag{7.52}$$
$$\text{se} = 536.363 \quad 0.035 \quad 0.112$$
$$t = 2.717 \quad 3.572 \quad 6.531$$
$$p = 0.011 \quad 0.001 \quad 0.000$$
$$R^2 = 0.999, \quad F = 21\,272.25$$

3. 二阶段最小二乘法

二阶段最小二乘不但可以估计恰好识别方程,也可以估计过度识别方程,因此该方法可

估计式(7.42)和式(7.43)。

我们首先估计恰好识别的消费方程(7.42)。用普通最小二乘法估计简化式方程(7.46)得到的 Y_t 的估计值 $\hat{Y}_t$,估计的结果为

$$\hat{Y}_t = -9092.789 + 2.288C_{t-1} + 1.676G_t \tag{7.53}$$
$$\text{se} = \ \ 2837.598 \quad\ \ 0.246 \quad\quad 0.444$$
$$t = -3.204 \quad\quad\ 9.310 \quad\quad 3.772$$
$$p = \ \ 0.003 \quad\quad\ \ 0.000 \quad\quad 0.001$$
$$R^2 = 0.995, \quad F = 2967.073$$

再将 $\hat{Y}_t$ 替换(7.42)式中 Y_t 的进行第二阶段的普通最小二乘法估计,即可得到结构式参数估计值。

$$\hat{C}_t = 1457.079 + 0.125\hat{Y}_t + 0.733C_{t-1} \tag{7.54}$$
$$\text{se} = 753.614 \quad\ \ 0.049 \quad\quad 0.158$$
$$t = 1.933 \quad\quad\ \ 2.542 \quad\quad 4.648$$
$$p = 0.062 \quad\quad\ \ 0.016 \quad\quad 0.000$$
$$R^2 = 0.999, \quad F = 10\,775.39$$

接下来估计过度识别的投资方程(7.43),同样地,用普通最小二乘法估计简化式方程(7.46)后,得到方程(7.53),再将 $\hat{Y}_t$ 替换(7.42)式中 Y_t 的进行第二阶段的普通最小二乘法估计,即可得到结构式参数估计值。

$$\hat{I}_t = -4618.687 + 0.475\hat{Y}_t \tag{7.55}$$
$$\text{se} = \ \ 2354.704 \quad\ 0.011$$
$$t = -1.96 \quad\quad\quad 41.809$$
$$p = \ \ 0.058 \quad\quad\ \ 0.000$$
$$R^2 = 0.981, \quad F = 1748.027$$

在 EViews 软件包中,二阶段最小二乘估计可一次完成。在估计方法中选择二阶段最小二乘法,在工具变量栏中输入所有前定变量即可得到二阶段最小二乘估计的结果。采用此法估计式(7.43)可以到

$$\hat{I}_t = -4618.687 + 0.475\hat{Y}_t \tag{7.56}$$
$$\text{se} = \ \ 1154.623 \quad\ 0.006$$
$$t = -4.000 \quad\quad\ 85.265$$
$$p = \ \ 0.000 \quad\quad\ \ 0.000$$
$$R^2 = 0.996, \quad F = 7270.096$$

式(7.55)与式(7.56)的参数值完全相同。但估计量的标准误不同。式(7.55)的标准误仅为二阶段最小二乘法第二阶段的标准误,未考虑第一阶段最小二乘估计的标准误。而式(7.56)则是综合考虑二个阶段的标准误。我们可使用式(7.56)中的各统计量对参数估计进行假设检验。

从上面的例子可以看到,消费方程的间接最小二乘法、工具变量法和二阶段最小二乘法估计得到的结构式参数估计量是完全相同的。这说明三种方法对恰好识别结构方程的估计是等价的。

附录 联立方程模型估计量的统计性质

1. 有偏性

设有联立方程模型

$$\begin{cases} Y_{1t} = b_0 + b_1 Y_{2t} + u_t & (7.57) \\ Y_{2t} = Y_{1t} + Z_t & (7.58) \end{cases}$$

其中 Y_{1t}, Y_{2t} 是内生变量,Z_t 为外生变量,u_t 为随机扰动项,并设 u_t 满足

$$\mathrm{E}(u_t) = 0, \quad \mathrm{E}(u_t u_j) = 0, \quad \mathrm{E}(u_t^2) = \sigma^2 \quad (t \neq j)$$

不难证明 b_1 的最小二乘估计量是有偏的。令 $y_t = Y_t - \bar{Y}$,则由最小二乘法得

$$\hat{b}_1 = \frac{\sum y_{2t} y_{1t}}{\sum y_{2t}^2} = \frac{\sum y_{2t}(b_0 + b_1 Y_{2t} + u_t)}{\sum y_{2t}^2} = b_1 + \frac{\sum y_{2t} u_t}{\sum y_{2t}^2} \tag{7.59}$$

对上式两端取期望

$$\mathrm{E}(\hat{b}_1) = \mathrm{E}\left(b_1 + \frac{\sum y_{2t} u_t}{\sum y_{2t}^2}\right) = b_1 + \mathrm{E}\left(\frac{\sum y_{2t} u_t}{\sum y_{2t}^2}\right) \tag{7.60}$$

其中

$$\mathrm{E}\left(\frac{\sum y_{2t} u_t}{\sum y_{2t}^2}\right) \neq 0 \tag{7.61}$$

所以 $\mathrm{E}(\hat{b}_1) \neq b_1$,即 $\hat{b}_1$ 不是无偏估计量。

2. 非一致性

现在证明 $\hat{b}_1$ 是 b_1 的非一致估计量。将模型(7.58)代入式(7.57),整理后得

$$Y_{2t} = \frac{b_0}{1-b_1} + \frac{1}{1-b_1}Z_t + \frac{1}{1-b_1}u_t \tag{7.62}$$

求均值得

$$\bar{Y}_2 = \frac{b_0}{1-b_1} + \frac{1}{1-b_1}\bar{Z} + \frac{1}{1-b_1}\bar{u} \tag{7.63}$$

将以上两式相减则得

$$Y_{2t} - \bar{Y}_2 = \frac{1}{1-b_1}(Z_t - \bar{Z}) + \frac{1}{1-b_1}(u_t - \bar{u}) \tag{7.64}$$

用小写字母代替：

$$y_{2t} = \frac{1}{1-b_1}z_t + \frac{1}{1-b_1}(u_t - \bar{u}) \tag{7.65}$$

将式(7.65)两边平方，并对全部样本值相加，得到

$$\sum y_{2t}^2 = \frac{1}{(1-b_1)^2}\left[\sum z_t^2 + 2\sum z_t u_t + \sum (u_t - \bar{u})^2\right] \tag{7.66}$$

再将式(7.65)两边乘以 u_t，并对全部样本值相加得

$$\sum y_{2t} u_t = \frac{1}{1-b_1}\left[\sum z_t u_t + \sum (u_t - \bar{u})^2\right] \tag{7.67}$$

最后将 $\sum y_{2t}^2$, $\sum y_{2t} u_t$ 代入 $\hat{b}_1$，则

$$\begin{aligned}
\hat{b}_1 &= b_1 + \frac{(1-b_1)\left[\sum z_t u_t + \sum (u_t - \bar{u})^2\right]}{\sum z_t^2 + 2\sum z_t u_t + \sum (u_t - \bar{u})^2} \\
&= b_1 + (1-b_1)\frac{\frac{1}{n}\sum z_t u_t + \frac{1}{n}\sum (u_t - \bar{u})^2}{\frac{1}{n}\sum z_t^2 + \frac{2}{n}\sum z_t u_t + \frac{1}{n}\sum (u_t - \bar{u})^2}
\end{aligned} \tag{7.68}$$

对上式两端取概率极限：

$$\begin{aligned}
\text{plim}\,\hat{b}_1 &= \text{plim}\,b_1 + \text{plim}\left[(1-b_1)\frac{\frac{1}{n}\sum z_t u_t + \frac{1}{n}\sum (u_t - \bar{u})^2}{\frac{1}{n}\sum z_t^2 + \frac{2}{n}\sum z_t u_t + \frac{1}{n}\sum (u_t - \bar{u})^2}\right] \\
&= b_1 + (1-b_1)\left[\frac{\text{plim}\,\frac{1}{n}\sum z_t u_t + \text{plim}\,\frac{1}{n}\sum (u_t - \bar{u})^2}{\text{plim}\,\frac{1}{n}\sum z_t^2 + \text{plim}\,\frac{2}{n}\sum z_t u_t + \text{plim}\,\frac{1}{n}\sum (u_t - \bar{u})^2}\right]
\end{aligned} \tag{7.69}$$

在上式中，由于 z_t 是外生变量，根据外生变量的概念可知它与随机扰动项是不相关的，所以

$$p\lim \frac{1}{n}\sum z_t u_t = 0, \quad p\lim \frac{1}{n}\sum z_t^2 = \sigma_t^2 \neq 0$$

另外还可得到

$$p\lim \frac{1}{n}\sum (u_t - \bar{u})^2 = \sigma_u^2 \tag{7.70}$$

于是，我们有

$$p\lim \hat{b}_1 = b_1 + \frac{(1-b_1)\sigma_u^2}{\sigma_z^2 + \sigma_u^2} \tag{7.71}$$

显然，等式(7.71)的右边第二项一般不为零，从而有

$$p\lim \hat{b}_1 \neq b_1 \tag{7.72}$$

这就证明了 $\hat{b}_1$ 是 b_1 的非一致估计量。由此可知，联立方程模型的参数估计不能采用普通最小二乘法。

练 习 题 七

7.1 与单方程模型相比，联立方程模型会产生哪些新问题？

7.2 联立方程模型有哪两种形式，两种形式的关系怎么样？

7.3 什么叫联立方程模型的识别？一个联立方程模型可能有几种识别情况，分别是什么？

7.4 简述联立方程模型的识别步骤。

7.5 联立方程模型的识别条件有哪些？简述各识别条件内容。

7.6 联立方程模型的估计方法有哪些？

7.7 设有货币需求和供给模型：

货币需求： $M_t^d = \beta_0 + \beta_1 Y_t + \beta_2 R_t + \beta_3 P_t + u_{1t}$

货币供给： $M_t^s = \alpha_0 + \alpha_1 Y_t + u_{2t}$

其中 M 为货币存量，Y 是收入，R 为利率，P 是价格，R 和 P 是前定变量。

(1)需求函数、供给函数是可识别的吗？

(2)用什么方法估计可识别方程的参数，为什么？

(3)如果给供给函数添加解释变量 Y_{t-1} 和 M_{t-1}，模型两方程识别性会发生什么变化？用什么方法估计参数？

7.8 在如下的收入决定模型中，利率 R、政府支出 G 为外生变量，其余内生变量模型为

$$\begin{cases} C_t = \alpha_0 + \alpha_1 Y_t + \alpha_1 T_t + \mu_{1t} \\ I_t = \beta_0 + \beta_1 Y_{t-1} + \beta_2 R_t + \mu_{2t} \\ T_t = \gamma_0 + \gamma_1 Y_t + \mu_{3t} \\ Y_t = I_t + C_t + G_t \end{cases}$$

试利用模型识别条件分析判断模型的可识别性。

7.9 设立某地区简化宏观经济模型为

$$\begin{cases} C_t = \alpha_0 + \alpha_1 Y_t + \mu_{1t} \\ I_t = \beta_0 + \beta_1 P_t + \mu_{2t} \\ Y_t = I_t + C_t + G_t \end{cases}$$

其中 C 为消费,Y 为国民收入,I 为投资,P 为利润,G 为政府采购,该地区数据见表 7.4：

表 7.4　2000—2009 年某地区宏观经济数据　　　　　　　　　　单位:亿元

年份	国民收入(Y)	消费(C)	投资(I)	利润(P)	政府采购(G)
2000	484	311	75	29	97
2001	504	325	75	27	104
2002	520	335	72	27	113
2003	560	355	83	31	122
2004	591	375	87	33	128
2005	632	401	94	38	137
2006	685	433	108	47	144
2007	750	466	121	50	162
2008	794	492	116	47	185
2009	866	537	126	50	203

判断该模型的识别状态,并选择适当的方法进行参数估计。

第八章 时间序列计量经济模型

时间序列数据是计量经济分析中最常见的一类数据,对其进行计量分析是计量经济学最为重要的内容之一。无论是单一方程模型还是联立方程模型都假定有关的时间序列是**平稳的**(stationary),只有满足这一假定,相应的统计检验才是有效的。

在进行时间序列分析时,**伪回归**(spurious regression)是一个重要问题。就是经济现象之间不存在有意义的经济关系,但回归结果却表现为变量之间存在有意义的经济关系的错误结论。这往往是因为两个无经济关系的时间序列数据表现出一致的变化趋势,即使彼此之间无任何经济关联,也会得到较高的拟合优度,但这并不能反应两者之间的真实关系。时间序列计量分析方法就是要探明经济变量之间的关系是真实存在的还是虚假的,而这种虚假的"伪回归"是如何因为时间序列的不平稳而产生的。

§8.1 时间序列的基本概念

一、时间序列数据的平稳性

随机变量是刻画随机现象的有力工具。随机变量的动态变化过程称为随机过程。一般地,对于每一特定的 $t(t \in T)$,Y_t 为一随机变量,称这一族随机变量 $\{Y_t\}$ 为一个随机过程。若 T 为一连续区间,则 $\{Y_t\}$ 为连续型随机过程。若 T 为离散集合,则 $\{Y_t\}$ 为离散型随机过程。离散型时间指标集的随机过程通常称为随机型时间序列,简称为时间序列。经济分析中常用的时间序列数据都是经济变量随机序列的一个实现。

时间序列的平稳性是时间序列计量经济分析中非常重要的问题。时间序列的平稳性是指时间序列的统计规律不会随着时间的推移而发生变化。就是说产生变量时间序列数据的随机过程的特征不随时间变化而变化。用平稳时间序列进行计量分析,估计方法和假设检验才有效。一个平稳的时间序列过程的概率分布与时间的位移无关。如果从序列中任意取一组随机变量并把这个序列向前移动 h 个时间,其联合概率分布保持不变。这就是严格平稳的含义,其严格定义如下:

平稳随机过程 对一个随机过程 $\{Y_t\}(t=1,2,\cdots)$,h 为整数,如 $\{Y_{t_1}, Y_{t_2}, \cdots, Y_{t_m}\}$ 的联合分布与 $\{Y_{t_1+h}, Y_{t_2+h}, \cdots, Y_{t_m+h}\}$ 的联合分布相同,那么随机过程 $\{Y_t\}$ 就是平稳的。

弱平稳过程是指随机过程 $\{Y_t\}$ 的均值和方差不随时间的推移而变化,并且任何两时期之间的协方差仅依赖于该两时期的间隔,而与 t 无关。即随机过程 $\{Y_t\}$ 满足:

(1)均值 $E(Y_t)=\mu$,μ 为与时间 t 无关的常数;

(2) 方差 $\mathrm{Var}(Y_t)=\sigma^2$,$\sigma^2$ 为与时间 t 无关的常数;

(3) 协方差 $\mathrm{Cov}(Y_t, Y_{t+h})=\gamma_h$,只与时间间隔 h 有关,与时间 t 无关。

则称 $\{Y_t\}$ 为**弱平稳过程**。弱平稳过程也称为**协方差平稳过程**。

平稳性的特征就是要求所有时间相邻项之间的相关关系具有相同的性质。判断一个时间序列数据是否产生于一个平稳过程是很困难的。通常而言,时间序列数据是弱平稳的就足够了。因此,在时间序列计量分析中,平稳过程通常指的是弱平稳过程。

如果一个时间序列是不平稳的,就称它为**非平稳时间序列**。也就是说,时间序列的统计规律随时间的推动而发生变化。此时,要通过回归分析研究某个变量在跨时间区域的对一个或多个变量的依赖关系就是困难的,也就是说当时间序列为非平稳时,就无法知道一个变量的变化如何影响另一个变量。

在时间序列计量分析实践中,时间序列的平稳性是根本性前提,因此,在进行计量经济分析前,必须对时间序列数据进行平稳性检验。

二、平稳性的单位根检验

时间序列的平稳性可通过图形和自相关函数进行检验。在现代,单位根检验方法为时间序列平稳性检验的最常用方法。

1. 单位根检验(unit root test)

时间序列中往往存在滞后效应,即前后变量彼此相关。对于时间序列 Y_t 而言,最典型的状况就是 **1 阶自回归形式 AR(1)**,即 Y_t 与 Y_{t-1} 相关,而与 Y_{t-2},Y_{t-3},…无关。其表达式为

$$Y_t = \rho Y_{t-1} + v_t \tag{8.1}$$

其中 v_t 为经典误差项,也称为**白噪声**。

如果式(8.1)中 $\rho=1$,则

$$Y_t = Y_{t-1} + v_t \tag{8.2}$$

其中 Y_t 称为**随机游走序列**。随机游走序列的特征为 Y_t 以前一期的 Y_{t-1} 为基础,加上一个均值为零且独立于 Y_{t-1} 的随机变量。随机游走的名字正是来源于它的这个特征。

对式(8.2)进行反复迭代,可得

$$Y_t = v_t + v_{t-1} + \cdots + v_1 + Y_0 \tag{8.3}$$

对式(8.3)取期望可得

$$\mathrm{E}(Y_t) = \mathrm{E}(v_t) + \mathrm{E}(v_{t-1}) + \cdots + \mathrm{E}(v_1) + \mathrm{E}(Y_0) = \mathrm{E}(Y_0) \quad (t \geqslant 1) \tag{8.4}$$

随机游走时间序列的期望值与 t 无关。

假定 Y_0 非随机,则 $\mathrm{Var}(Y_0)=0$,因此

$$\text{Var}(Y_t) = \text{Var}(v_t) + \text{Var}(v_{t-1}) + \cdots + \text{Var}(v_1) = \sigma_v^2 t \qquad (8.5)$$

式(8.5)表明随机游走序列的方差是时间 t 的线性函数,说明随机游走过程是非平稳的。

表达时间序列前后期关系的最一般模型为 m 阶自回归模型 AR(m)。

$$Y_t = \rho_1 Y_{t-1} + \rho_2 Y_{t-2} + \cdots + \rho_m Y_{t-m} + v_t \qquad (8.6)$$

引入**滞后算子** L:

$$LY_t = Y_{t-1}, \quad L^2 Y_t = Y_{t-2}, \quad \cdots, \quad L^m Y_t = Y_{t-m} \qquad (8.7)$$

则式(8.6)变换为

$$(1 - \rho_1 L - \rho_2 L^2 - \cdots - \rho_m L^m) Y_t = v_t \qquad (8.8)$$

记 $\Phi(L) = (1 - \rho_1 L - \rho_2 L^2 - \cdots - \rho_m L^m)$,则称多项式方程

$$\Phi(Z) = (1 - \rho_1 Z - \rho_2 Z^2 - \cdots - \rho_m Z^m) = 0$$

为 AR(m)的**特征方程**。可以证明,如果该特征方程的所有根在单位圆外(根的模大于1),则 AR(m)模型是平稳的。

对于 AR(1)过程

$$Y_t = \rho Y_{t-1} + v_t \qquad (8.9)$$

v_t 为经典误差项。如果 $\rho=1$,则 Y_t 有一个单位根,称 Y_t 为**单位根过程**,序列 Y_t 是非平稳的。因此,要判断某时间序列是否平稳可通过判断它是否存在单位根,这就是时间序列平稳性的单位根检验。

检验一个时间序列 Y_t 的平稳性,可通过检验一阶自回归模型 $Y_t = \rho Y_{t-1} + v_t$ 中的参数 ρ 是否小于1。或者检验另一种表达形式

$$\Delta Y_t = (\rho - 1) Y_{t-1} + v_t = \gamma Y_{t-1} + v_t \qquad (8.10)$$

中参数 γ 是否小于0。

式(8.9)中的参数 $\rho=1$ 时,时间序列 Y_t 是非平稳的。式(8.10)中,$\gamma=0$ 时,时间序列 Y_t 是非平稳的。

2. DF 检验

要检验时间序列的平稳性,可通过 t 检验完成假设检验。即对于下式

$$Y_t = \rho Y_{t-1} + v_t \qquad (8.11)$$

要检验该序列是否含有单位根。设定原假设为 $H_0: \rho=1$,则 t 统计量为

$$t = \frac{\hat{\rho} - 1}{\text{se}(\hat{\rho})} \qquad (8.12)$$

但是,在原假设下(序列非平稳),t 不服从传统的 t 分布,因此 t 检验方法就不再适用。迪基(Dickey)和福勒(Fuller)于 1976 年提出了这一情况下 t 统计量服从的分布(此时表示为 τ 统计量),即 **DF 分布**,因此该检验方法称为 **DF 检验**。该方法采用 OLS 法估计式(8.11),计算 t 统计量的值,与 DF 分布表中给定显著性水平下的临界值比较。如果 t 统计量的值小于临界值(左尾单侧检验),就意味着 ρ 足够小,拒绝原假设 $H_0: \rho = 1$,判别时间序列 Y_t 不存在单位根,是平稳的。

迪基和福勒研究认为 DF 检验的临界值与数据序列的生成过程以及回归模型的类型有关。因此,他们针对以下三种模型编制了 DF 分布表:

(1) 一阶自回归模型

$$Y_t = \rho Y_{t-1} + v_t \tag{8.13}$$

(2) 包含常数项的模型

$$Y_t = \alpha + \rho Y_{t-1} + v_t \tag{8.14}$$

(3) 包含常数项和时间趋势项的模型

$$Y_t = \alpha + \beta t + \rho Y_{t-1} + v_t \tag{8.15}$$

DF 检验常用的表达式为如下的差分表达式:

$$\Delta Y_t = (\rho - 1) Y_{t-1} + v_t \tag{8.16}$$

令 $\gamma = \rho - 1$,则

$$\Delta Y_t = \gamma Y_{t-1} + v_t \tag{8.17}$$

同理,可得另外两种模型为

$$\Delta Y_t = \alpha + \gamma Y_{t-1} + v_t \tag{8.18}$$

$$\Delta Y_t = \alpha + \beta t + \gamma Y_{t-1} + v_t \tag{8.19}$$

对于式(8.17),(8.18),(8.19)而言,对应的原假设和备择假设为

$$H_0: \gamma = 0 \quad (Y_t \text{ 非平稳})$$

$$H_1: \gamma < 0 \quad (Y_t \text{ 平稳})$$

DF 检验的判别规则是:若 DF $\geqslant$ 临界值,则 Y_t 非平稳;若 DF $<$ 临界值,则 Y_t 是平稳的。

3. ADF 检验

进行 DF 检验时,我们会假定误差项 v_t 为经典误差项,不存在自相关,即时间序列 Y_t 是一阶自相关过程 AR(1)。但多数时间序列计量经济模型均不能满足这一条件,使用 OLS 法进行参数估计通常表现为随机误差项为自相关,导致 DF 检验无效。为了保证单位根检验的有效

性,迪基和福勒对 DF 检验进行扩充,形成了 **ADF 检验**(augment Dickey-Fuller test)。

ADF 检验是通过如下三个模型完成的:

(1) $\Delta Y_t = \gamma Y_{t-1} + \sum_{i=1}^{m} \alpha_i \Delta Y_{t-i} + v_t$ (8.20)

(2) $\Delta Y_t = \alpha + \gamma Y_{t-1} + \sum_{i=1}^{m} \alpha_i \Delta Y_{t-i} + v_t$ (8.21)

(3) $\Delta Y_t = \alpha + \beta t + \gamma Y_{t-1} + \sum_{i=1}^{m} \alpha_i \Delta Y_{t-i} + v_t$ (8.22)

模型(3)中 t 是时间变量。原假设都是 $H_0: \gamma = 0$,即存在单位根。ADF 检验的原理与 DF 检验相同,模型不同时,检验临界值亦不同。实际检验时,首先对模型(3)进行单位根检验,然后对模型(2)、模型(1)进行单位根检验。在此过程中,只要"不存在单位根"的结论出现,检验就结束。否则就一直检验到模型(1)。

例 8.1 检验 1985—2014 年中国城镇居民家庭人均实际消费支出与实际可支配收入的平稳性。

表 8.1 1985—2014 年中国城镇居民家庭人均收入与支出　　　　单位:元

年份	人均可支配收入 X	人均消费支出 Y	年份	人均可支配收入 X	人均消费支出 Y
1985	739.10	673.20	2000	1768.31	1407.33
1986	841.93	746.70	2001	1918.23	1484.62
1987	860.96	759.84	2002	2175.79	1703.25
1988	840.23	785.98	2003	2371.65	1822.62
1989	841.14	741.41	2004	2553.27	1946.36
1990	912.92	773.10	2005	2798.97	2118.74
1991	978.23	836.26	2006	3090.73	2285.71
1992	1073.28	885.33	2007	3467.12	2514.36
1993	1175.69	962.85	2008	3758.27	2677.55
1994	1275.67	1040.36	2009	4127.59	2947.55
1995	1337.94	1105.09	2010	4449.91	3137.04
1996	1389.35	1125.37	2011	4823.46	3352.99
1997	1437.05	1165.61	2012	5289.77	3590.65
1998	1519.93	1213.57	2013	5555.01	3880.24
1999	1661.60	1310.18	2014	5929.60	4104.96

注:表中数据来源于《中国统计年鉴》(1986—2015),根据 1985 年可比价格计算。

检验结果如表 8.2 所示。设 X 为居民家庭人均实际可支配收入,Y 为居民家庭人均实际消费支出。

表 8.2 时间序列平稳性检验表

变量	ADF 检验值	显著性水平	临界值	检验结果
X	1.5600	5%	−3.5742	不平稳
Y	1.4080	5%	−3.5742	不平稳

由检验结果可以看出，ADF 检验的 τ 统计量均为正值，大于临界值，因此不能拒绝原假设，序列 X,Y 均存在单位根，居民家庭人均实际消费支出 Y 与实际可支配收入 X 均为不平稳时间序列。

§8.2 单整、趋势平稳与差分平稳随机过程

一、单整

对于随机游走序列 $Y_t = Y_{t-1} + v_t$，其一阶差分为

$$\Delta Y_t = Y_t - Y_{t-1} = v_t \tag{8.23}$$

由于 v_t 是一个白噪声序列，因此差分后时间序列 $\{\Delta Y_t\}$ 是平稳的。

如果一个时间序列经过一次差分后变为平稳的序列，则称该时间序列是 **1 阶单整序列**，记为 $\{Y_t\} \sim I(1)$。一般地，如果序列 $\{Y_t\}$ 经过 d 次差分后平稳，则称该序列是 **d 阶单整序列**，记为 $\{Y_t\} \sim I(d)$，如果时间序列本身是平稳的，称为 **0 阶单整序列**，记为 $\{Y_t\} \sim I(0)$。

在现实经济系统中，多数经济变量的时间序列是非平稳的，如 GDP、财政收入、居民收入等。只有少数时间序列是平稳的，如利率、通货膨胀率等。多数非平稳的时间序列经过一次或多次差分可变为平稳的。也有少数时间序列不能通过差分变为平稳的，称这类序列为**非单整时间序列**。

例 8.2 检验例 8.1 中居民家庭人均实际消费支出 Y 与实际可支配收入 X 的单整性。使用 ADF 检验，结果如表 8.3 所示。

表 8.3 时间序列单整性检验表

变量	ADF 检验值	显著性水平	临界值	检验结果
X 一次差分	−4.5312	5%	−3.5806	平稳
Y 一次差分	−5.8291	5%	−3.5806	平稳

由表 8.3 的检验结果可以看出 ADF 检验的 τ 统计量均小于临界值，因此拒绝原假设，序列 X,Y 的一次差分序列均不存在单位根，为平稳序列。因此，居民家庭人均实际消费支

出 Y 与实际可支配收入 X 均为一阶单整序列,即 $I(1)$ 序列。

二、伪回归、趋势平稳与差分平稳随机过程

经济系统中存在一些时间序列,虽然在经济意义上彼此不相关,但由于二者表现出共同的变化趋势,当对它们进行回归时往往表现出较高的拟合优度和统计显著性。但这种回归结果并没有实际意义,这是一种虚假的回归,称为**伪回归**。伪回归就是对于两个独立的单整序列进行回归时,常常会得到一个显著的 t 估计量。

例如,$\{X_t\}$ 和 $\{Y_t\}$ 分别为相互独立的随机游走序列

$$X_t = X_{t-1} + a_t, \quad Y_t = Y_{t-1} + e_t$$

其中 a_t, e_t 为白噪声,且相互独立。这就意味着 $\{X_t\}$ 和 $\{Y_t\}$ 是相互独立的,如果 Y_t 对 X_t 作回归,即 $\hat{Y}_t = \hat{\beta}_1 + \hat{\beta}_2 X_t$,因为 X_t, Y_t 彼此独立,回归系数应该是不显著的,即原假设 $H_0: \beta_2 = 0$ 是不能拒绝的。但是,格兰杰和纽博尔德(Granger and Newbold,1974)通过模拟证明事实并非如此,即使 Y_t 与 X_t 是彼此独立的,在很大比例的次数里,Y_t 对 X_t 的回归都会产生一个统计上显著的 t 统计量。这种现象就是伪回归,即 Y_t 与 X_t 之间根本没有关系,但用了 t 统计量的 OLS 回归往往表示它们之间存在某种关系。

为了避免这种伪回归,可通过引入趋势变量 t 消除这种趋势性影响。但这种方法仅适用于趋势变量是确定性的,不适用于趋势变量为随机性的。

要判断一个时间序列的趋势是确定性的还是随机性的,可通过 ADF 检验的模型(3)来完成。如检验表明给定时间序列有单位根,则该时间序列具有随机性趋势。如果它没有单位根,则表明该序列具有确定性趋势。

对于具有确定性趋势的时间序列 $\{Y_t\}$,可表示为

$$Y_t = \beta_1 + \beta_2 t + v_t \tag{8.24}$$

如果式(8.24)中的 v_t 是平稳的,则 $Y_t - \beta_2 t = \beta_1 + v_t$ 是平稳的,此时称 $\{Y_t\}$ 是**趋势平稳随机过程**。

对于具有随机性趋势的时间序列 $\{Y_t\}$,可表示为

$$Y_t = \alpha + Y_{t-1} + v_t \tag{8.25}$$

如果式(8.25)中的 v_t 是平稳的,则 $\Delta Y_t = \alpha + v_t$ 是平稳的,称 $\{Y_t\}$ 为**差分平稳随机过程**。

对于经济预测而言,趋势平稳过程的预测是可靠的,而差分平稳过程的预测则是靠不住的。

§8.3 时间序列模型

利用平稳时间序列进行时间序列分析就是建立恰当的时间序列模型,并利用模型进行

预测。时间序列模型不同于经典回归模型,建立模型的依据不是据不同变量之间的因果关系,而是通过对时间序列的分析寻找时间序列自身的变化规律。在进行预测时则是依据时间序列的过去值预测未来值。

一、时间序列模型的分类

时间序列模型是指仅用时间序列的过去值和误差项建立的模型,其一般形式为

$$Y_t = F(Y_{t-1}, Y_{t-2}, \cdots, v_t) \tag{8.26}$$

1. 自回归过程

如果一个线性随机过程可以表达为

$$Y_t = \varphi_1 Y_{t-1} + \varphi_2 Y_{t-2} + \cdots + \varphi_p Y_{t-p} + v_t \tag{8.27}$$

其中 $\varphi_1, \varphi_2, \cdots, \varphi_p$ 是回归系数,v_t 是白噪声,则称式(8.27)为 **p 阶自回归过程**,用 AR(p) 表示。它是由 Y_t 的 p 个滞后变量的加权以及 v_t 相加而成的,因此称为**自回归过程**。

对于自回归模型 AR(p),如果特征方程

$$\Phi(Z) = (1 - \rho_1 Z - \rho_2 Z^2 - \cdots - \rho_p Z^p) = 0$$

的所有根的绝对值都大于1(根的模大于1),则该自回归模型 AR(p)是平稳的,即该随机过程是平稳的。

2. 移动平均过程

如果一个线性随机过程可以表达为

$$Y_t = v_t + \theta_1 v_{t-1} + \theta_2 v_{t-2} + \cdots + \theta_q v_{t-q} \tag{8.28}$$

其中 $\theta_1, \theta_2, \cdots, \theta_q$ 是回归系数,v_t 是白噪声,则称式(8.28)为 **q 阶移动平均过程**。式(8.28)可以用滞后算子表达为

$$Y_t = (1 + \theta_1 L + \theta_2 L^2 + \cdots + \theta_q L^q) v_t \tag{8.29}$$

由定义可知,任何一个 q 阶移动平均过程都是由 $q+1$ 个白噪声变量的加权和组成,因此有限阶移动平均过程都是平稳的过程。

3. 自回归移动平均过程

由自回归和移动平均两部分共同构造的随机过程称为**自回归移动平均过程**,记为 ARMA(p,q),其中 p,q 为自回归和移动平均分量的滞后阶数。ARMA(p,q)的一般表达式为

$$Y_t = \varphi_1 Y_{t-1} + \varphi_2 Y_{t-2} + \cdots + \varphi_p Y_{t-p} + v_t + \theta_1 v_{t-1} + \cdots + \theta_q v_{t-q} \tag{8.30}$$

ARMA(p,q)模型是由 AR(p)模型和 MA(q)模型组合而成的。由于 MA(q)模型总是平稳的,因此,ARMA(p,q)模型的平稳性就只依赖于 AR(p)部分的平稳性。如果 AR(p)部分是平稳的,则 ARMA(p,q)模型是平稳的。

如果特征方程的根的值在单位圆上,称这种根为单位根,含有单位根的时间序列是非平稳的时间序列。但经过若干次差分后该过程可以转化为平稳过程。如果随机过程 Y_t 经过 d 次差分后可以变换为一个包含 p 阶自回归算子,q 阶移动平均算子的平稳随机过程,则称为(p,d,q)**阶单整自回归移动平均过程**,记为 ARIMA(p,d,q)过程。

二、随机时间序列模型的识别

随机时间序列模型的识别就是找出一个平稳的随机时间序列是由什么随机过程或模型生成的,即判断该时间序列是 AR(p)过程或 MA(q)过程或 ARMA(p,q)过程。实际中单凭对时间序列的观察很难确定其属于哪一种模型,通常使用自相关函数和偏自相关函数识别模型的类别。

1. 自相关函数和偏自相关函数

(1)自相关函数(ACF)

为了了解自相关函数(autocorrelation function,ACF),我们先介绍自协方差概念。随机过程$\{Y_t\}$中的每一个元素 Y_t 都是随机变量。对于平稳的随机过程,其期望为常数 μ,其方差也是常数 σ^2。相隔 k 期的两个随机变量 Y_t 和 Y_{t-k} 的协方差就是**自协方差**,其定义为

$$\gamma_k = \text{Cov}(Y_t, Y_{t-k}) = \text{E}[(Y_t - \mu)(Y_{t-k} - \mu)] \tag{8.31}$$

自协方差序列 $\gamma_k (k=0,1,\cdots,K)$ 称为随机过程$\{Y_t\}$的自协方差函数,其中 K 一般为有限值。当 $k=0$ 时,$\gamma_0 = \text{Var}(Y_t) = \sigma^2$,转化为方差。

自相关系数定义为

$$\rho_k = \frac{\text{Cov}(Y_t, Y_{t-k})}{\sqrt{\text{Var}(Y_t)}\sqrt{\text{Var}(Y_{t-k})}} = \frac{\text{E}[(Y_t-\mu)(Y_{t-k}-\mu)]}{\sqrt{\text{E}[(Y_t-\mu)^2]}\sqrt{\text{E}[(Y_{t-k}-\mu)^2]}} \tag{8.32}$$

对于平稳随机过程,$\text{Var}(Y_t) = \text{Var}(Y_{t-k}) = \sigma^2$,所以式(8.32)可以写为

$$\rho_k = \frac{\text{Cov}(Y_t, Y_{t-k})}{\sigma^2} = \frac{\text{E}[(Y_t-\mu)(Y_{t-k}-\mu)]}{\sigma^2} = \frac{\gamma_k}{\sigma^2} = \frac{\gamma_k}{\gamma_0} \tag{8.33}$$

当 $k=0$ 时,有 $\rho_0 = 1$(自相关系数为1)。

以滞后期 k 为变量的自相关系数序列 $\rho_k (k=0,1,\cdots,K)$ 称为**自相关函数**,其中 K 为有限值。自相关函数是随机变量与其不同滞后期变量的相关系数序列,可以用来考察变量与其滞后变量的自相关程度。因为 $\rho_k = \rho_{-k}$,即 Y_t 与 Y_{t-k}, Y_{t+k} 的自相关系数相等,所以自相关

函数是以 0 为对称的,实际研究中只需给出自相关函数的正半部分即可。

(2) 偏自相关函数(PACF)

偏自相关函数(partial autocorrelation function,PACF)是描述随机过程结构特征的另一种方法。用 φ_{kj} 表示 k 阶自回归式中第 j 个回归系数,则 k 阶自回归模型表示为

$$Y_t = \varphi_{k1} Y_{t-1} + \varphi_{k2} Y_{t-2} + \cdots + \varphi_{kk} Y_{t-k} + v_t \tag{8.34}$$

其中 φ_{kk} 是最后一个回归系数。若把 φ_{kk} 视为滞后期的函数,则称 $\varphi_{kk}(k=1,2,\cdots)$ 为**偏自相关函数**。它由式(8.35)的 $\varphi_{11},\varphi_{22},\cdots,\varphi_{kk}$ 组成:

$$Y_t = \varphi_{11} Y_{t-1} + v_t$$
$$Y_t = \varphi_{21} Y_{t-1} + \varphi_{22} Y_{t-2} + v_t$$
$$\cdots\cdots\cdots\cdots\cdots\cdots\cdots\cdots\cdots\cdots\cdots$$
$$Y_t = \varphi_{k1} Y_{t-1} + \varphi_{k2} Y_{t-2} + \cdots + \varphi_{kk} Y_{t-k} + v_t \tag{8.35}$$

因为偏自相关函数中每一个回归系数 φ_{kk} 恰好表示 Y_t 与 Y_{t-k} 在排除了其中间变量 Y_{t-1}, $Y_{t-2},\cdots,Y_{t-k+1}$ 影响后的相关系数,因此称为**偏自相关系数**。

2. AR(p) 过程的识别

(1) 用自相关函数 ACF 识别

对于 1 阶自回归模型 AR(1)

$$Y_t = \varphi_1 Y_{t-1} + v_t \tag{8.36}$$

用 Y_{t-k} 同乘式(8.36)两侧得

$$Y_{t-k} Y_t = \varphi_1 Y_{t-k} Y_{t-1} + Y_{t-k} v_t \tag{8.37}$$

两侧同取期望(其中 $E(Y_{t-k} v_t) = 0$),得 $\gamma_k = \varphi_1 \gamma_{k-1}$;两侧同除 γ_0,得

$$\rho_k = \varphi_1 \rho_{k-1} = \varphi_1 \varphi_1 \rho_{k-2} = \cdots = \varphi_1^k \rho_0 \tag{8.38}$$

因为 $\rho_0 = 1$,所以有

$$\rho_k = \varphi_1^k (k \geqslant 0) \tag{8.39}$$

对于平稳时间序列,有 $|\varphi_1| < 1$,所以当 φ_1 的值为正时,自相关函数呈指数衰减至 0。当 φ_1 的值为负时,自相关函数正负交错呈指数衰减至 0。这种现象称为拖尾或称 AR(1) 有无穷记忆。

对于 AR(p) 过程,按特征根的取值不同,自相关函数有两种不同表现:当特征方程的根为实数时,自相关函数将随着 k 的增加而呈几何衰减至 0,称为**指数衰减**;当特征方程的根中含有一对共轭复根时,自相关函数将按正弦振荡形式衰减,称为**正弦衰减**。实际中的平稳自回归过程的自相关函数常由指数衰减和正弦衰减两部分混合而成。由式(8.39)可以看出,

当特征方程的根较小时,自相关函数会很快衰减至 0。当有一个实数根接近 1 时,自相关函数将衰减很慢,近似于线性衰减,称 Y_t 具有**拖尾特征**。当有两个以上的根接近 1 时,自相关函数同样会衰减很慢。

(2) 用偏自相关函数 PACF 识别

对于 AR(p) 过程,当 $k \leq p$ 时,$\varphi_{kk} \neq 0$,当 $k > p$ 时,$\varphi_{kk} = 0$。偏自相关函数在滞后期 p 以后具有截尾特性,因此可以用此特性识别 AR(p) 过程的阶数。

对于 AR(1) 过程,当 $k=1$ 时,$\varphi_{11} \neq 0$,当 $k>1$ 时,$\varphi_{kk}=0$。所以 AR(1) 过程的偏自相关函数特征是在 $k=1$ 时出现峰值($\varphi_{11}=\rho_1$),然后截尾。

在实际识别时,由于样本偏自相关函数 $\hat{\varphi}_{kk}$ 是总体偏自相关函数 φ_{kk} 的一个估计,因为样本波动,当 $k>p$ 时,$\hat{\varphi}_{kk}$ 不会全为 0,而是在 0 的左右波动。可以证明,当 $k>p$ 时,$\hat{\varphi}_{kk}$ 服从渐近正态分布:$\hat{\varphi}_{kk} \sim N(0, 1/n)$,$n$ 为样本容量。如果样本偏自回归函数 $\hat{\varphi}_{kk}$ 满足 $\hat{\varphi}_{kk} < \dfrac{2}{\sqrt{n}}$,就可以以 95% 的置信水平判断该时间序列在 $k>p$ 后截尾。

3. MA(q) 过程的识别

(1) 用自相关函数 ACF 识别

对于 MA(1) 过程

$$Y_t = v_t + \theta_1 v_{t-1} \tag{8.40}$$

有

$$\gamma_k = E[(u_t + \theta_1 u_{t-1})(u_{t-k} + \theta_1 u_{t-k-1})]$$

当 $k=0$ 时:$\gamma_0 = E(u_t^2 + \theta_1 u_t u_{t-1} + \theta_1 u_t u_{t-1} + \theta_1^2 u_{t-1}^2) = (1+\theta_1^2)\sigma^2$

当 $k=1$ 时:
$$\gamma_1 = E(u_t u_{t-1} + \theta_1 u_{t-1}^2 + \theta_1 u_t u_{t-2} + \theta_1^2 u_{t-1} u_{t-2})$$
$$= \theta_1 E(u_{t-1}^2) = \theta_1 \sigma^2$$

当 $k>1$ 时:$\gamma_k = 0$

因此,MA(1) 过程的自相关函数为

$$\rho_k = \frac{\gamma_k}{\gamma_0} = \begin{cases} 1, & k=0 \\ \dfrac{\theta_1}{1+\theta_1^2}, & k=1 \\ 0, & k>1 \end{cases} \tag{8.41}$$

由式 (8.41) 可以看出,MA(1) 过程的自相关函数具有截尾特征。当 $k>1$ 时,$\rho_k = 0$。

同理,MA(q) 过程的自相关函数也具有截尾特征。当 $k \leq q$ 时,自相关函数呈衰减特征。

当 $k>q$ 时,自相关函数为 0,具有截尾特征。

在实际识别时,由于样本自相关函数 $\hat{\rho}_k$ 是总体自相关函数 ρ_k 的一个估计,因为样本波动,当 $k>p$ 时,$\hat{\rho}_k$ 不会全为 0,而是在 0 的左右波动。可以证明,当 $k>p$ 时,$\hat{\rho}_k$ 服从渐近正态分布:$\hat{\rho}_k \sim N(0,1/n)$,$n$ 为样本容量。如果样本自回归函数 $\hat{\rho}_k$ 满足 $\hat{\rho}_k < \frac{2}{\sqrt{n}}$,就可以以 95% 的置信水平判断该时间序列在 $k>p$ 后截尾。

(2) 用偏自相关函数识别

MA(1) 过程可以表达为 v_t 关于无穷序列 $Y_t, Y_{t-1}, Y_{t-2}, \cdots$ 的线性组合,即

$$v_t = Y_t - \theta Y_{t-1} - \theta^2 Y_{t-2} - \cdots$$

亦即

$$Y_t = \theta Y_{t-1} + \theta^2 Y_{t-2} + \cdots v_t \tag{8.42}$$

式(8.42)是一个 AR(∞) 过程,它的偏自相关函数非截尾但确趋于 0,因此 MA(1) 偏自相关函数是拖尾但却趋于 0。在式(8.42)中,只有 $|\theta|<1$ 时才有意义,否则就表示距离 Y_t 越远的 Y 值对 Y_t 的影响越大,这是不符合常理的。所以,$|\theta|<1$ 是 MA(1) 的**可逆性条件**(invertibility condition)。

因为任何一个可逆的 MA(q) 过程都可以转换成一个无限阶的、系数按几何级数衰减的 AR 过程,所以 MA(q) 过程的偏自相关函数呈缓慢衰减特征,即具有**拖尾特征**。

MA(1) 过程的偏自相关函数呈指数衰减特征。若 $\theta_1>0$,偏自相关函数呈交替改变符号式衰减;若 $\theta_1<0$,偏自相关函数呈负数的指数衰减。

对于 MA(2) 过程,若特征方程的根是实数,偏自相关函数由两个指数衰减形式叠加而成。特征方程的根是虚数,若 $\theta_1>0$,偏自相关函数呈正弦衰减特征(拖尾特征)。

4. ARMA(p,q) 过程的识别

ARMA(p,q) 的自相关函数可以视为 AR(p) 的自相关函数和 MA(q) 的自相关函数的混合物。当 $p=0$ 时,它具有截尾性质;当 $q=0$ 时,它具有拖尾性质;当 p,q 都不为 0 时,它具有拖尾性质。

对于 ARMA(1,1) 过程,自相关函数从 ρ_1 开始衰减。ρ_1 的大小取决于 φ_1 和 θ_1。若 $\varphi_1>0$,指数衰减是平滑的,或正或负。若 $\varphi_1<0$,自相关函数为正负交替式指数衰减。对于高阶的 ARMA 过程,自相关函数的表现形式比较复杂,有可能呈指数衰减、正弦衰减或二者的混合衰减。

ARMA(p,q) 过程的偏自相关函数也是无限延长的,其表现形式与 MA(q) 过程的偏自相关函数类似。据模型中移动平均分量的阶数 q 和参数 $\theta_i (i=1,2,\cdots,q)$ 的不同,偏自相关函数呈指数衰减和正弦衰减混合形式。

对于时间序列数据,自相关函数通常是未知的。相关图是对自相关函数的估计。因为 MA 过程和 ARMA 过程中 MA 分量的自相关函数具有截尾特性,所以可以利用相关图估计 MA 过程的阶数 q。相关图是识别 MA 过程和 ARMA 过程中 MA 分量阶数的重要方法。

对于时间序列数据,偏自相关函数通常是未知的。偏相关图是对偏自相关函数的估计。因为 AR 过程和 ARMA 过程中 AR 分量的偏自相关函数具有截尾特性,所以可以利用偏相关图估计自回归过程的阶数 p。偏相关图是识别 AR 过程和 ARMA 过程中 AR 分量阶数的重要方法。

三、随机时间序列模型的建立

对于时间序列模型,完成了平稳性检验和模型识别后就可以估计模型参数建立计量模型。时间序列模型的建立与应用主要有以下四个步骤:

步骤一 进行模型识别。

对于平稳时间序列,用相关图和偏相关图确定模型形式,即确定 p,q 的值。对于非平稳的时间序列模型,应通过差分把其变为平稳的时间序列。

对于平稳的时间序列,如果相关图表现为拖尾衰减特征,而偏自相关图在 p 期后出现截止特征,则该过程是一个 p 阶自回归过程。如果相关图在 q 期后出现截止而偏相关图呈现拖尾衰减特征,则该过程是一个 q 阶移动平均过程。如果相关图和偏相关图都呈现拖尾衰减特征,则就是一个混合形式的随机过程。有关识别规则列于表 8.4 中。

表 8.4 ARMA(p,q) 模型的 ACF 与 PACF 理论模式

模型	ACF	PACF
白噪声	$\rho_k=0$	$\varphi_{kk}=0$
AR(p)	衰减趋于零(几何型或振荡型)	p 阶后截尾:$\varphi_{kk}=0,k>p$
MA(q)	q 阶后截尾:$\rho_k=0,k>q$	衰减趋于零(几何型或振荡型)
ARMA(p,q)	q 阶后衰减趋于零(几何型或振荡型)	p 阶后衰减趋于零(几何型或振荡型)

模型识别实际上是利用相关图、偏相关图分别估计自相关函数与偏自相关函数的特征。与自相关函数相比,相关图具有较大方差,并表现为更高的自相关。实际中相关图、偏相关图的特征不会像自相关函数与偏自相关函数那样"规范",所以应该善于从相关图、偏相关图中识别出模型的真实参数 p,q。另外,估计的模型形式不是唯一的,所以在模型识别阶段应多选择几种模型形式,以供进一步选择。

模型阶数的识别与实际经验有很大关系。图 8.1~8.5 就是一些特定 ARMA(p,q) 模型的自相关图(ACF)和偏自相关图(PACF)的理论模式。

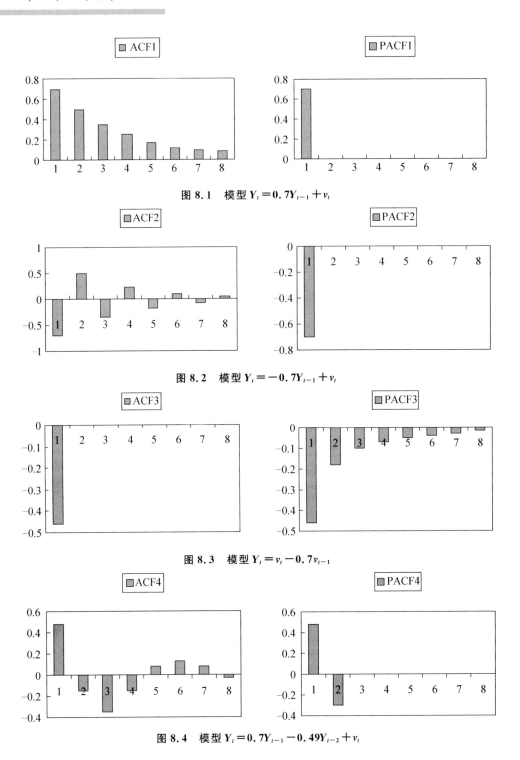

图 8.1 模型 $Y_t = 0.7Y_{t-1} + v_t$

图 8.2 模型 $Y_t = -0.7Y_{t-1} + v_t$

图 8.3 模型 $Y_t = v_t - 0.7v_{t-1}$

图 8.4 模型 $Y_t = 0.7Y_{t-1} - 0.49Y_{t-2} + v_t$

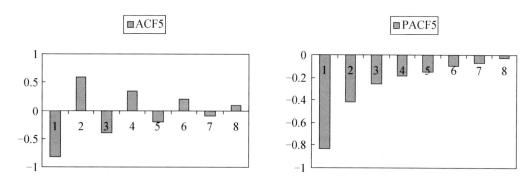

图 8.5　模型 $Y_t = -0.7Y_{t-1} + v_t - 0.7v_{t-1}$

步骤二　模型参数的估计。

对 AR(p) 模型的估计较简单。因为滞后变量 $Y_{t-1}, Y_{t-2}, \cdots, Y_{t-p}$ 都是 t 期以前的,这些滞后变量与误差项 v_t 相互独立,所以可以使用普通最小二乘法估计模型参数,得到具有一致性的估计量。

对于 MA(q) 和 ARMA(p,q) 模型的估计就比较困难。不能简单地用最小二乘法估计参数,一般应该采用迭代式的非线性最小二乘法,这些方法在流行的计量经济分析软件中广泛使用。

步骤三　诊断与检验。

完成模型的识别与参数估计后,需要对估计结果进行诊断与检验,来判断所选用的模型是否正确。这一阶段主要进行两个方面的检验以判别模型是否正确。一是检验估计值是否具有统计显著性;二是检验残差序列的随机性。参数估计值的显著性检验是通过 t 统计量完成的,而模型拟合的优劣以及残差序列随机性的判别是用伯克斯-皮尔斯(Box-Pierce,1970)提出的 Q 统计量或拉格朗日 LM 统计量完成的。LM 统计量在第四章已经介绍了,下面介绍 Q 统计量检验。

若拟合模型的误差项为白噪声过程,统计量

$$Q = T(T+2) \sum_{k=1}^{K} \frac{r_k^2}{T-K} \sim \chi^2(K-p-q) \tag{8.43}$$

渐近服从 $\chi^2(K-p-q)$ 分布,其中 T 表示样本容量,r_k 表示用残差序列计算的自相关系数值,K 表示自相关系数的个数或最大滞后期,p 表示模型自回归部分的最大滞后值,q 表示移动平均部分的最大滞后值。

这时的原假设为 $H_0: \rho_1 = \rho_2 = \cdots = \rho_k = 0$(模型的误差序列是白噪声过程)。

用残差序列计算自相关系数估计值,进而计算 Q 统计量的值。若拟合的模型不正确,残差序列中必含有其他成分,Q 值将很大。反之,Q 值将很小。判别规则是:

若 $Q \leqslant \chi_\alpha^2(K-p-q)$，则接受 H_0；
若 $Q > \chi_\alpha^2(K-p-q)$，则拒绝 H_0，

其中 α 表示检验水平。

步骤四 时间序列模型预测。

下面以 ARMA(1,1)模型为例具体介绍预测方法。其他形式的时间序列模型的预测方法与此类似。

设对时间序列样本 $\{Y_t\}(t=1,2,\cdots,T)$ 所拟合的模型是

$$Y_t = \varphi_1 Y_{t-1} + u_t + \theta_1 u_{t-1} \tag{8.44}$$

则理论上 $T+1$ 期 Y_t 的值应按下式计算：

$$Y_{T+1} = \varphi_1 Y_T + u_{T+1} + \theta_1 u_T \tag{8.45}$$

用估计的参数 $\hat\varphi_1, \hat\theta_1$ 和残差 e_T 分别代替上式中的 φ_1, θ_1 和 u_T。上式(8.45)中的 u_{T+1} 是未知的，但知 $E(u_{T+1})=0$，所以取 $u_{T+1}=0$。Y_T 是已知的(样本值)。对 Y_{T+1} 的预测按下式进行：

$$\hat Y_{T+1} = \hat\varphi_1 Y_T + \hat\theta_1 e_T \tag{8.46}$$

仿照(8.46)式，理论上 Y_{T+2} 的预测式是

$$Y_{T+2} = \varphi_1 Y_{T+1} + u_{T+2} + \theta_1 u_{T+1} \tag{8.47}$$

取 $u_{T+1}=0, u_{T+2}=0$，则 Y_{T+2} 的实际预测式是

$$\hat Y_{T+2} = \hat\varphi_1 \hat Y_{T+1} \tag{8.48}$$

其中 $\hat Y_{T+1}$ 是上一步得到的预测值。以此类推，Y_{T+3} 的预测式是

$$\hat Y_{T+3} = \hat\varphi_1 \hat Y_{T+2} \tag{8.49}$$

由上可见，随着预测期的加长，预测式中移动平均部分逐步淡出预测模型，预测式变成了纯自回归形式。

§8.4 协整与误差修正模型

一、协整的概念

协整(cointegration)的概念是由恩格尔(Engle)和格兰杰(Granger)于1987年正式提出，这个概念的提出使得非零阶单整变量的回归也变得有意义。

经济系统中的某些变量具有长期依存关系，经济学中称其为**均衡关系**，这种均衡关系的

存在是计量经济建模的依据。这种均衡关系的存在表示经济系统中形成均衡的机制是稳定的,当因为季节影响或随机干扰这些变量偏离其均衡点时,均衡机制会在下一期进行调整使其重新回到均衡状态。但是,如果这种偏离是持久的,则变量之间的均衡机制是不稳定的,均衡关系已遭到破坏。协整就是这种均衡关系的统计表示。

协整概念的提出使得我们能研究两个或多个变量之间的均衡关系。对于每个单独的序列而言可能是非平稳的,但是这些时间序列的线性组合却可能是平稳的。

协整的定义 时间序列 $\{X_t\}$,$\{Y_t\}$ 是两个 $I(1)$ 过程,如果存在 β 使得 $Y_t - \beta X_t$ 成为 $I(0)$ 过程,则称 X_t 和 Y_t 是协整的。其实,协整就是指多个非平稳时间序列的某种线性组合是平稳的。

一般地,如果序列 $Y_{1t}, Y_{2t}, \cdots, Y_{kt}$ 都是 d 阶单整的,存在非零向量 $\boldsymbol{\alpha} = (\alpha_1, \alpha_2, \cdots, \alpha_k)$,使得 $\boldsymbol{\alpha} Y_t \sim I(d-b)$,其中,$b>0$,$Y_t = (Y_{1t}, Y_{2t}, \cdots, Y_{kt})'$,则称 $Y_{1t}, Y_{2t}, \cdots, Y_{kt}$ 是 (d,b) **阶协整**,记为 $Y_t \sim CI(d,b)$,$\boldsymbol{\alpha}$ 为**协整向量**。

协整的定义告诉我们,只有两个变量都是单整变量,并且它们的单整阶数相同时,才能协整;如果它们的单整阶数不同,就不可能协整。

协整的意义在于:具有各自长期波动规律的两个时间序列,如果它们是协整的,则它们之间存在着一个长期稳定的协整关系。从变量之间的协整关系出发建立计量经济模型是牢固可靠的,可以避免出现伪回归。因此,协整检验是计量经济分析建模的根本所在。

二、协整的检验

协整检验从检验对象上可以分为两类:一类是基于回归残差的协整检验,这种检验也称为单一方程的协整检验;另一类是基于回归系数的协整检验。这里,我们只考虑单一方程的协整检验。

1. 两变量的恩格尔-格兰杰检验

这种协整检验方法就是对回归方程的残差进行单位根检验。从协整的思想来看,两变量之间具有协整关系就是具有长期均衡关系。因此,被解释变量不能由解释变量解释的部分即残差序列应该是平稳的。如果残差是平稳的,说明两变量之间的线性组合是平稳的,则变量之间具有协整关系。

恩格尔-格兰杰检验法也称为 **EG 两步法**,其检验步骤如下:

步骤一 如果 X_t, Y_t 均为 d 阶单整序列,用 OLS 法估计回归方程(协整回归)

$$Y_t = \alpha + \beta X_t + u_t \tag{8.50}$$

得到残差 $e_t = Y_t - (\hat{\alpha} + \hat{\beta} X_t)$。

步骤二 检验 e_t 的平稳性。如果 e_t 为平稳序列,则 X_t 与 Y_t 是协整的,否则不是协整的。如果 X_t 与 Y_t 不是协整的,则它们的任一线性组合都是非平稳的,因此残差 e_t 也是非平稳的。通过对残差 e_t 的平稳性检验,就可判断 X_t 与 Y_t 之间是否存在协整关系。检验 e_t 的平稳性的方法可使用前面介绍的 DF 检验或 ADF 检验。这里的 DF 或 ADF 检验是针对协整回归计算出的残差项 e_t 进行的,并不是针对非均衡误差 u_t 进行的,对于 e_t 平稳性检验的 DF 与 ADF 临界值比正常的 DF 与 ADF 临界值要小。麦克金农(Mackinnon,1991)通过模拟试验给出了协整检验的临界值。

例 8.3 中国城镇居民家庭人均可支配收入与消费支出的协整方程及检验。

由前面的检验结果可知,居民家庭人均实际消费支出 Y 与实际可支配收入 X 均为一阶单整序列。Y 对 X 进行协整回归(GLS 法)可得

$$\hat{Y} = 223.1894 + 0.6549X$$
$$\text{se} = \quad 90.7323 \quad 9.8526 \qquad (8.51)$$
$$R^2 = 0.9992, \quad DW = 2.2328$$

对该模型的残差 e_t 进行 ADF 检验,结果如表 8.5 所示。

表 8.5 残差 e_t 的平稳性检验

变量	ADF 检验值	显著性水平	临界值	检验结果
e_t	−5.0998	5%	−3.67	平稳

由表 8.5 的检验结果可以看出 ADF 检验的 τ 统计量小于临界值,因此拒绝原假设,残差 e_t 序列不存在单位根,为平稳序列。因此,居民家庭人均实际消费支出 Y 与实际可支配收入 X 为(1,1)阶协整的,两变量之间存在长期的稳定均衡关系。

2. 多变量协整关系检验

对多个变量间的协整关系的检验要比双变量协整关系检验复杂。因为对于多变量而言,可能存在多种稳定的线性组合,也就是存在多个协整关系。

多变量协整检验与双变量协整检验的原理是相同的,就是判断是否有稳定的线性组合。检验的步骤如下:

步骤一 对于 $k+1$ 个同阶单整序列,建立回归方程

$$Y_t = \alpha_0 + \alpha_1 X_{1t} + \alpha_2 X_{2t} + \cdots + \alpha_k X_{kt} + u_t \qquad (8.52)$$

用 OLS 法估计该模型,得到残差为

$$e_t = Y_t - (\hat{\alpha}_0 + \hat{\alpha}_1 X_{1t} + \hat{\alpha}_2 X_{2t} + \cdots + \hat{\alpha}_k X_{kt}) \qquad (8.53)$$

步骤二 检验残差序列 e_t 是否平稳。如果通过变换各种线性组合(即用不同的变量为被解释变量),都不能得到平稳的残差序列,则认为这些变量之间不存在协整关系。

三、误差修正模型

误差修正模型最早是由 Sarger(1964)提出的,误差修正模型的基本形成是在 1978 年由大卫德森(Davidson),亨格瑞(Hendry),斯巴(Srba)和耶(Yeo)提出的,因此又称为 DHSY 模型。变量之间存在协整关系说明变量间存在长期稳定的均衡关系,这种长期稳定的均衡关系是在短期动态过程的不断波动下形成的。变量间长期均衡关系的存在是因为存在一种调节机制,即误差修正机制使得长期关系的偏差被控制在一定范围内。任何一组协整时间序列变量都存在误差修正机制,反映短期调节行为。

对于具有协整关系序列 Y_t, X_t,其误差修正模型为

$$\Delta Y_t = \beta_0 + \beta_1 \Delta X - \lambda \mathrm{ecm}_{t-1} + \varepsilon_t \tag{8.54}$$

其中 ecm 表示误差修正项。一般情况下 $0<\lambda<1$。

ecm 的修正原理如下:若 $t-1$ 时刻 Y 大于其长期均衡值,ecm 为正,则 $-\lambda$ecm 为负,使得 ΔY_t 减少;若 $t-1$ 时刻 Y 小于其长期均衡值,ecm 为负,$-\lambda$ecm 为正,使得 ΔY_t 增大。ecm 体现了对 Y_t 与 X_t 长期均衡关系的控制。

对于误差修正模型,恩格尔和格兰杰于 1987 年提出了著名的**格兰杰表述定理**:如果变量 X 与 Y 是协整的,则它们之间的短期非均衡关系总能由一个误差修正模型表述。

建立误差修正模型,首先需要对变量进行协整检验,变量之间具有长期均衡关系时,方可以这种关系构成误差修正项。从而可以建立短期模型,将误差修正项看作一个解释变量,连同其他反映短期波动的解释变量一起建立短期模型。

在误差修正模型中 $\mathrm{ecm}_t = Y_t - k_0 - k_1 X_t$ 是非均衡误差。$\hat{Y}_t = k_0 + k_1 X_t$ 表示 Y_t 和 X_t 的长期关系。k_0 和 k_1 是长期参数,β_1 和 λ 是短期参数。由于 X_t 与 Y_t 存在协整关系,因此 ecm 是平稳的,如果 $Y_t, X_t \sim I(1)$,则 $\Delta Y_t, \Delta X_t \sim I(0)$,在误差修正模型中变量都是平稳的。使用 OLS 法估计参数不存在伪回归问题。

建立误差修正模型一般由两步完成:

步骤一 建立长期关系模型。检验变量间的协整关系,估计长期均衡关系参数。

步骤二 建立短期动态关系,即误差修正模型。

例 8.4 建立中国城镇居民家庭人均可支配收入与消费支出的误差修正模型。

由 ADF 检验可知城镇居民家庭人均可支配收入 X 与消费支出 Y 的对数均为 1 阶单整序列,即 X, Y 均为 $I(1)$ 序列。

误差修正模型为

$$\begin{aligned} \Delta Y &= 8.2693 + 0.6159 \Delta X - 0.570\,86 e_{t-1} \\ \mathrm{se} &= 0.8616 \quad 14.4490 \quad -2.9225 \\ R^2 &= 0.8940, \quad \mathrm{DW} = 1.9616 \end{aligned} \tag{8.55}$$

由长期协整模型(8.51)可知,中国城镇居民可支配收入增加1元,居民消费增加0.6549元,这是长期边际消费倾向系数。而由短期误差修正模型(8.55)可知,短期边际消费倾向系数为0.6159。误差修正项的系数为-0.5708,说明在每一年,居民消费对其长期均衡值的偏离由57.08%得到纠正。居民消费受到短期冲击后,很快就会回到其长期增长路径上去。

练 习 题 八

8.1 什么是平稳随机过程?

8.2 什么是单整?

8.3 什么是单位根检验?

8.4 什么是协整?其意义是什么?

8.5 如何进行协整检验?

8.6 什么是误差修正模型?其意义是什么?

8.7 利用中国统计年鉴可得GDP和社会商品零售总额的数据如下表。判断$\ln Y$和$\ln X$的平稳性。检验$\ln Y$和$\ln X$之间的协整性,如果具有协整关系,请建立相应的协整模型。

年份	GDP(X)	财政收入(Y)	年份	GDP(X)	财政收入(Y)
1978	3624.1	1132.26	1992	26 638.1	3483.37
1979	4038.2	1146.38	1993	34 634.4	4348.95
1980	4517.8	1159.93	1994	46 759.4	5218.10
1981	4862.4	1175.79	1995	58 478.1	6242.20
1982	5294.7	1212.33	1996	67 884.6	7407.99
1983	5934.5	1366.95	1997	74 462.6	8651.14
1984	7171.0	1642.86	1998	78 345.1	9875.95
1985	8964.4	2004.82	1999	82 067.5	11 444.08
1986	10 202.2	2122.01	2000	89 468.1	13 395.23
1987	11 962.5	2199.35	2001	97 314.8	16 386.04
1988	14 928.3	2357.24	2002	105 172.3	18 903.64
1989	16 909.2	2664.90	2003	117 390.2	21 715.25
1990	18 547.9	2937.10	2004	136 875.9	26 396.47
1991	21 617.8	2149.48	2005	182 321.0	31 627.98

附录一 统计学基础知识

统计学是计量经济学的基础,它为计量经济分析提供了直接有效的方法。要学好计量经济学就必须掌握统计学的有关理论和方法。本章将就统计学的核心内容予以简要介绍。

§A1.1 随 机 变 量

一、随机变量的概念

很多随机事件都可以采取数量的标识。比如,某一段时间内车间正在工作的车床数目,抽样检验产品质量时出现的废品个数,掷骰子出现的点数,等等。对于那些没有采取数量标识的事件,也可以给它们以数量标识。比如,某工人一天"完成定额"记为"1","没完成定额"记为"0";生产的产品是"优质品"记为"2",是"次品"记为"1",是"废品"记为"0";等等。这样一来,对于试验的结果就都可以给予数量的描述。

由于随机因素的作用,试验的结果有多种可能性。如果对于试验的每一可能结果,也就是一个样本点 ω,都对应着一个实数 $\xi(\omega)$,而 $\xi(\omega)$ 又是随着试验结果不同而变化的一个变量,则称它为**随机变量**。随机变量一般用希腊字母 ξ,η,ζ 或大写拉丁字母 X,Y,Z 等表示。例如:

(1) 一个射手对目标进行射击,击中目标记为 1 分,未击中目标记为 0 分。如果用 X 表示射手在一次射击中的得分,则它是一个随机变量,X 可以取 0 和 1 两个可能值。

(2) 考察"掷硬币"这一试验,它有两个可能结果:"出现正面"用"1"表示,"出现反面"用"0"表示。如果用"ξ"表示试验的结果,则 ξ 可以取 0 和 1 两个可能值。

(3) 单位面积上稻谷的产量 η 是一个随机变量,它可以取一个区间内的一切实数值,即 $\eta \in [0,T]$,T 为某一个常数。

(4) 一个沿着数轴进行随机运动的质点,它在数轴上的位置 ξ 是一个随机变量,可以取任何实数,即 $\xi \in (-\infty,+\infty)$。

显然随机变量是建立在随机事件基础上的一个概念。既然事件发生的可能性对应于一定的概率,那么随机变量也以一定的概率取各种可能值。

按其取值情况可以把随机变量分为两类:

离散型随机变量:只可能取有限个或无限可列个值;

非离散型随机变量:可以在整个数轴上取值,或至少有一部分值取某实数区间的全部值。

非离散型随机变量范围很广,情况比较复杂,其中最重要的、在实际中常遇到的是连续型随机变量。

本书只研究离散型随机变量和连续型随机变量。

二、随机变量的期望值

在很多情况下,人们并不需要全面地考察随机变量的变化情况,而只要知道随机变量的一些综合指标就够了。例如,在测量某零件长度时,由于种种偶然因素的影响,零件长度的测量结果是一个随机变量。但是,人们一般关心的是这个零件的平均长度,这个平均长度就是随机变量的数学期望。

定义 A1.1 离散型随机变量 X 有概率分布:$P\{X = x_k\} = p_k (k = 1, 2, \cdots)$,若级数 $\sum_{k=1}^{\infty} x_k p_k$ 绝对收敛,则称这级数为 X 的**数学期望**,简称**期望**,记为 $E(X)$,即

$$E(X) = \sum_{k=1}^{\infty} x_k p_k \tag{A1.1}$$

对于离散型随机变量 X,$E(X)$ 就是 X 的各可能值与其对应概率乘积之和。在实际的试验中,随机变量的数学期望可以利用其观测值的算术平均数求得。

例 A1.1 甲、乙两名射击选手在射击测试中,击发 10 枪,取得的成绩是

甲: 9, 10, 9.5, 9, 10, 9, 10, 10, 10, 9

乙: 9, 9.5, 9.5, 9.5, 9.5, 10, 10, 10, 9.5, 9.5

请比较两人的射击技术。

解 计算两人每枪的平均成绩:

甲: $E(X) = 9 \times 4/10 + 9.5 \times 1/10 + 10 \times 5/10 = 9.55$

乙: $E(Y) = 9 \times 1/10 + 9.5 \times 6/10 + 10 \times 3/10 = 9.60$

由此可见,乙射手的成绩优于甲射手。

三、随机变量的方差

先从例子说起。例如,有一批灯泡,每只灯泡的寿命 X 是随机变量,已知它们的平均寿命是 $E(X) = 1000$(小时)。仅由这一指标我们还不能判定这批灯泡的质量好坏。有可能其中绝大部分灯泡的寿命都在 950~1050 小时,也有可能其中约有一半是高质量的,它们的寿命大约有 1300 小时,另一半却是质量很差的,其寿命大约只有 700 小时。为了评定这批灯泡质量的好坏,还需要进一步考察灯泡寿命 X 与均值 $E(X) = 1000$ 的偏离程度。若偏离程度较小,表示质量比较稳定,从这个意义上来说,我们认为质量较好。

由此可见，研究随机变量 X 与其均值的偏离程度是十分必要的。那么，用怎样的量去度量这个偏离程度呢？容易看到

$$E|X - E(X)| \tag{A1.2}$$

能够度量随机变量与其均值 $E(X)$ 的偏离程度。但是由于上式带有绝对值，运算不方便，为了运算方便起见，通常是用

$$E[X - E(X)]^2 \tag{A1.3}$$

来度量随机变量 X 与其均值 $E(X)$ 的偏离程度。

定义 A1.2 设 X 是一个随机变量，若 $E[X-E(X)]^2$ 存在，则称 $E[X-E(X)]^2$ 为 X 的**方差**，记为 $\text{Var}(X)$，即

$$\text{Var}(X) = E[X - E(X)]^2 \tag{A1.4}$$

在应用时还可引入随机变量 X 的另一个量 $\sqrt{\text{Var}(X)}$，记为 $\text{se}(X)$，称为**标准误**或**均方差**。

方差的计算方法是，先将每个数据与数学期望的差（即离差）的平方乘以它对应的概率，再相加求和。而标准误是方差的正的平方根。

例 A1.2 计算例 A1.1 中两位射击选手成绩的方差。

解 前面已经计算过 $E(X) = 9.55, E(Y) = 9.60$，则

$\text{Var}(X) = (9-9.55)^2 \times 0.4 + (9.5-9.55)^2 \times 0.1 + (10-9.55)^2 \times 0.5 = 0.2225$

$\text{Var}(Y) = (9-9.6)^2 \times 0.1 + (9.5-9.6)^2 \times 0.6 + (10-9.6)^2 \times 0.3 = 0.0900$

经计算可以知道乙射手的成绩的方差更小一些，甲、乙两人射击的期望值非常接近，但是乙射手的成绩更稳定，更集中。

四、随机变量的协方差

对于二元随机变量 (X, Y)，我们除了讨论 X 与 Y 的数学期望和方差之外，还需要讨论描述 X 与 Y 之间相互关系的数字特征，即**协方差**。

定义 A1.3 对于二元随机变量 (X, Y)，称数值 $E[X-E(X)][Y-E(Y)]$ 为 X 与 Y 的**协方差**，记作 $\text{Cov}(X, Y)$，即

$$\text{Cov}(X, Y) = E[X - E(X)][Y - E(Y)] \tag{A1.5}$$

五、相关系数

定义 A1.4 对于二元随机变量 (X, Y)，如果它们的方差都不为零，$\text{Cov}(X, Y)$ 除以 $\sqrt{\text{Var}(X)}$ 和 $\sqrt{\text{Var}(Y)}$ 的商称为 X 与 Y 的**相关系数**，记作

$$\rho = \frac{\text{Cov}(X,Y)}{\sqrt{\text{Var}(X)}\sqrt{\text{Var}(Y)}} \tag{A1.6}$$

当 $\rho=0$ 时，$\text{Cov}(X,Y)=0$，这时我们称随机变量 X 与 Y **不相关**。

相关系数 ρ 的取值范围为 $-1 \leqslant \rho \leqslant 1$，$\rho$ 的取值具有以下不同的含义：

(1) $\rho=1$，即 X 与 Y 完全正相关；
(2) $0<\rho<1$，即 X 与 Y 正相关；
(3) $\rho=0$，即 X 与 Y 不相关；
(4) $-1<\rho<0$，即 X 与 Y 负相关；
(5) $\rho=-1$，即 X 与 Y 完全负相关。

正相关指的是当 X 增加时，Y 也增加；相反，负相关指的是当 X 增加时，Y 减少。相关关系可以用散点图来描述。

在相关关系中，有时有因果关系，有时则没有。因果关系指的是原因明确地存在，并且由此产生了结果。

对于离散型的随机变量，相关系数公式还可以表示为

$$\rho = \frac{n\sum XY - \sum X \sum Y}{\sqrt{n\sum X^2 - \left(\sum X\right)^2}\sqrt{n\sum Y^2 - \left(\sum Y\right)^2}} \tag{A1.7}$$

例 A1.3 下表列出了某市 2008 年 1—8 月份的平均气温 X 与每户啤酒的消费量 Y，求 X 与 Y 的相关系数。

表 A1.1 某市 2008 年 1—8 月份平均气温与每户啤酒消费量表

月份	1月	2月	3月	4月	5月	6月	7月	8月
月平均气温 X/℃	5.50	6.60	8.10	15.80	19.50	22.40	28.30	28.90
啤酒消费量 Y/L	2.38	3.85	4.41	5.67	5.44	6.03	8.15	6.87

解 将数据代入计算表，进行计算。根据相关系数的计算公式有

$$\begin{aligned}\rho &= \frac{n\sum XY - \sum X \sum Y}{\sqrt{n\sum X^2 - \left(\sum X\right)^2}\sqrt{n\sum Y^2 - \left(\sum Y\right)^2}} \\ &= \frac{8 \times 834.147 - 135.1 \times 42.8}{\sqrt{8 \times 2907.17 - 135.1^2}\sqrt{8 \times 251.6578 - 42.8^2}} \\ &= 890.896 \div 952.934 \\ &= 0.9349\end{aligned}$$

可见，X 与 Y 之间存在很强的正相关关系，如果气温上升则导致啤酒消费量增加。

§A1.2　随机变量的几种重要的分布

一、正态分布

正态分布在随机变量分布中占有特别重要的地位。在自然现象和社会现象中,有许多是可以用正态分布来描述的。由正态分布出发,导出了一系列重要的抽样分布,如 t 分布、χ^2 分布、F 分布等。

若随机变量 X 的概率密度为

$$f(x) = \frac{1}{\sqrt{2\pi}\sigma}\exp\left\{-\frac{1}{2}\left(\frac{x-\mu}{\sigma}\right)^2\right\} \quad (-\infty < x < \infty) \tag{A1.8}$$

则称 X 服从**正态分布**,记作 $X \sim N(\mu,\sigma^2)$,其中,μ,σ^2 为参数,分别表示总体的均值和方差。正态分布的图形如图 A1.1 所示。

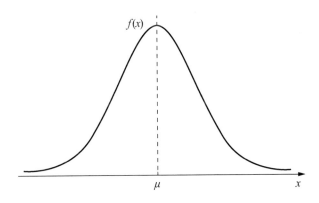

图 A1.1　正态分布概率密度曲线

如果 $\mu=0,\sigma^2=1$,则式(A1.8)可写成

$$f(x) = \frac{1}{\sqrt{2\pi}}\exp\left(-\frac{x^2}{2}\right) \quad (-\infty < x < \infty) \tag{A1.9}$$

这是标准正态分布的**概率密度**,记作 $X \sim N(0,1)$。一般地,人们把均值为 0、方差为 1 的正态随机变量的分布,叫作**标准正态分布**。

正态分布的性质:

性质 1　正态分布密度函数 $f(x)$ 在 $X=\mu$ 处达到极值点,并且 $f(x)$ 关于 $X=\mu$ 对称。

性质 2　$X=\mu+\sigma,X=\mu-\sigma$ 为 $f(x)$ 的拐点。

性质 3 若 $X \sim N(\mu, \sigma^2)$,令 $Y = \dfrac{X-\mu}{\sigma}$,则 $Y \sim N(0,1)$。反之,$X \sim N(0,1)$,令 $Y = \mu + \sigma X$,则 $Y \sim N(\mu, \sigma^2)$。

正态分布的性质 3 十分有用,把一般正态分布转换为标准正态分布,只要针对标准正态分布进行编表,就可以通过查表的方法解决正态随机变量取值的概率问题。

性质 4 $X \sim N(0,1)$,其分布函数用 $\Phi(X)$ 表示,则 $\Phi(-x) = 1 - \Phi(x)$。

性质 5 若 $X \sim N(\mu, \sigma^2)$,则 $E(X) = \mu$,$\mathrm{Var}(X) = \sigma^2$。特别地,若 $X \sim N(0,1)$,则
$$E(X) = 0, \quad \mathrm{Var}(X) = 1$$

二、χ^2 分布

$X_1, X_2, \cdots, X_n$ 相互独立,且皆服从标准正态分布 $N(0,1)$,令
$$\chi^2 = X_1^2 + X_2^2 + \cdots + X_n^2 \tag{A1.10}$$

则 χ^2 服从自由度为 n 的 χ^2 分布,记作 $\chi^2 \sim \chi^2(n)$。

χ^2 分布的概率密度函数为
$$f(x) = \begin{cases} \dfrac{1}{2^{\frac{n}{2}} \Gamma\left(\dfrac{n}{2}\right)} X^{\frac{n}{2}-1} \mathrm{e}^{-\frac{x}{2}}, & x > 0 \\ 0, & x \leqslant 0 \end{cases} \tag{A1.11}$$

χ^2 分布具有如下性质:

性质 1 若 $X_1 \sim \chi^2(n_1)$,$X_2 \sim \chi^2(n_2)$,且相互独立,则有 $X_1 + X_2 \sim \chi^2(n_1 + n_2)$。这个性质称为 χ^2 分布的可加性。一般地,可以推广到 k 个 χ^2 变量的情形,$X_1 \sim \chi^2(n_1)$,$X_2 \sim \chi^2(n_2)$,$\cdots$,$X_k \sim \chi^2(n_k)$,且相互独立,则有
$$X_1 + X_2 + \cdots + X_k \sim \chi^2(n_1 + n_2 + \cdots + n_k) \tag{A1.12}$$

性质 2 若 $X \sim \chi^2(n)$,则有 $E(X) = n$,$\mathrm{Var}(X) = 2n$。

性质 3 根据 χ^2 分布的定义,如:$X_1, X_2, \cdots, X_n \sim N(\mu, \sigma^2)$,且相互独立,$\mu, \sigma^2$ 已知,则
$$\chi^2 = \frac{1}{\sigma^2} \sum_{i=1}^{n} (X_i - \mu)^2 \sim \chi^2(n) \tag{A1.13}$$

三、t 分布

如果 $X \sim N(0,1)$,$Y \sim \chi^2(n)$ 且 X 与 Y 相互独立,则
$$t = \frac{X}{\sqrt{Y/n}} \tag{A1.14}$$

服从自由度为 n 的 t **分布**,记作 $t\sim t(n)$。

t 分布的概率密度函数为

$$f(x)=\frac{\Gamma\left(\dfrac{n+1}{2}\right)}{\sqrt{n\pi}\,\Gamma\left(\dfrac{n}{2}\right)}\left(1+\frac{x^2}{n}\right)^{-\frac{n+1}{2}} \tag{A1.15}$$

t 分布的概率密度函数曲线如图 A1.2 所示:

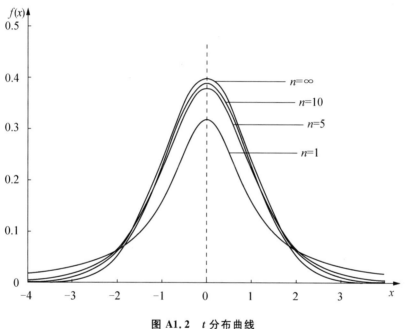

图 A1.2 t 分布曲线

t 分布具有如下性质:

性质 1 若 $X\sim t(n)$,$f(X)$ 为其概率密度则当样本容量很大时,t 分布逐渐逼近标准正态分布。

性质 2 当 $n>2$ 时,$X\sim t(n)$,则有 $E(X)=0$,$\mathrm{Var}(X)=\dfrac{n}{n-2}$。

t 分布在计量经济学中居于重要的地位,在经典的回归模型分析中,经常要用到这种分布。

四、F 分布

若 $X\sim\chi^2(n)$,$Y\sim\chi^2(m)$,且相互独立,则

$$F = \frac{X/n}{Y/m} \tag{A1.16}$$

服从自由度为 (n,m) 的 **F 分布**,记作 $F \sim F(n,m)$。

F 分布具有如下性质：

性质 1　如果 $X \sim F(n,m)$,则 $\frac{1}{X} \sim F(m,n)$。

因为 $X \sim F(n,m)$,设 $Y \sim \chi^2(n), Z \sim \chi^2(m)$,则

$$X = \frac{Y/n}{Z/m} \sim F(n,m) \tag{A1.17}$$

因此

$$\frac{1}{X} = \frac{Z/m}{Y/n} \sim F(m,n) \tag{A1.18}$$

性质 2　若 $X \sim t(n)$,则 $X^2 \sim F(1,n)$。因为 $X \sim t(n)$,设 $Y \sim N(0,1), Z \sim \chi^2(n)$,且 Y 与 Z 相互独立,则

$$X = Y \Big/ \sqrt{\frac{Z}{n}} \tag{A1.19}$$

对上式两边进行平方得

$$X^2 = \frac{Y^2}{Z/n} \tag{A1.20}$$

又因为 $Y \sim N(0,1)$,则 $Y^2 \sim \chi^2(1)$,所以根据 F 分布的定义可知 $X^2 = \frac{Y^2}{Z/n} \sim F(1,n)$。$F$ 分布的这一性质表明,如果有必要,可以将 t 分布推断转化为 F 分布来处理。

§A1.3　大数定律与中心极限定理

一、大数定律

掷一枚硬币,出现正面的概率是 $1/2$,在掷的次数比较少时,出现正面的频率也许会与 $1/2$ 相差比较大;但是在掷的次数很多时,出现正面的频率接近 $1/2$ 几乎是必然的。

测量一个长度为 a 的绳子,一次测量的结果不一定就等于 a,量了若干次以后,其算术平均数仍不见得等于 a,但是当测量的次数很多时,其算术平均数(也就是数学期望)接近于 a 几乎是必然的。

这两个例子说明，在大量随机现象中，不仅看到了频率的稳定性，而且还看到了平均结果的稳定性。即无论个别随机现象的结果如何，或者它们在进行过程中的个别特征如何，大量随机现象的平均结果实际上与每一个别随机现象的特征无关，并且几乎不再是随机的了。

大数定律以确切的数学形式表达了这种规律性，并论证了它成立的条件，即从理论上阐述了这种大量的、在一定条件下的、重复的随机现象呈现的规律性即稳定性。由于大数定律的作用，大量随机因素的总体作用必然导致某种不依赖于个别随机事件的结果。

在这里我们先来说明依概率收敛的定义：一般地，随机变量 $X_1, X_2, \cdots, X_n$，简记为 $\{X_n\}$，称它为随机序列。对于随机序列 $\{X_n\}$ 和常数 a，若对任意的 $\varepsilon > 0$ 有

$$\lim_{x \to \infty} P(|X_n - a| < \varepsilon) = 1 \tag{A1.21}$$

则称随机序列 $\{X_n\}$ **依概率收敛于** a。

下面我们来讨论三个大数定理：

定理 A1.1（切比雪夫大数定理） 设随机变量 $X_1, X_2, \cdots, X_n$ 相互独立，且具有相同的数学期望和方差：$E(X_k) = \mu, \mathrm{Var}(X_k) = \sigma^2 (k=1,2,\cdots)$，则序列 $Y_n = \dfrac{1}{n} \sum_{k=1}^{n} X_k$ 依概率收敛于 μ。即对于任意正数 ε，有

$$\lim_{x \to \infty} P\left(\left| \frac{1}{n} \sum_{k=1}^{n} X_k - \mu \right| < \varepsilon \right) = 1 \tag{A1.22}$$

定理 A1.1 反映了算术平均数具有概率性，稳定于数学期望 μ。

定理 A1.2（贝努利大数定理） 设 n_A 是 n 次独立重复试验中事件 A 发生的次数，p 是事件 A 在每次试验中发生的概率，则对于任意正数 $\varepsilon > 0$，有

$$\lim_{n \to \infty} P\left(\left| \frac{n_A}{n} - p \right| < \varepsilon \right) = 1 \tag{A1.23}$$

或者

$$\lim_{n \to \infty} P\left(\left| \frac{n_A}{n} - p \right| \geqslant \varepsilon \right) = 0 \tag{A1.24}$$

定理 A1.2 表明事件 A 发生的频率 $\dfrac{n_A}{n}$ 依概率收敛于事件 A 发生的概率 p，并以严格的数学形式表达了频率的稳定性。也就是说当 n 很大时，事件发生的频率与概率有较大偏差的可能性很小。当试验次数很大时，便可以用事件发生的频率来代替事件的概率。

定理 A1.3（辛钦大数定理） 设随机变量 $X_1, X_2, \cdots, X_n$ 相互独立，服从同一分布，且具有数学期望 $E(X_k) = \mu (k=1,2,\cdots)$，则对于任意正数 ε，有

$$\lim_{n\to\infty} P\left(\left|\frac{1}{n}\sum_{k=1}^{n}X_k - \mu\right| < \varepsilon\right) = 1 \tag{A1.25}$$

显然，贝努利大数定理是辛钦大数定理的特殊情况。

二、中心极限定理

正态分布在随机变量的各种分布中，占有特别重要的地位。在某些条件下，即使原来并不服从正态分布的一些独立的随机变量，它们的和的分布，在随机变量的个数无限增加时，也是趋于正态分布的。

在概率论里，把研究在什么条件下，大量独立随机变量之和的分布以正态分布为极限这一定理称为**中心极限定理**。

一般说来，如果某一项偶然因素对综合的影响是均匀的、微小的，即没有一项起特别突出的作用，那么就可以断定描述这些大量独立的偶然因素的总和的随机变量是近似地服从正态分布的。这是数理统计中大样本的理论基础，用数学形式来表达就是**李雅普诺夫定理**。

定理 A1.4（李雅普诺夫定理） 设 $X_1, X_2, \cdots$ 是相互独立的随机变量，有期望值 $E(X_i) = \mu_i$ 及方差 $\mathrm{Var}(X_i) = \sigma_i^2 < +\infty (i = 1, 2, \cdots)$，若每个 X_i 对总和 $\sum_{i=1}^{n} X_i$ 影响不大，令 $S_n = \left(\sum_{i=1}^{n}\sigma_i^2\right)^{\frac{1}{2}}$，则对任意实数 x，

$$\lim_{n\to\infty} P\left(\frac{1}{S_n}\sum_{i=1}^{n}(X_i - \mu_i) \leqslant x\right) = \frac{1}{\sqrt{2\pi}}\int_{-\infty}^{x} e^{-\frac{t^2}{2}} dt = \Phi_0(x) \tag{A1.26}$$

这个定理的实际意义是：如果一个随机现象由众多的随机因素所引起，每一因素在总的变量里起着不显著的作用，就可以推断，描述这个随机现象的随机变量近似地服从正态分布。由于这种情况很普遍，所以有相当多一类随机变量遵从正态分布，从而正态分布成为概率统计中最重要的分布。

这个定理对离散型的和连续型的随机变量都适用。

例 A1.4 一个螺丝钉重量是一个随机变量，期望值是 1 两，标准误是 0.1 两。求一盒 (100 个) 同型号的螺丝钉的重量超过 10.2 斤的概率。

解 设一盒重量为 X，盒中第 i 个螺丝钉的重量为 $X_i (i = 1, 2, \cdots, 100)$。$X_1, X_2, \cdots, X_{100}$ 相互独立，$E(X_i) = 1$，$\mathrm{se}(X_i) = 0.1$，则有

$$X = \sum_{i=1}^{100} X_i, \quad E(X) = 100 \times E(X_i) = 100, \quad \mathrm{se}(X) = 1$$

根据中心极限定理有 $X \sim N(100, 1)$，则

$$P(X > 102) = P\left(\frac{X-100}{1} > 2\right) = 1 - P(X - 100 \leqslant 2)$$
$$\approx 1 - \Phi(2) \quad (查正态分布表可得 \Phi(2) = 0.97725)$$
$$= 1 - 0.97725$$
$$= 0.02275 \approx 0.228$$

所以,一盒螺丝钉的重量超过10.2斤的概率为2.28%。

§A1.4 参数估计

统计推断的基本问题可以分为两大类:一类是估计问题,另一类是假设检验问题。本章讨论总体参数的点估计和区间估计。

一、点估计

设总体 X 的分布函数的形式为已知,但它的一个或多个参数为未知,借助于总体 X 的一个样本来估计总体未知参数的值的问题称为参数的**点估计**。

1. 矩估计

矩有中心矩和原点矩之分,原点矩就是随机变量 k 次幂的数学期望,即原点矩为 $E(X^k)$。中心矩是随机变量离差的 k 次幂的数学期望,即中心矩为 $E(X-\mu)^2$。

例如,随机变量 X 的期望就是它的一阶原点矩;方差是二阶中心矩。样本矩也可以仿照此定义。

矩估计比较直观,求估计量有时也比较直接,但它产生的估计量往往不够理想。

例 A1.5 某灯泡厂有一天生产了一大批灯泡,从中抽取了10只进行寿命试验,得数据如下:

1050   1100   1080   1120   1200   1250   1040   1130   1300   1200   (单位:小时)

问:这天生产的灯泡平均寿命大约是多少小时?

解 计算出样本均值

$$\bar{x} = \frac{\sum_{i=1}^{10} x_i}{10} = 1147$$

以此作为总体期望值 μ 的估计。

2. 极大似然估计

现在要根据从总体 X 中抽取的样本 $(X_1, X_2, \cdots, X_n)$,对总体分布中的未知参数 θ 进行估计。极大似然估计是要选取这样的 $\hat{\theta}$,当它作为 θ 的估计值时,使观察结果出现的可能性最大。

对于离散型的随机变量就是估计概率函数中的参数 θ;对于连续型的随机变量就是估计概率密度中的 θ。

定义 A1.5 设 X 为连续型随机变量,它的分布函数是 $F(x;\theta)$,概率密度是 $f(x;\theta)$,其中 θ 是未知参数(可以是一个值,也可以是一个向量)。由于样本的独立性,则样本 $(X_1, X_2, \cdots, X_n)$ 的联合密度是

$$L(x_1, \cdots, x_n; \theta) = \prod_{i=1}^{n} f(x_i; \theta) \tag{A1.27}$$

每一取定的样本值 $x_1, \cdots, x_n$ 是常数,L 是参数 θ 的函数,称 L 为样本的**似然函数**。

设 X 为离散型随机变量,有概率函数 $P(X=x) = p(x;\theta)$,则似然函数为

$$L(x_1, \cdots, x_n; \theta) = \prod_{i=1}^{n} p(x; \theta) \tag{A1.28}$$

定义 A1.6 如果 $L(x_1, \cdots, x_n; \theta)$ 在 $\hat{\theta}$ 处达到最大值,则称 $\hat{\theta}$ 是 θ 的极大似然估计。

$\hat{\theta}$ 与样本有关,它是样本的函数,即 $\hat{\theta} = \hat{\theta}(x_1, \cdots, x_n)$。式子右边的 $\hat{\theta}$ 表示函数关系。问题是如何把 θ 的极大似然估计 $\hat{\theta}$ 求出来,由于 $\ln L$ 与 L 同时达到极大值,所以只需要求出 $\ln L$ 的极大值点即可。

例 A1.6 已知

$$X \sim f(x; \theta) = \begin{cases} \dfrac{1}{\theta} e^{-\frac{x}{\theta}}, & x > 0 \\ 0, & x \leqslant 0 \end{cases} \tag{A1.29}$$

$x_1, x_2, \cdots, x_n$ 为 X 的一组样本观察值,$\theta > 0$。求 θ 的极大似然估计。

解 求解似然函数

$$L(x_1, \cdots, x_n; \theta) = \prod_{i=1}^{n} \frac{1}{\theta} e^{-\frac{x_i}{\theta}} = \frac{1}{\theta^n} e^{-\frac{1}{\theta} \sum_{i=1}^{n} x_i}$$

两边求对数得

$$\ln L = -n \ln \theta - \frac{1}{\theta} \sum_{i=1}^{n} x_i$$

两边求导得

$$\frac{\mathrm{d} \ln L}{\mathrm{d} \theta} = -\frac{n}{\theta} + \frac{1}{\theta^2} \sum_{i=1}^{n} x_i$$

当 $\theta = \hat{\theta}$ 时，$\ln L$ 取极大值，则

$$-\frac{n}{\hat{\theta}} + \frac{1}{\hat{\theta}^2}\sum_{i=1}^{n} x_i = 0$$

解得

$$\hat{\theta} = \frac{1}{n}\sum_{i=1}^{n} x_i = \bar{x}$$

则 $\bar{x}$ 就是 θ 的极大似然估计。

例 A1.7 某电子管的使用寿命（从开始使用到初次失效为止）服从指数分布（概率密度见例 2.9），今抽取一组样本，其具体数据如下：

$$16 \quad 29 \quad 50 \quad 68 \quad 100 \quad 130 \quad 140 \quad 270 \quad 280 \quad 340$$
$$410 \quad 450 \quad 520 \quad 620 \quad 190 \quad 210 \quad 800 \quad 1100$$

问如何估计 θ？

解 根据例 A1.6 的结果，参数 θ 用样本平均数估计，

$$\hat{\theta} = \frac{1}{n}\sum_{i=1}^{n} x_i = \bar{x} = (16 + 29 + \cdots + 800 + 1100) \div 18 = 5723 \div 18 \approx 318(\text{小时})$$

以此为 θ 的估计值。

二、区间估计

用点估计来估计总体参数，即使是无偏、有效的估计量，也会由于样本的随机性，从一个样本算得估计量的值不一定恰是所要估计的参数真值。而且，即使真正相等，由于参数真值本身是未知的，也无从肯定这种相等。

对于未知参数 θ，除了求出它的点估计 $\hat{\theta}$ 外，我们还希望估计出一个范围，并希望知道这个范围包含参数 θ 真值的可信程度。根据估计量的分布，在一定的可靠程度下，指出被估计的总体参数所在的可能数值范围，这就是参数的**区间估计**问题。

其具体的做法是，找两个统计量 $\hat{\theta}_1$ 与 $\hat{\theta}_2$，使得

$$P(\hat{\theta}_1 < \theta < \hat{\theta}_2) = 1 - \alpha \quad \quad (A1.30)$$

区间 $(\hat{\theta}_1, \hat{\theta}_2)$ 称为**置信区间**，$\hat{\theta}_2$ 与 $\hat{\theta}_1$ 分别称为**置信区间的上限和置信区间的下限**；$1-\alpha$ 称为**置信概率**或**置信度**；α 称为**显著性水平**，是事先给定的一个小正数，一般常给的 α 为 5% 或 1%。

例 A1.8 设总体 $X \sim N(\mu, \sigma^2)$，σ^2 为已知，μ 为未知，设 $X_1, X_2, \cdots X_n$ 是来自 X 的样本，求 μ 的置信度为 $1-\alpha$ 的置信区间。

解 我们知道 $\bar{X}$ 是 μ 的无偏估计，并且有

$$\frac{\overline{X}-\mu}{\sigma/\sqrt{n}} \sim N(0,1) \tag{A1.31}$$

按照标准正态分布的 α 分位点的定义,有

$$P\left\{\left|\frac{\overline{X}-\mu}{\sigma/\sqrt{n}}\right| < z_{\alpha/2}\right\} = 1-\alpha \tag{A1.32}$$

即

$$P\left\{\overline{X}-\frac{\sigma}{\sqrt{n}}z_{\alpha/2} < \mu < \overline{X}+\frac{\sigma}{\sqrt{n}}z_{\alpha/2}\right\} = 1-\alpha \tag{A1.33}$$

这样我们就得到了 μ 的一个置信度为 $1-\alpha$ 的置信区间为

$$\left(\overline{X}-\frac{\sigma}{\sqrt{n}}z_{\alpha/2}, \overline{X}+\frac{\sigma}{\sqrt{n}}z_{\alpha/2}\right)$$

如果取 $\alpha=0.05$,即 $1-\alpha=0.95$。又若 $\sigma=1, n=16$,查表得 $z_{\alpha/2}=z_{0.025}=1.96$。于是我们得到一个置信度为 0.95 的置信区间 $\overline{X}\pm 0.49$,再者,若一个样本值算得的样本均值的观察值 $\overline{X}=5.20$,则得到一个区间 $(4.71, 5.69)$。

注意,上述区间已经不是随机区间了。但是我们仍称它为置信度为 0.95 的置信区间。其含义是:若反复抽样多次,每个样本值($n=16$)确定一个区间,在这么多的区间中,包含 μ 的约占 95%,不包含 μ 的约占 5%。

下面我们来研究单个正态总体均值和方差的区间估计:

1. 正态总体 $N(\mu, \sigma^2)$ 均值的区间估计

设已经给定置信度为 $1-\alpha$,并设 $X_1, X_2, \cdots, X_n$ 为总体 $N(\mu, \sigma^2)$ 的样本。$\overline{X}, S^2$ 分别是样本均值和样本方差。

(1) σ^2 为已知,此时由例 A1.8 得到的结果,得到 μ 的置信度为 $1-\alpha$ 的置信区间为

$$\left(\overline{X}-\frac{\sigma}{\sqrt{n}}z_{\alpha/2}, \overline{X}+\frac{\sigma}{\sqrt{n}}z_{\alpha/2}\right)$$

(2) σ^2 为未知,此时不能使用上述区间,因其中含未知参数 σ。考虑到 S^2 是 σ^2 的无偏估计,将上式中的 σ 换成 S,则根据样本抽样分布的原理,知道

$$\frac{\overline{X}-\mu}{S/\sqrt{n}} \sim t(n-1) \tag{A1.34}$$

可得到

$$P\left\{-t_{\alpha/2}(n-1) < \frac{\overline{X}-\mu}{S/\sqrt{n}} < t_{\alpha/2}(n-1)\right\} = 1-\alpha \tag{A1.35}$$

于是得到 μ 的置信度为 $1-\alpha$ 的置信区间

$$\overline{X} \pm \frac{S}{\sqrt{n}} t_{\alpha/2}(n-1)$$

例 A1.9 有一大批糖果，现从中随机地取 16 袋，称得重量(以克计)如下：

506 508 499 503 504 510 497 512 514 505 493 496 506 502 509 496

设袋装糖果的重量近似地服从正态分布，试求总体均值 μ 的置信度为 0.95 的置信区间。

解 这里 $1-\alpha=0.95$，$\alpha/2=0.025$，$n-1=15$，$t_{0.025}(15)=2.1315$(查 t 分布表)。由给出的数据得到 $\overline{X}=503.75$，$S=6.2022$，则该批糖果每袋重量的置信区间是

$$\left(503.75 \pm \frac{6.2022}{\sqrt{16}} \times 2.1315\right)$$

即(500.4, 507.1)。这就是说估计袋装糖果重量的均值在 500.4 克与 507.1 克之间，这个估计的可信程度为 95%。若以此区间内任一值作为 μ 的近似值，其误差不大于

$$\frac{6.2022}{\sqrt{16}} \times 2.1315 \times 2 = 6.61(克)$$

这个误差的可信度为 95%。

在实际问题中，总体方差 σ^2 未知的情况居多。

2. 正态总体 $N(\mu,\sigma^2)$ 方差的区间估计

这个问题中根据实际问题的需要，只介绍 μ 未知的情况。σ^2 的无偏估计为 S^2，由样本抽样分布的定理知道

$$\frac{(n-1)S^2}{\sigma^2} \sim \chi^2(n-1) \tag{A1.36}$$

并且上式右端的分布不依赖于任何未知参数。故有

$$P\left(\chi^2_{1-\alpha/2}(n-1) < \frac{(n-1)S^2}{\sigma^2} < \chi^2_{\alpha/2}(n-1)\right) = 1-\alpha \tag{A1.37}$$

即方差 σ^2 的一个置信度为 $1-\alpha$ 的置信区间为：

$$\left(\frac{(n-1)S^2}{\chi^2_{\alpha/2}(n-1)}, \frac{(n-1)S^2}{\chi^2_{1-\alpha/2}(n-1)}\right) \tag{A1.38}$$

例 A1.10 求例 A1.9 中总体标准差 σ 的置信度为 95% 的置信区间。

解 这里 $\alpha/2=0.025$，$1-\alpha/2=0.975$，$n-1=15$，查表得 $\chi^2_{0.025}(15)=27.488$，$\chi^2_{0.975}(15)=6.262$，又 $S=6.2022$，则 σ 的 95% 置信区间为(4.58, 9.60)。

§A1.5 估计量的评价

一、总体参数与统计推断

总体就是研究对象的整体,指客观存在的,具有某种共同属性的若干个别事物的集合体。例如,要研究中国居民的家庭收入与消费,则全国所有的家庭户就构成一个总体。要研究消费是如何随着收入的变化而变化,就必须获得总体即所有家庭户的收入与消费数据。但是,在实践中这往往是不现实或不经济的,通常会通过全国一部分家庭的人均收入与人均消费数据去推断总体的人均收入与人均消费数据。这种利用来自总体的一个样本去推断总体的特征的方法称为统计推断。统计推断首先要明确所要研究的总体,之后就要建立总体中变量之间关系的模型。描述模型中变量之间关系的一些常数称为参数。例如,判断消费是如何随着收入的增长而增长的参数就是边际消费倾向。

二、估计量与估计值

通过样本对总体进行推断首先要明确估计量与估计值,两者有着本质的差异。

定义 A1.7 对于参数为 θ 的总体,随机样本为 $\{X_1, X_2, \cdots, X_n\}$,$\theta$ 的一个**估计量**就是据样本进行统计推断的某一特定法则的每一可能结果。

例如,令 $\{X_1, X_2, \cdots, X_n\}$ 为来自均值为 μ 的总体的任意一个样本,样本均值

$$\overline{X} = \frac{1}{n}\sum_{i=1}^{n} X_i \tag{A1.39}$$

为 μ 的估计量。把 $\overline{X}$ 看作一个估计量,其意义在于给定随机变量 $\{X_1, X_2, \cdots, X_n\}$ 的任何一种结果,我们都用相同的法则去估计 μ,即用样本均值去推断 μ。

定义 A1.8 对于某一特定样本,实际结果为 $\{x_1, x_2, \cdots, x_n\}$,样本均值 $\overline{x} = \frac{1}{n}\sum_{i=1}^{n} x_i$ 为**估计值**。

由于样本的多样性,样本不同,其样本均值不同。因此,估计值会随着样本的变化而变化。而估计量则是一个代表着所有样本可能结果的一个变量。估计量是一个随机变量,估计量的分布就是抽样分布,具体地讲,抽样分布就是从总体中抽出容量相同的全部样本,并计算出估计值,然后按估计值所编的频数分布,这个频数分布描述了估计量所具有的统计性质。

例 A1.11 城市失业率。

假如我们得到了中国 8 个城市的失业率的一个样本如表 A1.2 所示:

表 A1.2 城市失业率

城市	失业率(%)	城市	失业率(%)
1	4	5	8
2	5	6	5
3	7	7	4
4	6	8	3

则对平均失业率的估计值是 $\bar{x}=5.25\%$。随着组成样本的城市不同,平均失业率的估计值不同,但无论样本如何,我们都用样本均值求估计值,代表所有估计值的变量就是估计量。

一般而言,参数 θ 的一个估计量 $\hat{\theta}$ 可表示为

$$\hat{\theta} = h(X_1, X_2, \cdots, X_n) \tag{A1.40}$$

其中 h 为随机变量 $X_1, X_2, \cdots, X_n$ 的某个已知函数。因为 $\hat{\theta}$ 依赖于随机样本,所以 $\hat{\theta}$ 为随机变量,$\hat{\theta}$ 随着从总体中抽到不同的随机样本而改变。当得到一个特定的样本 $(x_1, x_2, \cdots, x_n)$ 时,将其代入函数 h 中,得到 θ 的一个估计值,视为 $\hat{\theta}=h(x_1, x_2, \cdots, x_n)$,称 $\hat{\theta}$ 为**点估计值**。

通常我们不加区别地使用符号 $\hat{\theta}$ 代表 θ 的估计量和估计值,但两者有着不同的意义,为了评价不同的参数估计方法的优劣,就要研究某一特定方法得到的估计量 $\hat{\theta}$ 的概率分布的各种性质,根据样本数据推断总体参数的方法很多,必须建立一些准则用以评价估计量的优劣。

三、估计量的有限样本性质

估计量的有限样本性质是指所讨论的性质对任意大小的样本都成立。

评价 $\hat{\theta}$ 作为 θ 的一个估计量时,通常使用如下标准:

1. 无偏估计

对于一切可能的 θ 值,都有

$$E(\hat{\theta}) = \theta \tag{A1.41}$$

则 $\hat{\theta}$ 为 θ 的一个**无偏估计量**。

无偏性并不是说一个特定的样本估计值等于 θ。而是说,如果从总体中抽取关于 X 的无限多个样本的话,每次都计算一个估计值,那么将所有的估计值平均起来就等于 θ。这种情况是一种理论抽象,在实际应用中,我们只能使用一个随机样本。

如果一个估计量不是无偏的,则其**偏误**为

$$\text{Bias}(\hat{\theta}) = E(\hat{\theta}) - \theta \tag{A1.42}$$

图 A1.3 中给出了无偏估计量和有偏估计量的抽样分布。从图 A1.3 中可以看出,我们不能保证无偏估计量 W_1 产生的每一个估计值都是优于有偏估计量 W_2 产生的估计值。

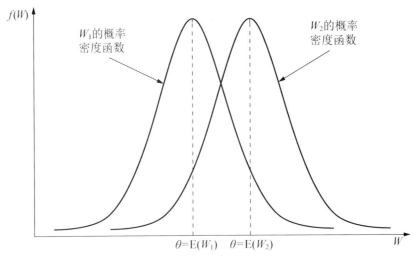

图 A1.3　无偏估计量与有偏估计量

但无偏性则意味着据无偏估计量 W_1 得到的估计值,接近真实值 θ 的可能性要大于据有偏估计量 W_2 得到的估计值。

2. 有效性

无偏性保证估计量的概率分布以总体参数 θ 为中心,但我们还要判断这个估计量的分布的离散程度。一个估计量在平均意义下等于 θ,但如果离散程度很高,则得到远离 θ 的估计值的可能性就很大。在图 A1.4 中,W_1 和 W_2 都是 θ 的无偏估计量,但 W_1 的分布更紧密地集中在 θ 的周围。用 W_1 作为估计量就意味着获得一个远离 θ 的估计值的可能性较小。

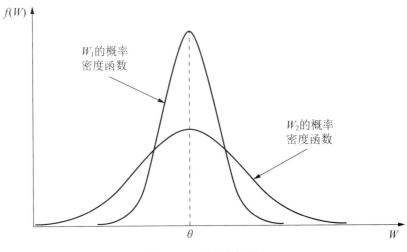

图 A1.4　有效估计量

我们知道,描述分布的离散程度的统计量为方差,$\hat{\theta}$ 的方差为 $\text{Var}(\hat{\theta})$,在无偏估计量中,我们将选取有最小方差的估计量。

有效性:如果 W_1 和 W_2 是 θ 的两个无偏估计量,如果对所有的 θ 都有 $\text{Var}(W_1) \leqslant \text{Var}(W_2)$,且至少对 θ 的一个值严格不等式成立,则 W_1 比 W_2 更有效。

使用有效性准则时必须考虑无偏性,否则比较方差大小就毫无意义。例如,在估计总体均值时,假定用某个估计量,无论得到什么样本,估计值总取值为 0,则这个估计量的方差为 0,但这个估计的偏误为 $-\mu$,这是一个很差的估计量。

3. 最佳线性无偏性

如果估计量 $\hat{\theta}$ 是 θ 的所有线性无偏估计量中方差最小的,则 $\hat{\theta}$ 为 θ 的**最佳线性无偏估计量**(the best linear unbiased estimator,BLUE)。

四、估计量的渐近性质或大样本性质

估计量的性质有时会随着样本容量的变化而变化,随着样本容量的增大,估计量的方差会变小,有偏估计量会达到渐近无偏,称估计量的这种特性为估计量的**渐近性质**或**大样本性质**。

一致性:令 $\hat{\theta}_n$ 为来自于样本容量为 n 的对 θ 的一个估计量。如果 $n \to \infty$,对于每个 $\varepsilon > 0$,都有

$$\lim_{n \to \infty} P(|\hat{\theta}_n - \theta| \geqslant \varepsilon) = 0 \tag{A1.43}$$

则称 $\hat{\theta}_n$ 是 θ 的一个一致估计量,如果 $\hat{\theta}_n$ 对 θ 不是一致的,则称 $\hat{\theta}_n$ 是非一致的。

当 $\hat{\theta}_n$ 是一致的,也称 θ 是 $\hat{\theta}$ 的**概率极限**,记为 $p\lim(\hat{\theta}_n) = \theta$。

无偏性描述的是估计量在给定样本大小时的特征,一致性描述的是样本增大时估计量的抽样分布的特征。式(A1.43)说明 $\hat{\theta}_n$ 的分布越来越集中于 θ,也就是说随着样本容量 n 的增大,$\hat{\theta}_n$ 离开 θ 很远的可能性越来越小。

如果一个估计量不是一致的,那么即使我们有无限多个的数据,也无助于推断总体值 θ。因此,一致性成为统计学和计量经济学中对所用估计量的一个起码要求,当估计量是不一致的时候,通常可求出它的概率极限,以便知道这些概率极限离真正的 θ 有多远。

§ A1.6 假设检验

统计推断的另一类重要问题是假设检验。在总体的分布函数完全未知或只知其形式、但不知其参数的情况,为了推断总体的某些性质,提出某些关于总体的假设。在这里,我们只考虑总体的分布形式已知,参数未知情形的假设检验。

假设检验就是根据样本对所提出的假设作出判断:是接受,还是拒绝。这里先结合例子来说明假设检验的基本思想和做法。

例 A1.12 某车间用一台包装机包装葡萄糖,包的袋装糖重是一个随机变量,它服从正态分布。当机器正常时,其均值为 0.5 千克,标准差为 0.015 千克。某日开工后为检验包装机是否正常,随机地抽取它所包装的糖 9 袋,称得净重为

0.497 0.506 0.518 0.524 0.498 0.511 0.520 0.515 0.512 （千克）

问:机器是否正常?

解 以 μ, σ 分别表示这一天袋装糖重总体 X 的均值和标准差。由于长期时间表明标准差比较稳定,我们就设 $\sigma = 0.015$,于是 $X \sim N(\mu, 0.015^2)$,这里 μ 是未知的。问题是根据样本值来判断 $\mu = 0.5$ 还是 $\mu \neq 0.5$,为此,我们提出假设

$$H_0 : \mu = \mu_0 = 0.5$$
$$H_1 : \mu \neq \mu_0$$

这是两个对立的假设,我们给出一个合理的法则,根据这一法则,利用已知样本作出判断是接受假设 H_0,还是拒绝假设 H_0。如果做出的判断是接受 H_0,则认为 $\mu = \mu_0$,即认为机器工作是正常的,否则,则认为是不正常的。

由于要检验的假设涉及总体均值 μ,故首先想到是否可借助样本均值 $\overline{X}$ 这一统计量来进行判断。我们知道,$\overline{X}$ 是 μ 的无偏估计,$\overline{X}$ 的观察值的大小在一定程度上反映了 μ 的大小。因此,如果假设 H_0 为真,则观察值 $\overline{X}$ 与 μ_0 的偏差 $|\overline{X} - \mu_0|$ 一般不应该太大。若 $|\overline{X} - \mu_0|$ 过分大,我们就怀疑假设 H_0 的正确性而拒绝 H_0,并考虑到当 H_0 为真时 $\frac{\overline{X} - \mu_0}{\sigma/\sqrt{n}} \sim N(0,1)$,而衡量 $|\overline{X} - \mu_0|$ 的大小可归结为衡量 $\frac{|\overline{X} - \mu_0|}{\sigma/\sqrt{n}}$ 的大小。基于上面的想法,我们可适当选定一正数 k,使当观察值 $\overline{X}$ 满足 $\frac{|\overline{X} - \mu_0|}{\sigma/\sqrt{n}} > k$ 时就拒绝假设 H_0,反之,若 $\frac{|\overline{X} - \mu_0|}{\sigma/\sqrt{n}} < k$,就接受假设 H_0。

在本例中,取 $\alpha = 0.05$,则有 $k = z_{0.05/2} = z_{0.025} = 1.96$,又已知 $n = 9, \sigma = 0.015$,再由样本算得 $\overline{X} = 0.511$,即有

$$\frac{|\overline{X} - \mu_0|}{\sigma/\sqrt{n}} = 2.2 > 1.96 \tag{A1.44}$$

于是拒绝 H_0,认为这一天包装机工作不正常。

上例中所采用的检验法则是符合小概率事件的实际推断原则的。因通常 α 总是取得较小,一般取 $\alpha = 0.01, 0.05$。因而若 H_0 为真,即当 $\mu = \mu_0$ 时,$\frac{|\overline{X} - \mu_0|}{\sigma/\sqrt{n}} \geq z_{\alpha/2}$ 是一个小概率事

件，根据实际推断原理，就可以认为如果 H_0 为真，则由一次试验得到的观察值 $\overline{X}$ 满足不等式 $\dfrac{|\overline{X}-\mu_0|}{\sigma/\sqrt{n}} \geqslant z_{\alpha/2}$ 几乎是不会发生的。现在在一次观察中竟然出现了满足 $\dfrac{|\overline{X}-\mu_0|}{\sigma/\sqrt{n}} \geqslant z_{\alpha/2}$ 的 $\overline{X}$，则我们有理由怀疑原来的假设 H_0 的正确性，因而拒绝 H_0。若出现的观察值 $\overline{X}$ 满足 $\dfrac{|\overline{X}-\mu_0|}{\sigma/\sqrt{n}} < z_{\alpha/2}$，此时没有理由拒绝假设 H_0，因而只能接受 H_0。

在上例的做法中，我们看到当样本容量固定时，选定 α 后，数 k 就可以确定，然后按照统计量 $z = \dfrac{\overline{X}-\mu_0}{\sigma/\sqrt{n}}$ 的绝对值大于等于 k 还是小于 k 来做出决定。数 k 是检验上述假设的一个门槛值。如果 $|z| = \left|\dfrac{\overline{X}-\mu_0}{\sigma/\sqrt{n}}\right| \geqslant k$，则称 $\overline{X}$ 与 μ_0 的差异是显著的，这时拒绝 H_0；反之，如果 $|z| = \left|\dfrac{\overline{X}-\mu_0}{\sigma/\sqrt{n}}\right| < k$，则称 $\overline{X}$ 与 μ_0 的差异是不显著的，这时接受 H_0。数 α 称为显著性水平。

统计量 $z = \dfrac{\overline{X}-\mu_0}{\sigma/\sqrt{n}}$ 称为**检验统计量**。

H_0 称为**原假设**，H_1 称为**备择假设**或**对立假设**。

例 A1.13 根据长期经验和资料的分析，某厂生产的砖的"抗断强度" X 服从正态分布，方差 $\sigma^2 = 1.21$。从该厂产品中随机抽取 6 块，测得抗断强度如下：

32.56 29.66 31.64 30.00 31.87 31.03 （单位：千克/厘米^2）

检验这批砖的平均抗断强度为 32.50 千克/厘米^2 是否成立（$\alpha = 0.05$）？

解 设原假设 $H_0: \mu = 32.50$。如果 H_0 是正确的，即样本 $X_1, X_2, \cdots, X_6$ 来自正态总体 $N(32.50, 1.1^2)$，根据第二节的分析结论，有

$$\frac{\overline{X} - 32.50}{1.1/\sqrt{6}} \sim N(0,1) \tag{A1.45}$$

因而，选取统计量

$$|z| = \left|\frac{\overline{X} - \mu_0}{\sigma/\sqrt{n}}\right| \tag{A1.46}$$

对于给定的 α，有 $z_{\alpha/2} = 1.96$，则

$$|z| = \left|\frac{\overline{X} - \mu_0}{\sigma/\sqrt{n}}\right| = \left|\frac{31.13 - 32.50}{1.1/\sqrt{6}}\right| \approx 3.05 > 1.96 \tag{A1.47}$$

最后可以下结论，拒绝 H_0，即不能认为这批产品的平均抗断强度是 32.50 千克/厘米^2。

§A1.7 物价和物量

一、物价和物量的概念

物价和物量是指数中的一组重要的最基本的概念。它们既与微观的个别商品的价格和数量相联系,但又不完全一致。因为在微观层次上,每一种商品的价格和数量都是确定的,两者之积就是这种商品的价值量。但是在宏观层次上由不同种类的货物和服务所构成的集合,如产出或中间投入,我们就不能简单地对各种货物和服务的数量求代数和。这是因为,一方面它们各自的计量单位可能不尽相同;另一方面即使是同一类产品,计量单位相同,但也可能在品种、规格和质量上存在区别,对它们的数量简单地相加可能毫无经济意义。

举一个简单的例子来说明。设某汽车制造商生产两种不同型号的汽车,型号甲的售价是型号乙的两倍。现假定从基期到报告期每种型号汽车的售价保持不变;该汽车制造商所生产的汽车总数不变,但是价格较高的型号甲占汽车总数的比重从基期的50%提高到报告期的80%,而型号乙的比重则从基期占汽车总数的50%下降到报告期的20%。显然由于价格高的汽车比重提高,产出的总价值将增长。但是这一产出价值的增长,既不是由价格变化引起的,也不是由"数量"增长引起的。在这里"数量"一词已不能说明任何问题。物量概念正是为克服"数量"一词的先天不足而提出来的,它充分考虑了各种货物或服务在经济上的相对重要性,从而不仅能够反映各种货物和服务单纯数量上的规模,而且能够充分体现出这些货物和服务在质量上或品种结构上的任何改变。与物量概念相对应,物价是指各种货物和服务的一般价格水平,它同样是用各种货物和服务的相对重要性(一般以其价值量的大小来体现)加权后的结果。

在经济运行过程中,除了产出和中间投入的变化可以分解为物量变化和物价变化两个部分以外,其他的货物和服务总量指标,如最终消费、资本形成、出口和进口等,原则上也都可以分解为物量和物价两个因素。唯一需要引起注意的是某些市场货物和服务,如政府提供的社会保障、教育、保健、公共安全、国防等公共服务,可能不得不从投入的角度才能将其分解为物量和物价两部分。

二、不变价格核算

1. 不变价格的含义和一般方法

不变价格是相对于现行价格而言的。因为现行价格就是经济活动发生时的实际价格,它随着时间的推移而改变。不变价格又称为固定价格或可比价格,它是以某一固定时期的价格为基准,在一定时期内(如五年或十年)假定不变的价格。按现行价格计算的各种价值量指标包含了物价因素变动的影响,不能真实地反映经济活动的动态变化。按不变价格计算有关的价值量指标,就是要剔除物价因素变动的影响,反映经济活动所实际达到的物量水平。

为了进行不变价格核算,各国积累了多种不同的方法,其中最主要的是以下三种:

(1) 固定价格法

固定价格法又称为**直接核算法**。它是直接用核算期内所有产品的实物量乘以在某一固定时期编制的产品不变价格目录中的相应价格来核算有关的产品价值量。其表达式为 $\sum P_0 Q_1$,其中 P 和 Q 分别表示产品的价格和数量,下标 0 和 1 分别表示基期和报告期。这种方法的使用面很窄,新中国成立以来我国仅利用固定价格法计算过农业和工业两个部门的不变价格产值指标。

(2) 系数推算法

系数推算法又称为**外推法**。它是在一定的假设条件下,选用与需要估计其不变价格数据的价值量指标密切相关的另一指标的物量指数作为系数,乘以该指标的基期价值量,得到按基期价格度量的报告期价值量。该方法在西方国家用得较为普遍。

(3) 价格指数法(紧缩法或缩减法)

价格指数法又称为**紧缩法**或**缩减法**。它是选用适当的价格指数去除报告期按现行价格计算的价值量,得到报告期按不变价格(或可比价格)计算的价值量。价格指数法的基本表达式为

$$\sum P_0 Q_1 = \sum P_1 Q_1 \Big/ \Big(\sum P_1 Q_1 \Big/ \sum P_0 Q_1 \Big) \tag{A1.48}$$

式中的价格指数 $\sum P_1 Q_1 \big/ \sum P_0 Q_1$ 不一定就是按综合指数形式计算的,而更有可能是平均指数;另外,该价格指数的计算口径也可能与被紧缩的现价价值量 $\sum P_1 Q_1$ 的计算口径不完全一致。

价格指数法按其进行缩减的对象和途径不同,可以分为**单紧缩法**和**双紧缩法**。单紧缩法又称为**直接紧缩法**,是指将有关的现价价值量直接用相关的价格指数去除,求出该指标的不变价格(或可比价格)数据;双紧缩法则是先对两个相关的现价价值量指标分别用各自相关的价格指数去缩减,然后用缩减得到的两个不变价格指标计算与此有关的第三个指标的不变价格价值量。在实践中,无论单紧缩法还是双紧缩法都得到了广泛的运用。

然而,价格指数法的运用必须以具备一套相对完整的价格指数体系为条件,对价格统计工作的要求较高。为此,西方国家的一般做法是通过调查部分代表性单位的代表产品价格水平及其变动,然后运用加权平均指数公式编制出反映各类产品或全部产品价格水平变动的一系列价格指数。这种方法涉及的调查单位少,工作量不大,而且只要充分保证了所选单位和产品的代表性及其基础调查资料的准确性,计算出来的价格指数一般都能比较准确地反映当期价格水平的变动趋势和变动幅度。

2. 不变价格指标的计算

我们以总增加值为例来研究不变价格指标的计算方法。总增加值等于总产出与中间投入的差。所以,总增加值在本质上是一种"追加"的价值,并不具有独立的实物形态。要计算一个基层单位(企业、产业部门或机构部门)的不变价格总增加值,也就是要反映总增加值所达到的物量水平,只能采用间接的方式。总的来说,主要有如下几种途径:

(1)双紧缩法

它是分别用产出价格指数和中间投入价格指数紧缩报告期的现价产出和现价中间投入,求得报告期的不变价产出和不变价中间投入,然后相减求差得到报告期的不变价总增加值。按照双紧缩法计算不变价格总增加值,是联合国所推荐的首选方法。

双紧缩法的具体计算过程可以用公式表示为:

步骤一 计算报告期不变价格总产出。

$$Z_{01} = \sum_{i=1}^{n}(Z_{1i}/P_{zi}) \tag{A1.49}$$

其中 Z_{01} 表示按不变价格计算的报告期总产出,Z_{1i} 表示报告期第 i 种产出的现价价值量,P_{zi} 表示第 i 种产出的价格指数。

步骤二 计算报告期不变价格中间投入。

$$X_{01} = \sum_{j=1}^{m}(X_{1j}/P_{xj}) \tag{A1.50}$$

其中 X_{01} 表示按不变价格计算的报告期中间投入,X_{1j} 表示报告期第 j 种中间投入的现价价值量,P_{xj} 表示第 j 种中间投入的价格指数。

步骤三 计算报告期不变价格总增加值。

$$N_{01} = Z_{01} - X_{01} = \sum_{i=1}^{n}(Z_{1i}/P_{zi}) - \sum_{j=1}^{m}(X_{1j}/P_{xj}) \tag{A1.51}$$

其中 N_{01} 表示按不变价格计算的报告期总增加值,其他符号的含义同上。

(2)单紧缩法

当报告期的现价总增加值已知时,也可以直接用总产出价格指数去缩减报告期的现价总增加值,得到报告期按不变价格计算的总增加值,这就是**单紧缩法**。用公式表示,就是

$$N_{01} = N_{11} \Big/ \Big(\sum P_1 Q_1 \Big/ \sum P_0 Q_1\Big) \tag{A1.52}$$

其中 N_{01} 和 N_{11} 分别表示报告期的不变价和现价总增加值,$\sum P_1 Q_1 / \sum P_0 Q_1$ 是总产出价格指数。这种方法隐含着一个假定,即报告期的不变价格增加值率与现价增加值率相同。这一点可以从下述变形公式中看得很清楚,即

$$N_{01} = \sum P_0 Q_1 \times (N_{11} / \sum P_1 Q_1) \tag{A1.53}$$

上式中 $N_{11} / \sum P_1 Q_1$ 表示报告期的现价增加值率。显然，报告期的不变价格增加值率应为 $N_{01} / \sum P_0 Q_1$。一般而言，在短期内产出和中间投入的价格变化基本一致，上述两个增加值率基本相等，因而按单紧缩法能够取得较好的近似估计值。

(3) 物量指数外推法

这也是一种常用的方法，尤其是在价格统计工作较薄弱的条件下，是上述紧缩法的一种较好的替代方法。以产出为例，产出物量指数外推法是用产出物量指数乘以基期的总增加值，得到报告期按基期价格计算的增加值的近似估计值。用公式表示，就是

$$N_{01} = N_{00} \times \left(\sum P_0 Q_1 / \sum P_0 Q_0 \right) \tag{A1.54}$$

其中 N_{01} 表示报告期的不变价总增加值，N_{00} 表示基期的总增加值，$\sum P_0 Q_1 / \sum P_0 Q_0$ 表示产出物量指数。这一表达式也可以变形为

$$N_{01} = \sum P_0 Q_1 \times (N_{00} / \sum P_0 Q_0) \tag{A1.55}$$

上式说明，这种方法实际上是在用报告期的不变价总产出 $\left(\sum P_0 Q_1 \right)$ 乘以基期的增加值率 $\left(N_{00} / \sum P_0 Q_0 \right)$，近似地计算报告期的不变价总增加值。显然，它暗含着这样一个重要的假定，即：在基期价格水平上，报告期和基期每单位产出所提供的总增加值（即增加值率）是相同的。一般而言，在短期内增加值率的变化极小，因而这种方法也能取得较好的估计值。

§ A1.8 指　　数

一、拉氏指数、派氏指数和费雪指数

拉氏指数（Laspeyres index）是德国经济学家拉斯普雷斯于 1864 年提出的指数，设价格为 p，数量为 q，拉氏价格指数 P_L 定义如下：

$$P_L = \frac{\sum p_1 q_0}{\sum p_0 q_0} \tag{A1.56}$$

该公式以 0 期为基期，基期时的数量为 q_0，假定它在报告期（1 期）也没有发生变化。也就是说，拉氏指数表示的是，如果在 1 期购买与 0 期相同数量的商品，两者相比较所支出的费用变化程度。但是，这个指数对于比基期数量增加的商品来说，存在过小评价的倾向，而对于

交易数量减小的商品则存在过大评价的倾向。如果两个时期间隔较远,计算这种价格指数就很不准确。

拉氏数量指数定义如下:

$$Q_L = \frac{\sum p_0 q_1}{\sum p_0 q_0} \tag{A1.57}$$

派氏指数(Paasche index)是在拉氏指数提出 10 年之后,由另一位德国经济学家派舍提出的。派氏指数 P_P 定义如下:

$$P_P = \frac{\sum p_1 q_1}{\sum p_0 q_1} \tag{A1.58}$$

上式与拉氏指数的区别在于,分子和分母中均用报告期的交易数量 q_1 代替基期的交易数量 q_0。

一般说来,拉氏价格指数比派氏价格指数更容易编制。因为,在编制拉氏指数时,如果已经有了基期的价格与数量,只需要调查报告期的价格,而派氏指数必须同时调查报告期的价格和数量。

所谓的"派舍效应",指的是派氏价格指数比拉氏价格指数较小的倾向。这是因为价格上升的商品的消费量通常是减少的,因而报告期的数量 q_1 小于基期的数量 q_0。

关于派氏数量指数,有如下定义:

$$Q_P = \frac{\sum p_1 q_1}{\sum p_1 q_0} \tag{A1.59}$$

费雪指数(Fisher index)是美国经济学家与统计学家费雪提出的一种价格指数,它是拉氏指数与派氏指数的几何平均,定义如下:

$$P_F = \sqrt{P_L P_P} = \sqrt{\frac{\sum p_1 q_0}{\sum p_0 q_0} \cdot \frac{\sum p_1 q_1}{\sum p_0 q_1}} \tag{A1.60}$$

这种指数虽然又称为**费雪理想计算公式**,但是由于它的计算过程中还必须利用派氏指数,因此在实际中运用很少。

费雪数量指数定义如下:

$$Q_F = \sqrt{Q_L Q_P} = \sqrt{\frac{\sum p_0 q_1}{\sum p_0 q_0} \cdot \frac{\sum p_1 q_1}{\sum p_1 q_0}} \tag{A1.61}$$

二、应用举例

例 A1.14 表 A1.3 列示某市场上 5 种新鲜水果的年平均价格 p_t 和每个家庭年均购买数量 q_t。

(1)以 2000 年为基期,计算 2004 年的拉氏价格指数 P_L。
(2)以 2000 年为基期,计算 2004 年的派氏价格指数 P_P。
(3)以 2000 年为基期,计算 2004 年的费雪价格指数 P_F。
(4)以 2000 年为基期,计算 2004 年的拉氏、派氏、费雪数量指数 Q_L, Q_P, Q_F。

表 A1.3 新鲜水果的年平均价格与各家庭年均购买量   单位:日元/200g;kg

新鲜水果	2000 年价格 p_0	2000 年购买量 q_0	2004 年价格 p_1	2004 年购买量 q_1
1.橘子	30	278	36	214
2.苹果	39	185	39	176
3.梨子	47	71	50	66
4.葡萄	90	39	95	34
5.草莓	106	45	118	38

解 (1)拉氏价格指数 P_L:

$$P_L = \frac{\sum p_1 q_0}{\sum p_0 q_0} = \frac{36\times278+39\times185+50\times71+95\times39+118\times45}{30\times278+39\times185+47\times71+90\times39+106\times45}$$

$$= \frac{29\,788}{27\,172}$$

$$= 109.6\%$$

设 2000 年价格指数为 100%,则 2004 年新鲜水果的拉氏价格指数为 109.6%。

(2)派氏价格指数 P_P:

$$P_P = \frac{\sum p_1 q_1}{\sum p_0 q_1}$$

$$= \frac{36\times214+39\times176+50\times66+95\times34+118\times38}{30\times214+39\times176+47\times66+90\times34+106\times38}$$

$$= \frac{25\,582}{23\,474}$$

$$= 109.0\%$$

派氏价格指数为 109.0%,小于拉氏价格指数 109.6%,可见存在"派舍效应"。

(3) 计算费雪价格指数：

$$P_F = \sqrt{P_L P_P} = \sqrt{\frac{\sum p_1 q_0}{\sum p_0 q_0} \cdot \frac{\sum p_1 q_1}{\sum p_0 q_1}}$$
$$= \sqrt{109.6\% \times 109.0\%}$$
$$= 109.3\%$$

费雪价格指数为 109.3%。

(4) 计算拉氏数量指数：

$$Q_L = \frac{\sum p_0 q_1}{\sum p_0 q_0} = \frac{23\,474}{27\,172} = 86.4\%$$

设 2000 年为 100%，2004 年的拉氏数量指数为 86.4%。

计算派氏数量指数：

$$Q_P = \frac{\sum p_1 q_1}{\sum p_1 q_0} = \frac{25\,582}{29\,788} = 85.9\%$$

派氏数量指数为 85.9%。

计算费雪数量指数：

$$Q_F = \sqrt{Q_L Q_P} = \sqrt{\frac{\sum p_0 q_1}{\sum p_0 q_0} \cdot \frac{\sum p_1 q_1}{\sum p_1 q_0}} = \sqrt{Q_L \times Q_P} = \sqrt{0.864 \times 0.859}$$
$$= 86.1\%$$

费雪数量指数为 86.1%。

附录二 计量经济分析软件包 EViews 基础

§A2.1 EViews 软件使用初步

一、EViews 软件包的启动

1. EViews 的启动

软件安装后,在 Windows 窗口双击 EViews9 图标或在相应目录下双击 EViews9 图标启动 EViews9 程序,进入 EViews9 主窗口,见图 A2.1。

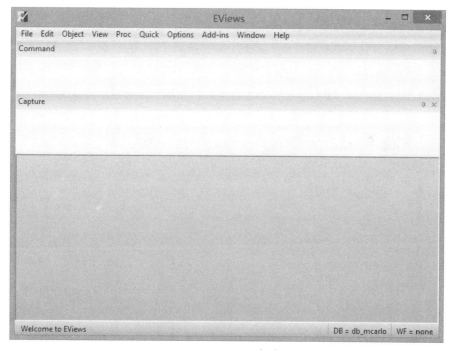

图 A2.1 EViews9 主窗口

2. 主窗口简介

主窗口最上方为标题栏。左边为 EViews 标题,右边为窗口操作按钮。

标题栏下方为菜单栏，排列着按功能划分的 10 个主选菜单选项：File，Edit，Objects，View，Procs，Quick，Options，Add-ins，Windows，Help。用鼠标左键单击任意选项会弹出不同的下拉菜单，显示该部分的具体功能。

菜单栏下面空白区是命令输入栏，允许用户通过键盘输入 EViews 命令，EViews 命令与 Macro TSP（DOS）版的命令相同。

命令输入栏之下为命令捕获栏。当用户在 EViews 界面上进行操作时，该工具栏捕获命令并以文本的形式显示在栏目中。命令捕获栏是熟悉 EViews 命令最方便的渠道。

命令捕获栏下大面积空白区域为主显示窗口，以后由操作产生的子窗口均在此窗口范围之内。

主窗口最下方为状态显示栏。显示程序路径、数据库和工作文件名称等相关内容。

二、工作文件的建立与使用

1. 工作文件的建立

EViews 要求数据的分析处理过程必须在特定的工作文件（Workfile）中进行。所以，必须首先建立或打开一个工作文件，用户才能进行 EViews 操作。

用鼠标左键单击主菜单选项 File，在打开的下拉菜单中选择 New/workfile，如图 A2.2 所示。点击 Workfile 后出现一个工作文件定义对话框，要求指定数据序列性质和数据区间，如图 A2.3 所示：

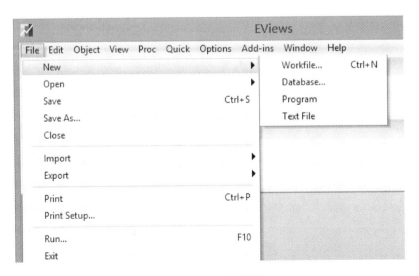

图 A2.2　File 功能菜单

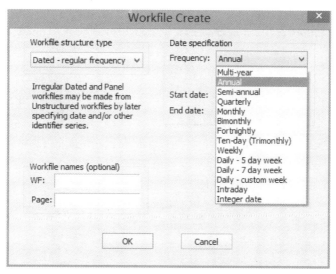

图 A2.3　工作文件对话框

在图 A2.3 所示对话框中，工作文件频率项指研究数据性质，可选择年度、季度、月度及非时间序列数据。

Annual 选项：年度数据。Start date 后输入起始年份，End date 后输入终止年份，输入格式为表示年份的 4 位数，如 1989、2015 等。

Semi-annual 选项：半年度数据。起始与终止输入格式为 1989:1,2015:2,年度后面只能跟 1、2,分别代表上半年、下半年。

Quarterly 选项：季度数据。起始与终止输入格式为 1989:1,2015:4,年度后面只能跟 1、2、3、4,分别代表第 1、第 2、第 3、第 4 季度。

Monthly 选项：月度数据。起始与终止输入格式为 1989:09,2015:12,年度后为月份。

Bimonthly 选项：半月数据。起始与终止输入格式为 1989:09,2015:12,年度后为月份。生成半月数据。

Fortnightly 选项：双周数据。每双周周一记录一次数据。

Ten-day 选项：十天数据,每隔十天记录一次数据。

Weekly 选项：周数据。起始与终止输入格式为 10:01:1989,9:14:2015 表示 1989 年 10 月 1 日起至 2015 年 9 月 14 日,每隔 7 日一个数据。

Daily-5 选项：日数据。起始与终止输入格式为 10:01:1989,9:14:2015 表示 1989 年 10 月 1 日起至 2015 年 9 月 14 日,每周记录 5 日数据,周六、周日不再记录。

Daily-7 选项：日数据。起始与终止输入格式为 10:01:1989,9:14:2015 表示 1989 年 10 月 1 日起至 2015 年 9 月 14 日,每周记录 7 日数据。

Intraday 选项:一天之内的数据,可以在一天内设置起始时间,最短每秒记录一次。

Undated or irregular 选项:非时序数据。起止项中分别输入 1 和 20,表示数据集个数为 20 个。

2. 工作文件窗口简介

工作文件窗口是数据序列与分析结果的集中显示区域。如图 A2.4 所示。窗口最上方一栏显示工作文件名称,工作文件未命名时显示为 UNTITLED。工作文件名称下面一栏为工具栏,提供了各种运算功能。工具栏下面是数据状况栏,显示了数据区间(Range)、样本期(Sample)等。下面的大块区域为数据序列及模型的显示区域。一个新建的工作文件窗口中只有 2 个对象:系数向量 C 和残差 resid。

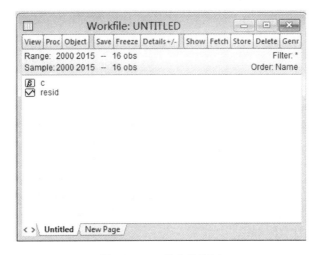

图 A2.4　工作文件窗口

3. 工作文件的存储与调用

保存新建立的工作文件有两种方法。一种是在主窗口中选择菜单 File/Save 或 Save As,另一种方法是直接单击工作文件窗口工具栏中的 Save 按钮,保存文件时需要给出文件名。

调用已有的工作文件。在主窗口菜单选项中依次选择 File/Open/Workfile,点击 Workfile 后,选中要打开的文件即可。

4. 工作文件数据区间范围的调整

当据实际问题的要求,需要调整区间的范围时,就要变更工作文件数据序列的起始点或终止点。

在图 A2.4 所示工作文件窗口的工具栏中,双击"Range",然后在出现的对话框中输入新的数据起止点即可。

EViews 默认的样本区间与工作文件的数据区间相同,如在实际分析中,需要不同于数据区间的样本，可据实际需要设定样本区间，样本区间是数据区间的一个子区间。在图 A2.4 所示工作文件窗口的工具栏中选中 Proc/set sample 按钮，在对话框中输入样本数据起止点即可。如图 A2.5 所示。

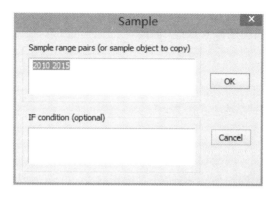

图 A2.5　工作文件数据区间范围调整菜单

三、数据序列创建与数据编辑

1. 序列创建

在主窗口的菜单选项或工作文件窗口的工具栏中选择 Object/New Object，出现如图 A2.6 所示的对话框。

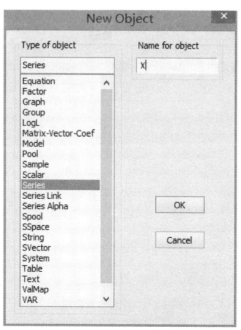

图 A2.6　序列创建对话框

在对话框中选择 Series,并在对话框右上方空格处填写新序列名称(默认名是 Untitled),如命名为 X,操作完毕后点击 OK 按钮即可。

EViews 软件不区分序列名称字母的大小写,例如 GDP,Gdp 和 gdp 等都被视为同一序列名称。

同时生成多个序列时可使用命令 data。如要生成序列 X,Y,Z,则可在主窗口命令栏内输入:

$$data\ X\ Y\ Z$$

data 与 X,Y,Z 之间要用空格分开。

打开序列方法很多,最简便的方法是双击选定的序列。

2. 数据的录入、调用与编辑

建立工作文件后,无论新生成还是打开一个序列,都会出现如图 A2.7 所示的序列对象窗口。在工具栏上选择 Edit+/− 按钮进入编辑状态,可输入或修改序列数据。如使用 data 命令,则直接进入编辑状态。点击 Smpl+/− 按钮可在显示工作文件数据区间内全部数据和只显示样本数据之间切换;Label+/− 按钮在是否显示数据序列标签两种模式间进行切换;Wide+/− 按钮在单列显示和多列显示数据序列之间切换。对于季度和月度数据,采用多列显示模式会更清楚。录入或修改数据完毕后点击 Edit+/− 按钮恢复只读状态。

3. 序列排序

当需要对序列数据进行排序时,可在图 A2.7 所示工作文件窗口工具栏中点击 Sort 按钮,出现如图 A2.8 所示对话框。

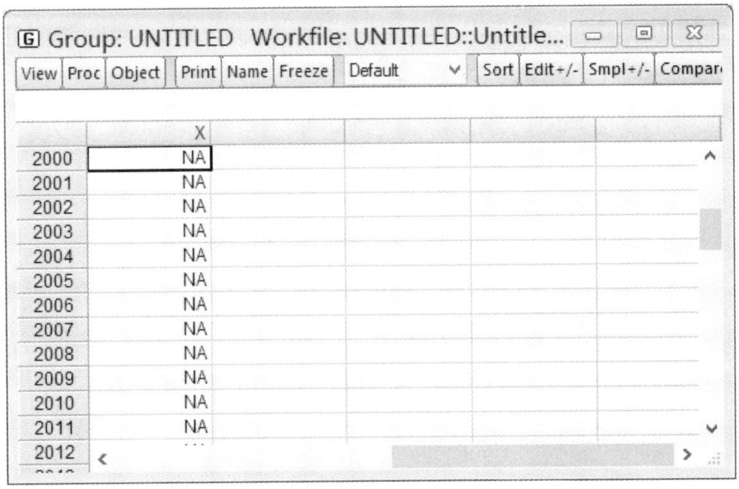

图 A2.7 序列对象窗口

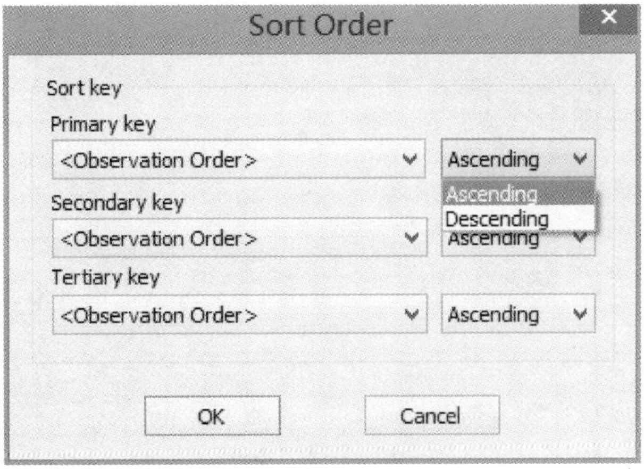

§ A2.1　EViews 软件使用初步　233

图 A2.8　序列排序对话框

在对话框中分别在 primary key，secondary key，teriary key 下面填写排序的序列名称。系统首先会根据 primary key 中所指定序列排序，若 secondary key 中指定了序列名称，则在 primary key 中所指定序列排序基础上，再次排序。teriary key 中若指定了序列名称，则进行在前两次排序的基础上，第三次排序。若只按照一个序列排序所有序列，则只需 primary key 中指定该序列名称即可。

在 Sort Order 选项中，要指定是按升序（Ascending）还是降序（Descending）排列。

特别提醒：如果数据序列已经按日期或对应顺序排列，排序会破坏观测值与日期或特定对应的关系。

4. 新序列的建立

在数据分析时，利用已知数据生成新序列是常用的操作。若新序列是工作文件中已有序列的函数，则可由已知序列经函数运算产生。

在主菜单选择 Quick/Generate Series 或点击工作文件窗口工具栏中的 Procs/Generate Series，出现序列建立对话框，如图 A2.9 所示。在上面的 Enter equation 编辑区中输入赋值语句，在 Sample 下面输入样本期。

例如，工作文件中已有序列 X 和 Y，利用它们生成新的序列 Z，可键入赋值语句：

$$Z = 3 * X - Y/2$$

EViews 软件中常用计算符号为：自然对数 log(　)，指数 exp(　)，算术平方根 sqr(　)，差分 d(　)，倒数 inv(　)和绝对值 abs(　)。

如果目标序列是工作文件中存在的序列，此时操作相当于修改原数据。

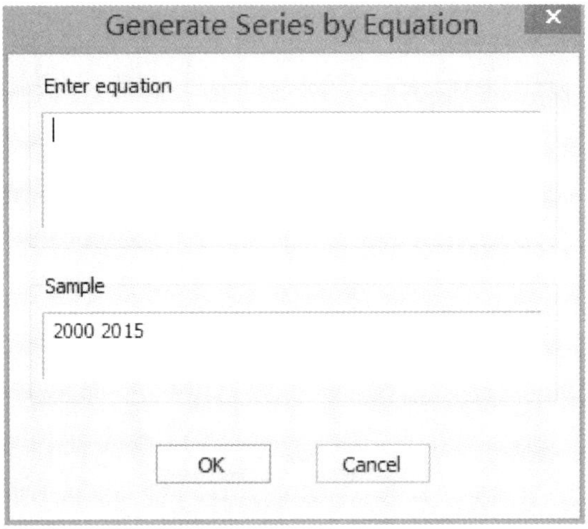

图 A2.9　序列建立对话框

四、群序列的建立和群内序列的数据特征

1．群序列的建立

群是若干个序列的集合，通过群可研究序列之间的关系。

在图 A2.4 所示工作文件窗口的工具栏中选择 Object/New Object，然后在图 A2.6 所示的对话框左边选择 Group 项，并给它命名，点击 OK 后出现群对象定义对话框，如图 A2.10 所示。输入欲建立的群所包含的序列名称后，点击 OK，即创建了包含若干序列的群。

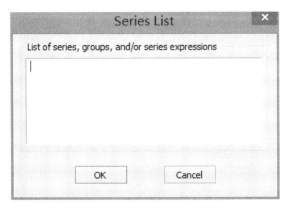

图 A2.10　群对象定义对话框

也可使用更简捷的命令方式创建群，格式为输入命令：

　　　　　　　　data　X　Y

在回车后出现的群窗口中单击 Name,命名该群的名称,即建立了以 X,Y 序列为内容的群。

2. 群内序列的数据特征

在群窗口中,单击 Views 按钮,可在下拉菜单中选择不同的项目对群序列进行数据特征分析。菜单项目如图 A2.11 所示。项目功能如下:

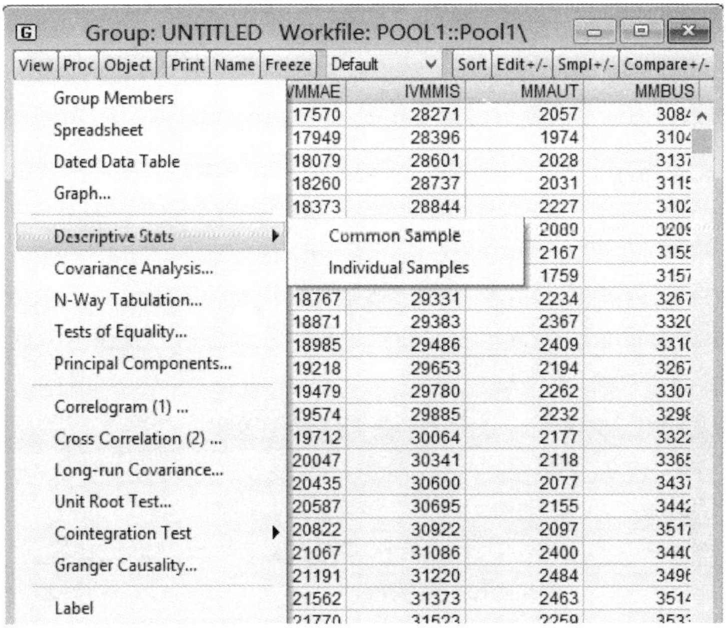

图 A2.11 群内序列操作菜单

Group Members:增加群中序列。

Spreadsheet:以电子数据表的形式显示数据。

Dated Data Table:使时序数据以表的形式显示。

Graph:显示序列的各种形式图形。

Descriptive Stats:给出群中序列的描述统计量,如均值、方差、偏度、峰度等。

Covariance Analysis⋯:协方差分析,给出群中协方差矩阵、相关系数矩阵等。

N-Way Tabulation⋯:给出 n 维统计表,给出数组中序列观测值在某一区间的频数、频率和某一序列是否与组中其他序列独立的假设检验结果。

Tests of Equality⋯:给出检验群中序列是否是同均值、同中位数或同方差的假设检验结果。

Principal Componets⋯:主成分分析。

Correlogram(1)⋯:出组内第 1 序列的水平序列及其差分序列的自相关函数和偏自相

关函数。

Cross Correlation(2)…:出组内第 1 和第 2 序列的超前几期和滞后几期值之间的互相关函数。

Long-run Covariance…:长期协方差。

Unit Root Test…:单位根检验。

Cointegration Test:协整检验。

Granger Causality…:格兰杰因果关系检验。

Lable:给出数组的名称及修改时间等信息。

五、序列统计分析

1. 序列的图像

要认识序列数据的规律,最直观的方法就是观察序列的图像。

在主菜单中选择 Quick/Graph,在对话框中输入要观察的对象序列名称,单击 OK 进入图像定义对话框,如图 A2.12 所示。

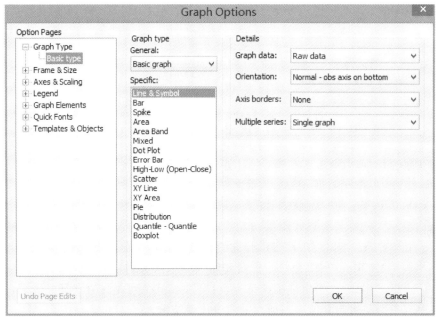

图 A2.12　图像定义对话框

图像定义对话框分为左中右三部分,左边部分是选项页,主要是对图形的格式、字体、数据轴标签等图形元素进行设置。中间部分是 Graph Type,即图形类型选择。共有 16 种类型可供选择,分别为折线图(Line&Symbol)、条形图(Bar)、钉形图(Spike)、面积图(Area)、面积带图(Area Band)、混合图(Mixed)、点阵图(Dot Plot)、误差条图形(Error Bar)、高低图(High-Low)、散点图(Scatter)、X-Y 折线图(XY Line)、X-Y 面积图(XY Area)、饼图(Pie)、分布图(Distribution)、分位数-分位数图(Quantile-Quantile)、箱形图(Boxplot)。对话框右侧为图形细节选项,需要对图像给予详细的设计可在此选项内完成。定义完毕后,点击 OK 按钮即出现图像窗口。

新绘制的图像如需保留在工作文件中,就要点击 Name 按钮给图像命名,将其作为一个对象保存在工作文件中。

2. 序列的描述统计分析

在序列窗口中,选中 View 按钮的下拉菜单中的 Descriptive Statistics 可对序列进行描述统计分析。该项目中共有两个子项:通用样本(Common sample)和单独样本(Individual samples)。两者的区别是通用样本要求统计的序列中样本数相同,而单独样本允许不同样本数序列一起统计点击 View/Descriptive Statistics/Common sample 选项得到图 A2.13。

图 A2.13 人均可支配收入的柱图和统计量

图 A2.13 中包含了 Y, X 两个序列的统计信息。主要包括均值(Mean)、中位数(Media)、最大值(Maximum)、最小值(Minimum)、标准差(Std。Dev)、偏度(Skewness)和峰度(Kurtosis)等统计量,其中偏度和峰度的计算公式为

偏度: $$S = \frac{1}{n} \sum_{i=1}^{n} \left(\frac{X_i - \overline{X}}{\hat{\sigma}} \right)^3$$

峰度: $$K = \frac{1}{n} \sum_{i=1}^{n} \left(\frac{X_i - \overline{X}}{\hat{\sigma}} \right)^4$$

公式中的 $\hat{\sigma}$ 为标准差，n 为序列样本量。

图 A2.13 中下面两项是序列样本是否服从正态分布的 Jarque-Bera 检验结果。

§A2.2 线性回归分析

一、线性回归分析的基本操作

以第二章例 2.2 中国城镇居民消费函数(1985—2014 年)为例说明 EViews 的线性回归分析应用。

1. 变量间的关系分析——绘制散点图

可通过散点图观察被解释变量居民消费与解释变量居民收入之间是否有线性关系。

在 EViews 主菜单中选择 Quick，在下拉菜单中选择 Graph。在对话框中输入要处理的序列名 X(人均可支配收入)和 Y(人均消费支出)，点击 OK。在弹出的 Graph 对话框中，选择要绘制的图形类型为散点图 Scatter Diagram，点击 OK 后，得到以收入 X 为横轴，消费 Y 为纵轴的散点图，如图 A2.14 所示。

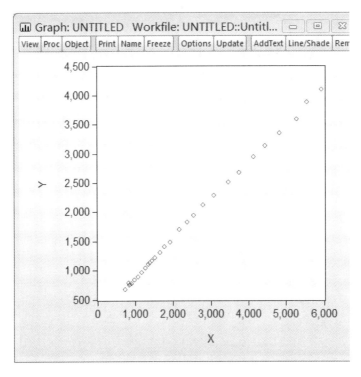

图 A2.14　X 与 Y 的散点图

2. 建立回归模型，使用普通最小二乘法估计参数

消费函数为线性回归模型

$$Y = \beta_1 + \beta_2 X + u$$

EViews 普通最小二乘法的操作步骤为

步骤一 选择 Objects/New Objects，在对话框中选择对象为 Equation，命名后点击 OK。

步骤二 选择主菜单的 Quick/Estimate Equation。

这两步的操作都会出现如图 A2.15 的方程定义对话框。将要估计参数的回归方程输入到对话框中有两种方法：

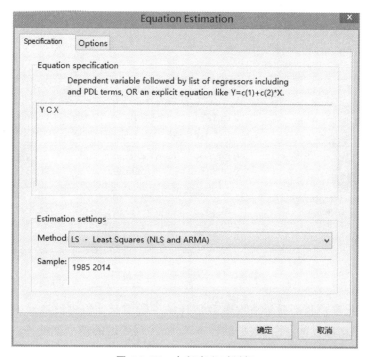

图 A2.15　方程定义对话框

(1)直接输入待估计的方程，如

$$Y = C(1) + C(2) * X$$

(2)直接输入变量列表，如

$$Y \quad C \quad X$$

被解释变量在前,解释变量在后,如有多个解释变量则需依次排列,中间用空格分开。如回归方程中有常数项,则需加入 C;无常数项,则略去 C。变量除直接用序列名外,还可以用序列的函数、计算表达式等。

在方程定义对话框下面的 Estimation Setting 中,对于不同的模型,需要从 Method 一栏选择不同的参数估计方法;Sample 一栏用来指定参数估计时的样本范围。EViews 默认的方法为普通最小二乘法,默认的样本期为工作文件样本期。

对话框操作完毕后,点击 OK 后得到方程输出结果窗口,如图 A2.16 所示。

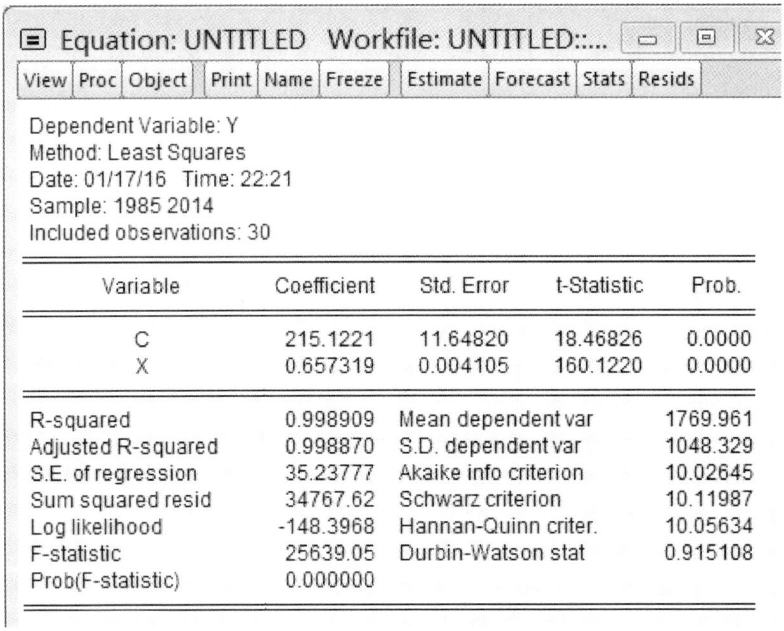

```
Equation: UNTITLED  Workfile: UNTITLED::...
View  Proc  Object  Print  Name  Freeze  Estimate  Forecast  Stats  Resids

Dependent Variable: Y
Method: Least Squares
Date: 01/17/16   Time: 22:21
Sample: 1985 2014
Included observations: 30

Variable            Coefficient    Std. Error    t-Statistic    Prob.

C                   215.1221       11.64820      18.46826       0.0000
X                   0.657319       0.004105      160.1220       0.0000

R-squared           0.998909    Mean dependent var     1769.961
Adjusted R-squared  0.998870    S.D. dependent var     1048.329
S.E. of regression  35.23777    Akaike info criterion  10.02645
Sum squared resid   34767.62    Schwarz criterion      10.11987
Log likelihood      -148.3968   Hannan-Quinn criter.   10.05634
F-statistic         25639.05    Durbin-Watson stat     0.915108
Prob(F-statistic)   0.000000
```

图 A2.16 方程输出结果窗口

方程输出结果窗口顶部显示该次参数估计的一般信息。给出被解释变量名称、估计参数的方法、结果输出的时间、序列数据的样本范围、序列数据的样本容量。

中间部分表格显示的是回归结果,包括各个参数的估计值、标准误、t 统计量和 t 统计量的伴随概率(p 值)。

最下面的是此次回归的一些统计量,用以判断回归模型的优劣。左边的一列依次是:

R-squared:判定系数

Adjusted R-squared:调整的判定系数

S.E. of regression:回归标准误($\hat{\sigma}$)

Sum squared resid:残差平方和

Log likelihood:对数似然比

F-statistic：F 检验的统计量

Prob(F-statistic)：F 统计量的伴随概率

右边一列依次是：

Mean dependent var：被解释变量的均值

S.D. dependent var：被解释变量的标准差

Akaike info criterion：赤池信息量（AIC）

Hanan-Quinn criter：汉南-奎因准则量（HQC）

Schwarz criterion：施瓦兹信息量（SC）

Durbin-Watson stat：DW 统计量

从图 A2.15 中，可得消费模型为

$$\hat{Y}_i = 149.206 + 0.705 X_i$$
$$\text{se} = 11.648 \quad 0.004$$
$$t = 18.468 \quad 160.122$$
$$R^2 = 0.998, \quad F = 25\,639.5, \quad DW = 0.915, \quad n = 30$$

上述回归的操作还可使用更简便的命令输入方式。在主窗口命令栏输入：

$$\text{ls Y C X}$$

即可得到如图 A2.16 所示的方程输出窗口。点击主界面 Object/Name…按钮对方程命名并保存。

EViews 还提供了方程输出窗口的很多操作，可进一步分析回归方程的优劣。点击 View 按钮，可以显示被解释变量实际值、拟合值和残差值的折线图、数值表。点击 Resids 按钮可直接观测残差图。

3. 预测

预测是计量经济分析的目的之一。对于已经建立的回归模型，可得到样本期内的预测值（拟合值）。预测操作步骤如下：在回归输出结果窗口中，选中 Forecast，产生一个预测对话框，如图 A2.17 所示。预测变量名可由用户键入也可使用系统默认名（被解释变量名加 F）。在 S.E. 栏命名标准误名。在 Sample range for forecast 处给定预测区间，在 Output 处选择输出预测图形和模型评估指标。设定完毕后，点击 OK 即可得到如图 A2.18 所示的预测图。

图中的实线表示被解释变量的预测值，上下两条虚线给出的是近似 95% 的置信区间。

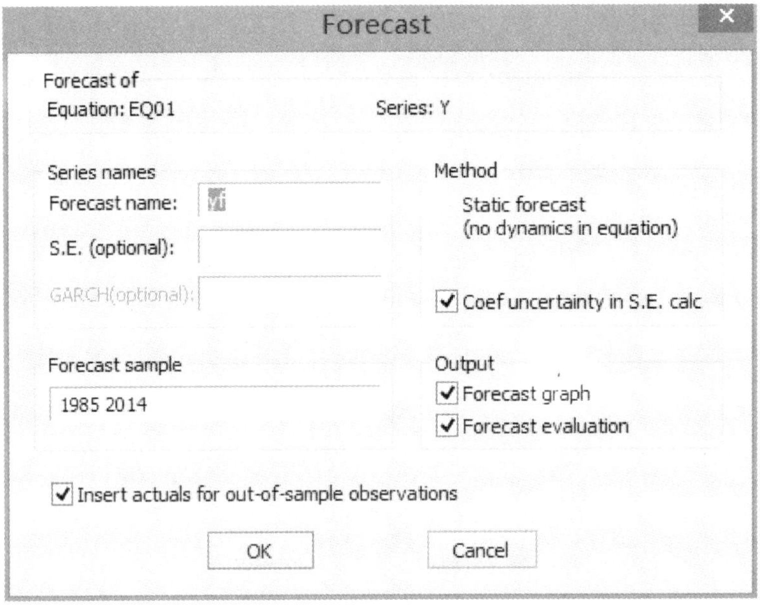

图 A2.17 预测对话框

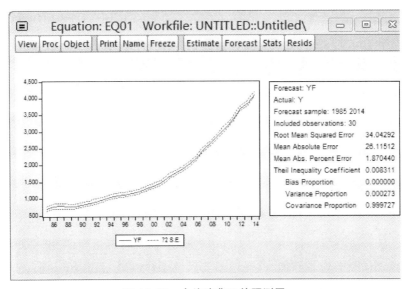

图 A2.18 人均消费 Y 的预测图

右边提供了一系列对模型的评价指标。

EViews 不能直接计算出预测值的置信区间,需要通过置信区间上下限的公式来计算。

二、异方差的检验与处理

1. 异方差的检验

在经典线性回归模型中，假定总体回归模型的随机干扰项 u_i 的方差相同，均为 σ^2，如果随机干扰项的方差不全相等，即 u_i 的方差为 σ_i^2，则称为异方差。检验异方差的方法是先在同方差假定下估计回归方程，然后再对得到的回归方程的残差进行假设检验，判断是否存在异方差。

EViews 提供了怀特(White)的一般异方差检验功能。定义原假设 H_0：回归方程的干扰项同方差；备择假设 H_1：回归方程的干扰项异方差。怀特检验的操作步骤为：在回归方程输出结果窗口中，点击按钮 View，在下拉菜单中选择 Residual Tests/white Heteroskedasticity (cross terms)(若选 no cross terms 则无交叉项)。可得到辅助回归方程和怀特检验统计量——F 统计量、χ^2 统计量的值及其伴随概率(p 值)。如图 A2.19 所示。通过伴随概率(p 值)可判别是否拒绝无异方差的原假设。

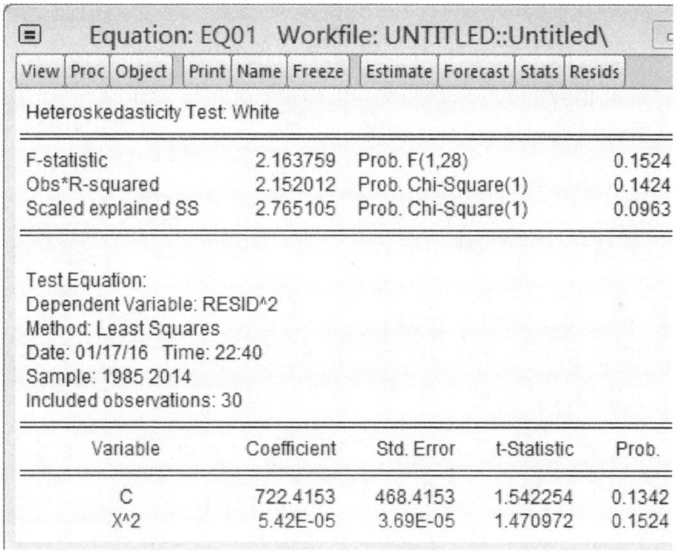

Heteroskedasticity Test: White

F-statistic	2.163759	Prob. F(1,28)	0.1524
Obs*R-squared	2.152012	Prob. Chi-Square(1)	0.1424
Scaled explained SS	2.765105	Prob. Chi-Square(1)	0.0963

Test Equation:
Dependent Variable: RESID^2
Method: Least Squares
Date: 01/17/16 Time: 22:40
Sample: 1985 2014
Included observations: 30

Variable	Coefficient	Std. Error	t-Statistic	Prob.
C	722.4153	468.4153	1.542254	0.1342
X^2	5.42E-05	3.69E-05	1.470972	0.1524

图 A2.19 怀特检验

2. 异方差性的处理——加权最小二乘法

处理异方差问题最常用的方法是加权最小二乘法(weighted least square, WLS)，一般用于异方差形式已知的情况。加权最小二乘法使用加权最小二乘准则，通过对不同观测值赋予不同的权数变异方差为同方差。

如异方差形式未知，可通过 Glejser 检验找到影响方差 σ_i^2 的变量。例如，

$$|e| = \alpha_0 + \alpha_1 f(X)$$

如果$|e|$与$f(X)$的关系是显著的,则说明σ_i^2与$f^2(X_i)$成正比,此时可取$W_i=1/f(X_i)$为权数。

加权最小二乘法操作步骤为:选择 Quick/Estimate Equations,进入方程定义对话框;输入待估计方程,选择估计方法——普通最小二乘法(LS);点击 Option 按钮进入方程估计选择对话框;选择 Weighted LS/TSLS,在对话框内输入用作加权的序列名称,点击 OK;回到方程定义对话框,点击 OK 后得到加权最小二乘法回归方程。

加权最小二乘法也可通过对方程中的各个变量先进行加权变换,然后直接使用普通最小二乘法,得到的回归方程与上述方法相同。

三、序列相关的检验与处理

如果总体回归模型中的随机干扰项彼此相关,即

$$\mathrm{Cov}(u_i, u_j) \neq 0 \quad (i \neq j)$$

则称随机干扰项之间有序列相关或自相关。

通常由于经济系统中滞后效应的存在,时间序列数据大多都存在序列相关现象。

检验序列相关的最简便方法是使用 DW 检验,在 EViews 回归方程结果输出窗口中直接给出了 DW 统计量的值,用户可据该统计量值判断回归模型干扰项是否有序列相关。

通常假定序列相关的形式为一阶自相关,即

$$u_t = \rho u_{t-1} + v_t$$

在ρ未知的情况下,可通过残差序列e_t估计$\hat{\rho}$

$$e_t = \hat{\rho} e_{t-1} + v_t$$

得到$\hat{\rho}$后,可使用广义差分法消除回归模型中的自相关。

广义差分法操作步骤为:

步骤一 直接使用普遍最小二乘法估计回归方程$\hat{Y} = \hat{\beta}_1 + \hat{\beta}_2 X$,命名为 eq1。DW 统计量判断无序列相关,算法终止,如有序列相关,转第二步。

步骤二 通过残差序列估计一阶自相关系数$\hat{\rho}$,在主窗口命令栏输入:

    ls   e   e(−1)   (此时不能有常数项)

命名该方程为 eq2。

步骤三 建立新方程 eq3,在主窗口命令栏输入:

    ls Y − eq2.@coefs(1) * Y(−1)   C   X − eq2.@coefs(1) * X(−1)

输入式中 eq2.@coefs(1)代表方程$e_t = \hat{\rho} e_{t-1} + v_t$中的回归系数$\hat{\rho}$,也可以直接输入 eq2 中的系数$\hat{\rho}$的值。

输入完毕回车后,得到广义差分后的回归方程输出结果。

为了还原方程的常数项,还要输入命令:

$$\text{Scalar beta1} = \text{eq3.@cofes(1)}/(1-\text{eq2.@coefs(1)})$$

求得原方程的常数项 $\hat{\beta}_1$。

由于使用差分数据,第一个观测值将失去,在小样本情况下对估计精度有影响。为避免这一损失,可使用普莱斯——温斯滕变换(Prais-Winsten Transformation)补充第一个观测值,将 Y 和 X 的第一次观测值转换为 $Y_1\sqrt{1-\hat{\rho}^2}$ 和 $X_1\sqrt{1-\hat{\rho}^2}$。此时,要使用广义差分法消除序列相关,必须使用序列生成工具产生新的序列 $Y'_t = Y_t - \hat{\rho} Y_{t-1}$ 和 $X'_t = X_t - \hat{\rho} X_{t-1}$。将第一个观测值 $Y_1\sqrt{1-\hat{\rho}^2}$ 和 $X_1\sqrt{1-\hat{\rho}^2}$ 补充到 Y'_t, X'_t 序列中去,使 Y', X' 的序列长度与 Y, X 相同。生成 Y', X' 序列后,就可使用普通最小二乘法估计参数,即

$$\text{ls} \quad Y' \quad C \quad X'$$

则得到广义差分法的最小二乘估计结果。调整常数项后,得到原回归方程的估计结果。

四、非线性模型的线性化

非线性模型指的是参数或解释变量是非线性的函数模型。在某些情形下,可将这些非线性模型,通过一定的变换,转化为线性模型。

表 A2.1 线性变换函数表

原模型	变换函数	线性模型
$Y = \dfrac{1}{a+bX}$	$Y' = \dfrac{1}{Y}, \quad X' = X$	$Y' = a + bX'$
$Y = \sqrt{a+bX}$	$Y' = Y^2, \quad X' = X$	$Y' = a + bX'$
$Y = a + bX + cX^2$	$Y' = Y, \quad X'_1 = X, \quad X'_2 = X^2$	$Y' = a + bX'_1 + cX'_2$
$Y = a + b\ln X$	$Y = a + b\ln X$	$Y' = a + bX'$
$Y = a + \dfrac{b}{X}$	$Y' = Y, \quad X' = \dfrac{1}{X}$	$Y' = a + bX'$
$Y = aX^b$	$Y' = \ln Y, \quad X' = \ln X$ $\beta_1 = \ln a, \quad \beta_2 = b$	$Y' = \beta_1 + \beta_2 X'$
$Y = ae^{bX}$	$Y' = \ln Y, \quad X' = X$ $\beta_1 = \ln a, \quad \beta_2 = b$	$Y' = \beta_1 + \beta_2 X'$

对变换模型估计参数在 EViews 中有两种途径:

(1)生成变换后的新序列,对线性模型使用普遍最小二乘法

例如,要估计 $Y = aX^b$ 的参数,则选择主菜单 Quick/Generate Series,在出现序列建立对话框中输入:

$$LX = \ln X$$

则得到 $X' = LX = \ln X$，同样操作可得到 $Y' = LY = \ln Y$，生成新的序列 LX, LY，利用 LX, LY 作线性回归即可求得参数 a, b。

(2) 直接使用 EViews 命令

在主窗口命令栏输入

$$\text{ls} \quad \log(Y) \quad c \quad \log(X)$$

回车后得到回归模型的估计结果。

使用第二种方法可直接使用预测(Forecast)命令对原序列 Y 进行预测。如使用第一种方法只能对 LY 进行预测，要对 Y 进行预测就必须进行指数变换。因此，通常都使用第二种方法。

对于其他非线性函数的操作方法相同。

五、联立方程模型的估计

1. 工具变量法

当联立方程模型中结构方程为恰好识别时，我们可以使用工具变量法估计参数。

以如下联立方程模型为例。

$$Y_1 = \alpha_0 + \alpha_1 Y_2 + \alpha_2 X_1 + \alpha_3 X_2 + u_1 \tag{A2.1}$$

$$Y_2 = \beta_0 + \beta_1 Y_1 + \beta_2 X_3 + u_2 \tag{A2.2}$$

模型中，Y_1, Y_2 为内生变量，X_1, X_2, X_3 为前定变量，据识别的阶条件和秩条件可知，方程(A2.1)为恰好识别，可使用工具变量法估计其参数。应选择式(A2.2)中的 X_3 为式(A2.1)中 Y_2 的工具变量。

在 EViews 的主菜单中选择 Quick/Estimate Equation 打开方程定义对话框，点开 Estimation Setting 中的 Method 下拉菜单，选择 TSLS，出现两阶段最小二乘方程定义对话框，如图 A2.20 所示。

首先在对话框上方 Equation Specification 处的空白区域输入待估计方程的变量名，本例输入

$$Y_1 \quad C \quad Y_2 \quad X_1 \quad X_2$$

然后在 Instrument List(工具变量表)下的空白区域输入用于估计方程的工具变量名。本例中 Y_2 的工具变量为 X_3，X_1 和 X_2 的工具变量为其本身 X_1, X_2，则应输入

$$X_3 \quad X_1 \quad X_2$$

完成定义后，点击 OK 得到估计结果。

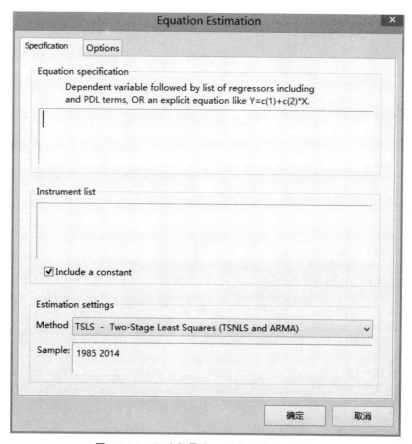

图 A2.20　两阶段最小二乘方程定义对话框

2. 二阶段最小二乘法

联立方程模型中,方程(A2.2)为过度识别方程,只能使用二阶段最小二乘法估计参数。在图 A2.19 的二阶段最小二乘方程定义对话框的上、下两个空白区域分别输入

$$Y_2 \quad C \quad Y_1 \quad X_3$$
$$X_1 \quad X_2 \quad X_3$$

点击 OK 得到二阶段最小二乘估计结果。(案例及输出结果见 §7.3)。

附录三 统计表

表 A3.1 标准正态分布表

$$\Phi(x) = \int_{-\infty}^{x} \frac{1}{\sqrt{2\pi}} e^{-\frac{t^2}{2}} dt$$

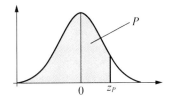

x	0	0.01	0.02	0.03	0.04	0.05	0.06	0.07	0.08	0.09
0.0	0.500 000	0.503 989	0.507 978	0.511 966	0.515 953	0.519 939	0.523 922	0.527 903	0.531 881	0.535 856
0.1	0.539 828	0.543 795	0.547 758	0.551 717	0.555 670	0.559 618	0.563 559	0.567 495	0.571 424	0.575 345
0.2	0.579 260	0.583 166	0.587 064	0.590 954	0.594 835	0.598 706	0.602 568	0.606 420	0.610 261	0.614 092
0.3	0.617 911	0.621 720	0.625 516	0.629 300	0.633 072	0.636 831	0.640 576	0.644 309	0.648 027	0.651 732
0.4	0.655 422	0.659 097	0.662 757	0.666 402	0.670 031	0.673 645	0.677 242	0.680 822	0.684 386	0.687 933
0.5	0.691 462	0.694 974	0.698 468	0.701 944	0.705 401	0.708 840	0.712 260	0.715 661	0.719 043	0.722 405
0.6	0.725 747	0.729 069	0.732 371	0.735 653	0.738 914	0.742 154	0.745 373	0.748 571	0.751 748	0.754 903
0.7	0.758 036	0.761 148	0.764 238	0.767 305	0.770 350	0.773 373	0.776 373	0.779 350	0.782 305	0.785 236
0.8	0.788 145	0.791 030	0.793 892	0.796 731	0.799 546	0.802 337	0.805 105	0.807 850	0.810 570	0.813 267
0.9	0.815 940	0.818 589	0.821 214	0.823 814	0.826 391	0.828 944	0.831 472	0.833 977	0.836 457	0.838 913
1.0	0.841 345	0.843 752	0.846 136	0.848 495	0.850 830	0.853 141	0.855 428	0.857 690	0.859 929	0.862 143
1.1	0.864 334	0.866 500	0.868 643	0.870 762	0.872 857	0.874 928	0.876 976	0.879 000	0.881 000	0.882 977
1.2	0.884 930	0.886 861	0.888 768	0.890 651	0.892 512	0.894 350	0.896 165	0.897 958	0.899 727	0.901 475
1.3	0.903 200	0.904 902	0.906 582	0.908 241	0.909 877	0.911 492	0.913 085	0.914 657	0.916 207	0.917 736
1.4	0.919 243	0.920 730	0.922 196	0.923 641	0.925 066	0.926 471	0.927 855	0.929 219	0.930 563	0.931 888
1.5	0.933 193	0.934 478	0.935 745	0.936 992	0.938 220	0.939 429	0.940 620	0.941 792	0.942 947	0.944 083
1.6	0.945 201	0.946 301	0.947 384	0.948 449	0.949 497	0.950 529	0.951 543	0.952 540	0.953 521	0.954 486
1.7	0.955 435	0.956 367	0.957 284	0.958 185	0.959 070	0.959 941	0.960 796	0.961 636	0.962 462	0.963 273
1.8	0.964 070	0.964 852	0.965 620	0.966 375	0.967 116	0.967 843	0.968 557	0.969 258	0.969 946	0.970 621
1.9	0.971 283	0.971 933	0.972 571	0.973 197	0.973 810	0.974 412	0.975 002	0.975 581	0.976 148	0.976 705
2.0	0.977 250	0.977 784	0.978 308	0.978 822	0.979 325	0.979 818	0.980 301	0.980 774	0.981 237	0.981 691

续表

x	0	0.01	0.02	0.03	0.04	0.05	0.06	0.07	0.08	0.09
2.1	0.982 136	0.982 571	0.982 997	0.983 414	0.983 823	0.984 222	0.984 614	0.984 997	0.985 371	0.985 738
2.2	0.986 097	0.986 447	0.986 791	0.987 126	0.987 455	0.987 776	0.988 089	0.988 396	0.988 696	0.988 989
2.3	0.989 276	0.989 556	0.989 830	0.990 097	0.990 358	0.990 613	0.990 863	0.991 106	0.991 344	0.991 576
2.4	0.991 802	0.992 024	0.992 240	0.992 451	0.992 656	0.992 857	0.993 053	0.993 244	0.993 431	0.993 613
2.5	0.993 790	0.993 963	0.994 132	0.994 297	0.994 457	0.994 614	0.994 766	0.994 915	0.995 060	0.995 201
2.6	0.995 339	0.995 473	0.995 604	0.995 731	0.995 855	0.995 975	0.996 093	0.996 207	0.996 319	0.996 427
2.7	0.996 533	0.996 636	0.996 736	0.996 833	0.996 928	0.997 020	0.997 110	0.997 197	0.997 282	0.997 365
2.8	0.997 445	0.997 523	0.997 599	0.997 673	0.997 744	0.997 814	0.997 882	0.997 948	0.998 012	0.998 074
2.9	0.998 134	0.998 193	0.998 250	0.998 305	0.998 359	0.998 411	0.998 462	0.998 511	0.998 559	0.998 605
3.0	0.998 650	0.998 694	0.998 736	0.998 777	0.998 817	0.998 856	0.998 893	0.998 930	0.998 965	0.998 999
3.1	0.999 032	0.999 065	0.999 096	0.999 126	0.999 155	0.999 184	0.999 211	0.999 238	0.999 264	0.999 289
3.2	0.999 313	0.999 336	0.999 359	0.999 381	0.999 402	0.999 423	0.999 443	0.999 462	0.999 481	0.999 499
3.3	0.999 517	0.999 534	0.999 550	0.999 566	0.999 581	0.999 596	0.999 610	0.999 624	0.999 638	0.999 651
3.4	0.999 663	0.999 675	0.999 687	0.999 698	0.999 709	0.999 720	0.999 730	0.999 740	0.999 749	0.999 758
3.5	0.999 767	0.999 776	0.999 784	0.999 792	0.999 800	0.999 807	0.999 815	0.999 822	0.999 828	0.999 835
3.6	0.999 841	0.999 847	0.999 853	0.999 858	0.999 864	0.999 869	0.999 874	0.999 879	0.999 883	0.999 888
3.7	0.999 892	0.999 896	0.999 900	0.999 904	0.999 908	0.999 912	0.999 915	0.999 918	0.999 922	0.999 925
3.8	0.999 928	0.999 931	0.999 933	0.999 936	0.999 938	0.999 941	0.999 943	0.999 946	0.999 948	0.999 950
3.9	0.999 952	0.999 954	0.999 956	0.999 958	0.999 959	0.999 961	0.999 963	0.999 964	0.999 966	0.999 967
4.0	0.999 968	0.999 970	0.999 971	0.999 972	0.999 973	0.999 974	0.999 975	0.999 976	0.999 977	0.999 978
4.1	0.999 979	0.999 980	0.999 981	0.999 982	0.999 983	0.999 983	0.999 984	0.999 985	0.999 985	0.999 986
4.2	0.999 987	0.999 987	0.999 988	0.999 988	0.999 989	0.999 989	0.999 990	0.999 990	0.999 991	0.999 991
4.3	0.999 991	0.999 992	0.999 992	0.999 993	0.999 993	0.999 993	0.999 993	0.999 994	0.999 994	0.999 994
4.4	0.999 995	0.999 995	0.999 995	0.999 995	0.999 996	0.999 996	0.999 996	0.999 996	0.999 996	0.999 996
4.5	0.999 997	0.999 997	0.999 997	0.999 997	0.999 997	0.999 997	0.999 997	0.999 998	0.999 998	0.999 998
4.6	0.999 998	0.999 998	0.999 998	0.999 998	0.999 998	0.999 998	0.999 998	0.999 999	0.999 999	0.999 999
4.7	0.999 999	0.999 999	0.999 999	0.999 999	0.999 999	0.999 999	0.999 999	0.999 999	0.999 999	0.999 999
4.8	0.999 999	0.999 999	0.999 999	0.999 999	0.999 999	0.999 999	0.999 999	0.999 999	0.999 999	0.999 999
4.9	1.000 000	1.000 000	1.000 000	1.000 000	1.000 000	1.000 000	1.000 000	1.000 000	1.000 000	1.000 000

注：本表对于 x 给出正态分布函数 $\Phi(x)$ 的数值。

例：$x=1.33$，$\Phi(x)=0.908\ 241$。

表 A3.2 t 分布表

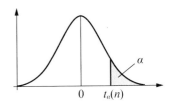

$$P\{t(n) > t_\alpha(n)\} = \alpha$$

n	α=0.25	0.10	0.05	0.025	0.01	0.005
1	1.0000	3.0777	6.3138	12.7062	31.8205	63.6567
2	0.8165	1.8856	2.9200	4.3027	6.9646	9.9248
3	0.7649	1.6377	2.3534	3.1824	4.5407	5.8409
4	0.7407	1.5332	2.1318	2.7764	3.7469	4.6041
5	0.7267	1.4759	2.0150	2.5706	3.3649	4.0321
6	0.7176	1.4398	1.9432	2.4469	3.1427	3.7074
7	0.7111	1.4149	1.8946	2.3646	2.9980	3.4995
8	0.7064	1.3968	1.8595	2.3060	2.8965	3.3554
9	0.7027	1.3830	1.8331	2.2622	2.8214	3.2498
10	0.6998	1.3722	1.8125	2.2281	2.7638	3.1693
11	0.6974	1.3634	1.7959	2.2010	2.7181	3.1058
12	0.6955	1.3562	1.7823	2.1788	2.6810	3.0545
13	0.6938	1.3502	1.7709	2.1604	2.6503	3.0123
14	0.6924	1.3450	1.7613	2.1448	2.6245	2.9768
15	0.6912	1.3406	1.7531	2.1314	2.6025	2.9467
16	0.6901	1.3368	1.7459	2.1199	2.5835	2.9208
17	0.6892	1.3334	1.7396	2.1098	2.5669	2.8982
18	0.6884	1.3304	1.7341	2.1009	2.5524	2.8784
19	0.6876	1.3277	1.7291	2.0930	2.5395	2.8609
20	0.6870	1.3253	1.7247	2.0860	2.5280	2.8453
21	0.6864	1.3232	1.7207	2.0796	2.5176	2.8314

续表

n	$\alpha=0.25$	0.10	0.05	0.025	0.01	0.005
22	0.6858	1.3212	1.7171	2.0739	2.5083	2.8188
23	0.6853	1.3195	1.7139	2.0687	2.4999	2.8073
24	0.6848	1.3178	1.7109	2.0639	2.4922	2.7969
25	0.6844	1.3163	1.7081	2.0595	2.4851	2.7874
26	0.6840	1.3150	1.7056	2.0555	2.4786	2.7787
27	0.6837	1.3137	1.7033	2.0518	2.4727	2.7707
28	0.6834	1.3125	1.7011	2.0484	2.4671	2.7633
29	0.6830	1.3114	1.6991	2.0452	2.4620	2.7564
30	0.6828	1.3104	1.6973	2.0423	2.4573	2.7500
31	0.6825	1.3095	1.6955	2.0395	2.4528	2.7440
32	0.6822	1.3086	1.6939	2.0369	2.4487	2.7385
33	0.6820	1.3077	1.6924	2.0345	2.4448	2.7333
34	0.6818	1.3070	1.6909	2.0322	2.4411	2.7284
35	0.6816	1.3062	1.6896	2.0301	2.4377	2.7238
36	0.6814	1.3055	1.6883	2.0281	2.4345	2.7195
37	0.6812	1.3049	1.6871	2.0262	2.4314	2.7154
38	0.6810	1.3042	1.6860	2.0244	2.4286	2.7116
39	0.6808	1.3036	1.6849	2.0227	2.4258	2.7079
40	0.6807	1.3031	1.6839	2.0211	2.4233	2.7045
41	0.6805	1.3025	1.6829	2.0195	2.4208	2.7012
42	0.6804	1.3020	1.6820	2.0181	2.4185	2.6981
43	0.6802	1.3016	1.6811	2.0167	2.4163	2.6951
44	0.6801	1.3011	1.6802	2.0154	2.4141	2.6923
45	0.6800	1.3006	1.6794	2.0141	2.4121	2.6896

表 A3.3 χ^2 分布表

$$P\{\chi_a^2(n) > \chi_a^2(n)\} = \alpha$$

n	α=0.995	0.99	0.975	0.95	0.90	0.75	0.25	0.10	0.05	0.025	0.01	0.005
1	0.0000	0.0002	0.0010	0.0039	0.0158	0.1015	1.3233	2.7055	3.8415	5.0239	6.6349	7.8794
2	0.0100	0.0201	0.0506	0.1026	0.2107	0.5754	2.7726	4.6052	5.9915	7.3778	9.2103	10.5966
3	0.0717	0.1148	0.2158	0.3518	0.5844	1.2125	4.1083	6.2514	7.8147	9.3484	11.3449	12.8382
4	0.2070	0.2971	0.4844	0.7107	1.0636	1.9226	5.3853	7.7794	9.4877	11.1433	13.2767	14.8603
5	0.4117	0.5543	0.8312	1.1455	1.6103	2.6746	6.6257	9.2364	11.0705	12.8325	15.0863	16.7496
6	0.6757	0.8721	1.2373	1.6354	2.2041	3.4546	7.8408	10.6446	12.5916	14.4494	16.8119	18.5476
7	0.9893	1.2390	1.6899	2.1673	2.8331	4.2549	9.0371	12.0170	14.0671	16.0128	18.4753	20.2777
8	1.3444	1.6465	2.1797	2.7326	3.4895	5.0706	10.2189	13.3616	15.5073	17.5345	20.0902	21.9550
9	1.7349	2.0879	2.7004	3.3251	4.1682	5.8988	11.3888	14.6837	16.9190	19.0228	21.6660	23.5894
10	2.1559	2.5582	3.2470	3.9403	4.8652	6.7372	12.5489	15.9872	18.3070	20.4832	23.2093	25.1882
11	2.6032	3.0535	3.8157	4.5748	5.5778	7.5841	13.7007	17.2750	19.6751	21.9200	24.7250	26.7568
12	3.0738	3.5706	4.4038	5.2260	6.3038	8.4384	14.8454	18.5493	21.0261	23.3367	26.2170	28.2995
13	3.5650	4.1069	5.0088	5.8919	7.0415	9.2991	15.9839	19.8119	22.3620	24.7356	27.6882	29.8195
14	4.0747	4.6604	5.6287	6.5706	7.7895	10.1653	17.1169	21.0641	23.6848	26.1189	29.1412	31.3193
15	4.6009	5.2293	6.2621	7.2609	8.5468	11.0365	18.2451	22.3071	24.9958	27.4884	30.5779	32.8013
16	5.1422	5.8122	6.9077	7.9616	9.3122	11.9122	19.3689	23.5418	26.2962	28.8454	31.9999	34.2672
17	5.6972	6.4078	7.5642	8.6718	10.0852	12.7919	20.4887	24.7690	27.5871	30.1910	33.4087	35.7185
18	6.2648	7.0149	8.2307	9.3905	10.8649	13.6753	21.6049	25.9894	28.8693	31.5264	34.8053	37.1565
19	6.8440	7.6327	8.9065	10.1170	11.6509	14.5620	22.7178	27.2036	30.1435	32.8523	36.1909	38.5823
20	7.4338	8.2604	9.5908	10.8508	12.4426	15.4518	23.8277	28.4120	31.4104	34.1696	37.5662	39.9968
21	8.0337	8.8972	10.2829	11.5913	13.2396	16.3444	24.9348	29.6151	32.6706	35.4789	38.9322	41.4011
22	8.6427	9.5425	10.9823	12.3380	14.0415	17.2396	26.0393	30.8133	33.9244	36.7807	40.2894	42.7957

续表

n	α=0.995	0.99	0.975	0.95	0.90	0.75	0.25	0.10	0.05	0.025	0.01	0.005
23	9.2604	10.1957	11.6886	13.0905	14.8480	18.1373	27.1413	32.0069	35.1725	38.0756	41.6384	44.1813
24	9.8862	10.8564	12.4012	13.8484	15.6587	19.0373	28.2412	33.1962	36.4150	39.3641	42.9798	45.5585
25	10.5197	11.5240	13.1197	14.6114	16.4734	19.9393	29.3389	34.3816	37.6525	40.6465	44.3141	46.9279
26	11.1602	12.1981	13.8439	15.3792	17.2919	20.8434	30.4346	35.5632	38.8851	41.9232	45.6417	48.2899
27	11.8076	12.8785	14.5734	16.1514	18.1139	21.7494	31.5284	36.7412	40.1133	43.1945	46.9629	49.6449
28	12.4613	13.5647	15.3079	16.9279	18.9392	22.6572	32.6205	37.9159	41.3371	44.4608	48.2782	50.9934
29	13.1211	14.2565	16.0471	17.7084	19.7677	23.5666	33.7109	39.0875	42.5570	45.7223	49.5879	52.3356
30	13.7867	14.9535	16.7908	18.4927	20.5992	24.4776	34.7997	40.2560	43.7730	46.9792	50.8922	53.6720
31	14.4578	15.6555	17.5387	19.2806	21.4336	25.3901	35.8871	41.4217	44.9853	48.2319	52.1914	55.0027
32	15.1340	16.3622	18.2908	20.0719	22.2706	26.3041	36.9730	42.5847	46.1943	49.4804	53.4858	56.3281
33	15.8153	17.0735	19.0467	20.8665	23.1102	27.2194	38.0575	43.7452	47.3999	50.7251	54.7755	57.6484
34	16.5013	17.7891	19.8063	21.6643	23.9523	28.1361	39.1408	44.9032	48.6024	51.9660	56.0609	58.9639
35	17.1918	18.5089	20.5694	22.4650	24.7967	29.0540	40.2228	46.0588	49.8018	53.2033	57.3421	60.2748
36	17.8867	19.2327	21.3359	23.2686	25.6433	29.9730	41.3036	47.2122	50.9985	54.4373	58.6192	61.5812
37	18.5858	19.9602	22.1056	24.0749	26.4921	30.8933	42.3833	48.3634	52.1923	55.6680	59.8925	62.8833
38	19.2889	20.6914	22.8785	24.8839	27.3430	31.8146	43.4619	49.5126	53.3835	56.8955	61.1621	64.1814
39	19.9959	21.4262	23.6543	25.6954	28.1958	32.7369	44.5395	50.6598	54.5722	58.1201	62.4281	65.4756
40	20.7065	22.1643	24.4330	26.5093	29.0505	33.6603	45.6160	51.8051	55.7585	59.3417	63.6907	66.7660
41	21.4208	22.9056	25.2145	27.3256	29.9071	34.5846	46.6916	52.9485	56.9424	60.5606	64.9501	68.0527
42	22.1385	23.6501	25.9987	28.1440	30.7654	35.5099	47.7663	54.0902	58.1240	61.7768	66.2062	69.3360
43	22.8595	24.3976	26.7854	28.9647	31.6255	36.4361	48.8400	55.2302	59.3035	62.9904	67.4593	70.6159
44	23.5837	25.1480	27.5746	29.7875	32.4871	37.3631	49.9129	56.3685	60.4809	64.2015	68.7095	71.8926
45	24.3110	25.9013	28.3662	30.6123	33.3504	38.2910	50.9849	57.5053	61.6562	65.4102	69.9568	73.1661

表 A3.4 F 分 布 表

$$P(F(n_1, n_2) > F_\alpha(n_1, n_2)) = \alpha$$

($\alpha = 0.10$)

n_1 \ n_2	1	2	3	4	5	6	7	8	9	10	12	15	20	24	30	40	60	120	∞
1	39.86	49.50	53.59	55.83	57.24	58.20	58.91	59.44	59.86	60.19	60.71	61.22	61.74	62.00	62.26	62.53	62.79	63.06	63.33
2	8.53	9.00	9.16	9.24	9.29	9.33	9.35	9.37	9.38	9.39	9.41	9.42	9.44	9.45	9.46	9.47	9.47	9.48	9.49
3	5.54	5.46	5.39	5.34	5.31	5.28	5.27	5.25	5.24	5.23	5.22	5.20	5.18	5.18	5.17	5.16	5.15	5.14	5.13
4	4.54	4.32	4.19	4.11	4.05	4.01	3.98	3.95	3.94	3.92	3.90	3.87	3.84	3.83	3.82	3.80	3.79	3.78	3.76
5	4.06	3.78	3.62	3.52	3.45	3.40	3.37	3.34	3.32	3.30	3.27	3.24	3.21	3.19	3.17	3.16	3.14	3.12	3.10
6	3.78	3.46	3.29	3.18	3.11	3.05	3.01	2.98	2.96	2.94	2.90	2.87	2.84	2.82	2.80	2.78	2.76	2.74	2.72
7	3.59	3.26	3.07	2.96	2.88	2.83	2.78	2.75	2.72	2.70	2.67	2.63	2.59	2.58	2.56	2.54	2.51	2.49	2.47
8	3.46	3.11	2.92	2.81	2.73	2.67	2.62	2.59	2.56	2.54	2.50	2.46	2.42	2.40	2.38	2.36	2.34	2.32	2.29
9	3.36	3.01	2.81	2.69	2.61	2.55	2.51	2.47	2.44	2.42	2.38	2.34	2.30	2.28	2.25	2.23	2.21	2.18	2.16
10	3.29	2.92	2.73	2.61	2.52	2.46	2.41	2.38	2.35	2.32	2.28	2.24	2.20	2.18	2.16	2.13	2.11	2.08	2.06
11	3.23	2.86	2.66	2.54	2.45	2.39	2.34	2.30	2.27	2.25	2.21	2.17	2.12	2.10	2.08	2.05	2.03	2.00	1.97
12	3.18	2.81	2.61	2.48	2.39	2.33	2.28	2.24	2.21	2.19	2.15	2.10	2.06	2.04	2.01	1.99	1.96	1.93	1.90
13	3.14	2.76	2.56	2.43	2.35	2.28	2.23	2.20	2.16	2.14	2.10	2.05	2.01	1.98	1.96	1.93	1.90	1.88	1.85
14	3.10	2.73	2.52	2.39	2.31	2.24	2.19	2.15	2.12	2.10	2.05	2.01	1.96	1.94	1.91	1.89	1.86	1.83	1.80
15	3.07	2.70	2.49	2.36	2.27	2.21	2.16	2.12	2.09	2.06	2.02	1.97	1.92	1.90	1.87	1.85	1.82	1.79	1.76
16	3.05	2.67	2.46	2.33	2.24	2.18	2.13	2.09	2.06	2.03	1.99	1.94	1.89	1.87	1.84	1.81	1.78	1.75	1.72
17	3.03	2.64	2.44	2.31	2.22	2.15	2.10	2.06	2.03	2.00	1.96	1.91	1.86	1.84	1.81	1.78	1.75	1.72	1.69
18	3.01	2.62	2.42	2.29	2.20	2.13	2.08	2.04	2.00	1.98	1.93	1.89	1.84	1.81	1.78	1.75	1.72	1.69	1.66
19	2.99	2.61	2.40	2.27	2.18	2.11	2.06	2.02	1.98	1.96	1.91	1.86	1.81	1.79	1.76	1.73	1.70	1.67	1.63
20	2.97	2.59	2.38	2.25	2.16	2.09	2.04	2.00	1.96	1.94	1.89	1.84	1.79	1.77	1.74	1.71	1.68	1.64	1.61
21	2.96	2.57	2.36	2.23	2.14	2.08	2.02	1.98	1.95	1.92	1.87	1.83	1.78	1.75	1.72	1.69	1.66	1.62	1.59
22	2.95	2.56	2.35	2.22	2.13	2.06	2.01	1.97	1.93	1.90	1.86	1.81	1.76	1.73	1.70	1.67	1.64	1.60	1.57
23	2.94	2.55	2.34	2.21	2.11	2.05	1.99	1.95	1.92	1.89	1.84	1.80	1.74	1.72	1.69	1.66	1.62	1.59	1.55
24	2.93	2.54	2.33	2.19	2.10	2.04	1.98	1.94	1.91	1.88	1.83	1.78	1.73	1.70	1.67	1.64	1.61	1.57	1.53

续表

n_1 \ n_2	1	2	3	4	5	6	7	8	9	10	12	15	20	24	30	40	60	120	∞
25	2.92	2.53	2.32	2.18	2.09	2.02	1.97	1.93	1.89	1.87	1.82	1.77	1.72	1.69	1.66	1.63	1.59	1.56	1.52
26	2.91	2.52	2.31	2.17	2.08	2.01	1.96	1.92	1.88	1.86	1.81	1.76	1.71	1.68	1.65	1.61	1.58	1.54	1.50
27	2.90	2.51	2.30	2.17	2.07	2.00	1.95	1.91	1.87	1.85	1.80	1.75	1.70	1.67	1.64	1.60	1.57	1.53	1.49
28	2.89	2.50	2.29	2.16	2.06	2.00	1.94	1.90	1.87	1.84	1.79	1.74	1.69	1.66	1.63	1.59	1.56	1.52	1.48
29	2.89	2.50	2.28	2.15	2.06	1.99	1.93	1.89	1.86	1.83	1.78	1.73	1.68	1.65	1.62	1.58	1.55	1.51	1.47
30	2.88	2.49	2.28	2.14	2.05	1.98	1.93	1.88	1.85	1.82	1.77	1.72	1.67	1.64	1.61	1.57	1.54	1.50	1.46
40	2.84	2.44	2.23	2.09	2.00	1.93	1.87	1.83	1.79	1.76	1.71	1.66	1.61	1.57	1.54	1.51	1.47	1.42	1.38
60	2.79	2.39	2.18	2.04	1.95	1.87	1.82	1.77	1.74	1.71	1.66	1.60	1.54	1.51	1.48	1.44	1.40	1.35	1.29
120	2.75	2.35	2.13	1.99	1.90	1.82	1.77	1.72	1.68	1.65	1.60	1.55	1.48	1.45	1.41	1.37	1.32	1.26	1.19
∞	2.71	2.30	2.08	1.94	1.85	1.77	1.72	1.67	1.63	1.60	1.55	1.49	1.42	1.38	1.34	1.30	1.24	1.17	1.00

($\alpha=0.05$)

n_1 \ n_2	1	2	3	4	5	6	7	8	9	10	12	15	20	24	30	40	60	120	∞
1	161.5	199.5	215.7	224.6	230.2	234.0	236.8	238.9	240.5	241.9	243.9	246.0	248.0	249.1	250.1	251.1	252.2	253.3	254.3
2	18.51	19.00	19.16	19.25	19.30	19.33	19.35	19.37	19.38	19.40	19.41	19.43	19.45	19.45	19.46	19.47	19.48	19.49	19.50
3	10.13	9.55	9.28	9.12	9.01	8.94	8.89	8.85	8.81	8.79	8.74	8.70	8.66	8.64	8.62	8.59	8.57	8.55	8.53
4	7.71	6.94	6.59	6.39	6.26	6.16	6.09	6.04	6.00	5.96	5.91	5.86	5.80	5.77	5.75	5.72	5.69	5.66	5.63
5	6.61	5.79	5.41	5.19	5.05	4.95	4.88	4.82	4.77	4.74	4.68	4.62	4.56	4.53	4.50	4.46	4.43	4.40	4.36
6	5.99	5.14	4.76	4.53	4.39	4.28	4.21	4.15	4.10	4.06	4.00	3.94	3.87	3.84	3.81	3.77	3.74	3.70	3.67
7	5.59	4.74	4.35	4.12	3.97	3.87	3.79	3.73	3.68	3.64	3.57	3.51	3.44	3.41	3.38	3.34	3.30	3.27	3.23
8	5.32	4.46	4.07	3.84	3.69	3.58	3.50	3.44	3.39	3.35	3.28	3.22	3.15	3.12	3.08	3.04	3.01	2.97	2.93
9	5.12	4.26	3.86	3.63	3.48	3.37	3.29	3.23	3.18	3.14	3.07	3.01	2.94	2.90	2.86	2.83	2.79	2.75	2.71
10	4.96	4.10	3.71	3.48	3.33	3.22	3.14	3.07	3.02	2.98	2.91	2.85	2.77	2.74	2.70	2.66	2.62	2.58	2.54
11	4.84	3.98	3.59	3.36	3.20	3.09	3.01	2.95	2.90	2.85	2.79	2.72	2.65	2.61	2.57	2.53	2.49	2.45	2.40
12	4.75	3.89	3.49	3.26	3.11	3.00	2.91	2.85	2.80	2.75	2.69	2.62	2.54	2.51	2.47	2.43	2.38	2.34	2.30
13	4.67	3.81	3.41	3.18	3.03	2.92	2.83	2.77	2.71	2.67	2.60	2.53	2.46	2.42	2.38	2.34	2.30	2.25	2.21
14	4.60	3.74	3.34	3.11	2.96	2.85	2.76	2.70	2.65	2.60	2.53	2.46	2.39	2.35	2.31	2.27	2.22	2.18	2.13
15	4.54	3.68	3.29	3.06	2.90	2.79	2.71	2.64	2.59	2.54	2.48	2.40	2.33	2.29	2.25	2.20	2.16	2.11	2.07
16	4.49	3.63	3.24	3.01	2.85	2.74	2.66	2.59	2.54	2.49	2.42	2.35	2.28	2.24	2.19	2.15	2.11	2.06	2.01
17	4.45	3.59	3.20	2.96	2.81	2.70	2.61	2.55	2.49	2.45	2.38	2.31	2.23	2.19	2.15	2.10	2.06	2.01	1.96
18	4.41	3.55	3.16	2.93	2.77	2.66	2.58	2.51	2.46	2.41	2.34	2.27	2.19	2.15	2.11	2.06	2.02	1.97	1.92
19	4.38	3.52	3.13	2.90	2.74	2.63	2.54	2.48	2.42	2.38	2.31	2.23	2.16	2.11	2.07	2.03	1.98	1.93	1.88

续表

n_2 \ n_1	1	2	3	4	5	6	7	8	9	10	12	15	20	24	30	40	60	120	∞
20	4.35	3.49	3.10	2.87	2.71	2.60	2.51	2.45	2.39	2.35	2.28	2.20	2.12	2.08	2.04	1.99	1.95	1.90	1.84
21	4.32	3.47	3.07	2.84	2.68	2.57	2.49	2.42	2.37	2.32	2.25	2.18	2.10	2.05	2.01	1.96	1.92	1.87	1.81
22	4.30	3.44	3.05	2.82	2.66	2.55	2.46	2.40	2.34	2.30	2.23	2.15	2.07	2.03	1.98	1.94	1.89	1.84	1.78
23	4.28	3.42	3.03	2.80	2.64	2.53	2.44	2.37	2.32	2.27	2.20	2.13	2.05	2.01	1.96	1.91	1.86	1.81	1.76
24	4.26	3.40	3.01	2.78	2.62	2.51	2.42	2.36	2.30	2.25	2.18	2.11	2.03	1.98	1.94	1.89	1.84	1.79	1.73
25	4.24	3.39	2.99	2.76	2.60	2.49	2.40	2.34	2.28	2.24	2.16	2.09	2.01	1.96	1.92	1.87	1.82	1.77	1.71
26	4.23	3.37	2.98	2.74	2.59	2.47	2.39	2.32	2.27	2.22	2.15	2.07	1.99	1.95	1.90	1.85	1.80	1.75	1.69
27	4.21	3.35	2.96	2.73	2.57	2.46	2.37	2.31	2.25	2.20	2.13	2.06	1.97	1.93	1.88	1.84	1.79	1.73	1.67
28	4.20	3.34	2.95	2.71	2.56	2.45	2.36	2.29	2.24	2.19	2.12	2.04	1.96	1.91	1.87	1.82	1.77	1.71	1.65
29	4.18	3.33	2.93	2.70	2.55	2.43	2.35	2.28	2.22	2.18	2.10	2.03	1.94	1.90	1.85	1.81	1.75	1.70	1.64
30	4.17	3.32	2.92	2.69	2.53	2.42	2.33	2.27	2.21	2.16	2.09	2.01	1.93	1.89	1.84	1.79	1.74	1.68	1.62
40	4.08	3.23	2.84	2.61	2.45	2.34	2.25	2.18	2.12	2.08	2.00	1.92	1.84	1.79	1.74	1.69	1.64	1.58	1.51
60	4.00	3.15	2.76	2.53	2.37	2.25	2.17	2.10	2.04	1.99	1.92	1.84	1.75	1.70	1.65	1.59	1.53	1.47	1.39
120	3.92	3.07	2.68	2.45	2.29	2.18	2.09	2.02	1.96	1.91	1.83	1.75	1.66	1.61	1.55	1.50	1.43	1.35	1.25
∞	3.84	3.00	2.60	2.37	2.21	2.10	2.01	1.94	1.88	1.83	1.75	1.67	1.57	1.52	1.46	1.39	1.32	1.22	1.00

($\alpha = 0.025$)

n_2 \ n_1	1	2	3	4	5	6	7	8	9	10	12	15	20	24	30	40	60	120	∞
1	648	800	864	900	922	937	948	957	963	969	977	985	993	997	1001	1006	1010	1014	1018
2	38.51	39.00	39.17	39.25	39.30	39.33	39.36	39.37	39.39	39.40	39.41	39.43	39.45	39.46	39.46	39.47	39.48	39.49	39.50
3	17.44	16.04	15.44	15.10	14.88	14.73	14.62	14.54	14.47	14.42	14.34	14.25	14.17	14.12	14.08	14.04	13.99	13.95	13.90
4	12.22	10.65	9.98	9.60	9.36	9.20	9.07	8.98	8.90	8.84	8.75	8.66	8.56	8.51	8.46	8.41	8.36	8.31	8.26
5	10.01	8.43	7.76	7.39	7.15	6.98	6.85	6.76	6.68	6.62	6.52	6.43	6.33	6.28	6.23	6.18	6.12	6.07	6.02
6	8.81	7.26	6.60	6.23	5.99	5.82	5.70	5.60	5.52	5.46	5.37	5.27	5.17	5.12	5.07	5.01	4.96	4.90	4.85
7	8.07	6.54	5.89	5.52	5.29	5.12	4.99	4.90	4.82	4.76	4.67	4.57	4.47	4.41	4.36	4.31	4.25	4.20	4.14
8	7.57	6.06	5.42	5.05	4.82	4.65	4.53	4.43	4.36	4.30	4.20	4.10	4.00	3.95	3.89	3.84	3.78	3.73	3.67
9	7.21	5.71	5.08	4.72	4.48	4.32	4.20	4.10	4.03	3.96	3.87	3.77	3.67	3.61	3.56	3.51	3.45	3.39	3.33
10	6.94	5.46	4.83	4.47	4.24	4.07	3.95	3.85	3.78	3.72	3.62	3.52	3.42	3.37	3.31	3.26	3.20	3.14	3.08
11	6.72	5.26	4.63	4.28	4.04	3.88	3.76	3.66	3.59	3.53	3.43	3.33	3.23	3.17	3.12	3.06	3.00	2.94	2.88
12	6.55	5.10	4.47	4.12	3.89	3.73	3.61	3.51	3.44	3.37	3.28	3.18	3.07	3.02	2.96	2.91	2.85	2.79	2.72
13	6.41	4.97	4.35	4.00	3.77	3.60	3.48	3.39	3.31	3.25	3.15	3.05	2.95	2.89	2.84	2.78	2.72	2.66	2.60
14	6.30	4.86	4.24	3.89	3.66	3.50	3.38	3.29	3.21	3.15	3.05	2.95	2.84	2.79	2.73	2.67	2.61	2.55	2.49
15	6.20	4.77	4.15	3.80	3.58	3.41	3.29	3.20	3.12	3.06	2.96	2.86	2.76	2.70	2.64	2.59	2.52	2.46	2.40

续表

n_1 \ n_2	1	2	3	4	5	6	7	8	9	10	12	15	20	24	30	40	60	120	∞
16	6.12	4.69	4.08	3.73	3.50	3.34	3.22	3.12	3.05	2.99	2.89	2.79	2.68	2.63	2.57	2.51	2.45	2.38	2.32
17	6.04	4.62	4.01	3.66	3.44	3.28	3.16	3.06	2.98	2.92	2.82	2.72	2.62	2.56	2.50	2.44	2.38	2.32	2.25
18	5.98	4.56	3.95	3.61	3.38	3.22	3.10	3.01	2.93	2.87	2.77	2.67	2.56	2.50	2.44	2.38	2.32	2.26	2.19
19	5.92	4.51	3.90	3.56	3.33	3.17	3.05	2.96	2.88	2.82	2.72	2.62	2.51	2.45	2.39	2.33	2.27	2.20	2.13
20	5.87	4.46	3.86	3.51	3.29	3.13	3.01	2.91	2.84	2.77	2.68	2.57	2.46	2.41	2.35	2.29	2.22	2.16	2.09
21	5.83	4.42	3.82	3.48	3.25	3.09	2.97	2.87	2.80	2.73	2.64	2.53	2.42	2.37	2.31	2.25	2.18	2.11	2.04
22	5.79	4.38	3.78	3.44	3.22	3.05	2.93	2.84	2.76	2.70	2.60	2.50	2.39	2.33	2.27	2.21	2.14	2.08	2.00
23	5.75	4.35	3.75	3.41	3.18	3.02	2.90	2.81	2.73	2.67	2.57	2.47	2.36	2.30	2.24	2.18	2.11	2.04	1.97
24	5.72	4.32	3.72	3.38	3.15	2.99	2.87	2.78	2.70	2.64	2.54	2.44	2.33	2.27	2.21	2.15	2.08	2.01	1.94
25	5.69	4.29	3.69	3.35	3.13	2.97	2.85	2.75	2.68	2.61	2.51	2.41	2.30	2.24	2.18	2.12	2.05	1.98	1.91
26	5.66	4.27	3.67	3.33	3.10	2.94	2.82	2.73	2.65	2.59	2.49	2.39	2.28	2.22	2.16	2.09	2.03	1.95	1.88
27	5.63	4.24	3.65	3.31	3.08	2.92	2.80	2.71	2.63	2.57	2.47	2.36	2.25	2.19	2.13	2.07	2.00	1.93	1.85
28	5.61	4.22	3.63	3.29	3.06	2.90	2.78	2.69	2.61	2.55	2.45	2.34	2.23	2.17	2.11	2.05	1.98	1.91	1.83
29	5.59	4.20	3.61	3.27	3.04	2.88	2.76	2.67	2.59	2.53	2.43	2.32	2.21	2.15	2.09	2.03	1.96	1.89	1.81
30	5.57	4.18	3.59	3.25	3.03	2.87	2.75	2.65	2.57	2.51	2.41	2.31	2.20	2.14	2.07	2.01	1.94	1.87	1.79
40	5.42	4.05	3.46	3.13	2.90	2.74	2.62	2.53	2.45	2.39	2.29	2.18	2.07	2.01	1.94	1.88	1.80	1.72	1.64
60	5.29	3.93	3.34	3.01	2.79	2.63	2.51	2.41	2.33	2.27	2.17	2.06	1.94	1.88	1.82	1.74	1.67	1.58	1.48
120	5.15	3.80	3.23	2.89	2.67	2.52	2.39	2.30	2.22	2.16	2.05	1.94	1.82	1.76	1.69	1.61	1.53	1.43	1.31
∞	5.02	3.69	3.12	2.79	2.57	2.41	2.29	2.19	2.11	2.05	1.94	1.83	1.71	1.64	1.57	1.48	1.39	1.27	1.00

($\alpha=0.01$)

n_1 \ n_2	1	2	3	4	5	6	7	8	9	10	12	15	20	24	30	40	60	120	∞
1	4052	5000	5403	5625	5764	5859	5928	5981	6022	6056	6106	6157	6209	6235	6261	6287	6313	6339	6366
2	98.50	99.00	99.17	99.25	99.30	99.33	99.36	99.37	99.39	99.40	99.42	99.43	99.45	99.46	99.47	99.47	99.48	99.49	99.50
3	34.12	30.82	29.46	28.71	28.24	27.91	27.67	27.49	27.35	27.23	27.05	26.87	26.69	26.60	26.50	26.41	26.32	26.22	26.13
4	21.20	18.00	16.69	15.98	15.52	15.21	14.98	14.80	14.66	14.55	14.37	14.20	14.02	13.93	13.84	13.75	13.65	13.56	13.46
5	16.26	13.27	12.06	11.39	10.97	10.67	10.46	10.29	10.16	10.05	9.89	9.72	9.55	9.47	9.38	9.29	9.20	9.11	9.02
6	13.75	10.92	9.78	9.15	8.75	8.47	8.26	8.10	7.98	7.87	7.72	7.56	7.40	7.31	7.23	7.14	7.06	6.97	6.88
7	12.25	9.55	8.45	7.85	7.46	7.19	6.99	6.84	6.72	6.62	6.47	6.31	6.16	6.07	5.99	5.91	5.82	5.74	5.65
8	11.26	8.65	7.59	7.01	6.63	6.37	6.18	6.03	5.91	5.81	5.67	5.52	5.36	5.28	5.20	5.12	5.03	4.95	4.86

续表

$n_2 \backslash n_1$	1	2	3	4	5	6	7	8	9	10	12	15	20	24	30	40	60	120	∞
9	10.56	8.02	6.99	6.42	6.06	5.80	5.61	5.47	5.35	5.26	5.11	4.96	4.81	4.73	4.65	4.57	4.48	4.40	4.31
10	10.04	7.56	6.55	5.99	5.64	5.39	5.20	5.06	4.94	4.85	4.71	4.56	4.41	4.33	4.25	4.17	4.08	4.00	3.91
11	9.65	7.21	6.22	5.67	5.32	5.07	4.89	4.74	4.63	4.54	4.40	4.25	4.10	4.02	3.94	3.86	3.78	3.69	3.60
12	9.33	6.93	5.95	5.41	5.06	4.82	4.64	4.50	4.39	4.30	4.16	4.01	3.86	3.78	3.70	3.62	3.54	3.45	3.36
13	9.07	6.70	5.74	5.21	4.86	4.62	4.44	4.30	4.19	4.10	3.96	3.82	3.66	3.59	3.51	3.43	3.34	3.25	3.17
14	8.86	6.51	5.56	5.04	4.69	4.46	4.28	4.14	4.03	3.94	3.80	3.66	3.51	3.43	3.35	3.27	3.18	3.09	3.00
15	8.68	6.36	5.42	4.89	4.56	4.32	4.14	4.00	3.89	3.80	3.67	3.52	3.37	3.29	3.21	3.13	3.05	2.96	2.87
16	8.53	6.23	5.29	4.77	4.44	4.20	4.03	3.89	3.78	3.69	3.55	3.41	3.26	3.18	3.10	3.02	2.93	2.84	2.75
17	8.40	6.11	5.18	4.67	4.34	4.10	3.93	3.79	3.68	3.59	3.46	3.31	3.16	3.08	3.00	2.92	2.83	2.75	2.65
18	8.29	6.01	5.09	4.58	4.25	4.01	3.84	3.71	3.60	3.51	3.37	3.23	3.08	3.00	2.92	2.84	2.75	2.66	2.57
19	8.18	5.93	5.01	4.50	4.17	3.94	3.77	3.63	3.52	3.43	3.30	3.15	3.00	2.92	2.84	2.76	2.67	2.58	2.49
20	8.10	5.85	4.94	4.43	4.10	3.87	3.70	3.56	3.46	3.37	3.23	3.09	2.94	2.86	2.78	2.69	2.61	2.52	2.42
21	8.02	5.78	4.87	4.37	4.04	3.81	3.64	3.51	3.40	3.31	3.17	3.03	2.88	2.80	2.72	2.64	2.55	2.46	2.36
22	7.95	5.72	4.82	4.31	3.99	3.76	3.59	3.45	3.35	3.26	3.12	2.98	2.83	2.75	2.67	2.58	2.50	2.40	2.31
23	7.88	5.66	4.76	4.26	3.94	3.71	3.54	3.41	3.30	3.21	3.07	2.93	2.78	2.70	2.62	2.54	2.45	2.35	2.26
24	7.82	5.61	4.72	4.22	3.90	3.67	3.50	3.36	3.26	3.17	3.03	2.89	2.74	2.66	2.58	2.49	2.40	2.31	2.21
25	7.77	5.57	4.68	4.18	3.85	3.63	3.46	3.32	3.22	3.13	2.99	2.85	2.70	2.62	2.54	2.45	2.36	2.27	2.17
26	7.72	5.53	4.64	4.14	3.82	3.59	3.42	3.29	3.18	3.09	2.96	2.81	2.66	2.58	2.50	2.42	2.33	2.23	2.13
27	7.68	5.49	4.60	4.11	3.78	3.56	3.39	3.26	3.15	3.06	2.93	2.78	2.63	2.55	2.47	2.38	2.29	2.20	2.10
28	7.64	5.45	4.57	4.07	3.75	3.53	3.36	3.23	3.12	3.03	2.90	2.75	2.60	2.52	2.44	2.35	2.26	2.17	2.06
29	7.60	5.42	4.54	4.04	3.73	3.50	3.33	3.20	3.09	3.00	2.87	2.73	2.57	2.49	2.41	2.33	2.23	2.14	2.03
30	7.56	5.39	4.51	4.02	3.70	3.47	3.30	3.17	3.07	2.98	2.84	2.70	2.55	2.47	2.39	2.30	2.21	2.11	2.01
40	7.31	5.18	4.31	3.83	3.51	3.29	3.12	2.99	2.89	2.80	2.66	2.52	2.37	2.29	2.20	2.11	2.02	1.92	1.80
60	7.08	4.98	4.13	3.65	3.34	3.12	2.95	2.82	2.72	2.63	2.50	2.35	2.20	2.12	2.03	1.94	1.84	1.73	1.60
120	6.85	4.79	3.95	3.48	3.17	2.96	2.79	2.66	2.56	2.47	2.34	2.19	2.03	1.95	1.86	1.76	1.66	1.53	1.38
∞	6.63	4.61	3.78	3.32	3.02	2.80	2.64	2.51	2.41	2.32	2.18	2.04	1.88	1.79	1.70	1.59	1.47	1.32	1.00

表 A3.5　DW 检验临界值表

$\alpha = 0.05$

T	k=1 d_L	k=1 d_U	k=2 d_L	k=2 d_U	k=3 d_L	k=3 d_U	k=4 d_L	k=4 d_U	k=5 d_L	k=5 d_U
15	1.08	1.36	0.95	1.54	0.82	1.75	0.69	1.97	0.56	2.21
16	1.10	1.37	0.98	1.54	0.86	1.73	0.74	1.93	0.62	2.15
17	1.13	1.38	1.02	1.54	0.90	1.71	0.78	1.90	0.67	2.10
18	1.16	1.39	1.05	1.53	0.93	1.69	0.82	1.87	0.71	2.06
19	1.18	1.40	1.08	1.53	1.97	1.68	0.86	1.85	0.75	2.02
20	1.20	1.41	1.10	1.54	1.00	1.68	0.90	1.83	0.79	1.99
21	1.22	1.42	1.13	1.54	1.03	1.67	0.93	1.81	0.83	1.96
22	1.24	1.43	1.15	1.54	1.05	1.66	0.96	1.80	0.86	1.94
23	1.26	1.44	1.17	1.54	1.08	1.66	0.99	1.79	0.90	1.92
24	1.27	1.45	1.19	1.55	1.10	1.66	1.01	1.78	0.93	1.90
25	1.29	1.45	1.21	1.55	1.12	1.66	1.04	1.77	0.95	1.89
26	1.30	1.46	1.22	1.55	1.14	1.65	1.06	1.76	0.98	1.88
27	1.32	1.47	1.24	1.56	1.16	1.65	1.08	1.76	1.01	1.86
28	1.33	1.48	1.26	1.56	1.18	1.65	1.10	1.75	1.03	1.85
29	1.34	1.48	1.27	1.56	1.20	1.65	1.12	1.74	1.05	1.84
30	1.35	1.49	1.28	1.57	1.21	1.65	1.14	1.74	1.07	1.83
31	1.36	1.50	1.30	1.57	1.23	1.65	1.16	1.74	1.09	1.83
32	1.37	1.50	1.31	1.57	1.24	1.65	1.18	1.73	1.11	1.82
33	1.38	1.51	1.32	1.58	1.26	1.65	1.19	1.73	1.13	1.81
34	1.39	1.51	1.33	1.58	1.27	1.65	1.21	1.73	1.15	1.81
35	1.40	1.52	1.34	1.58	1.28	1.65	1.22	1.73	1.16	1.80
36	1.41	1.52	1.35	1.59	1.29	1.65	1.24	1.73	1.18	1.80
37	1.42	1.53	1.36	1.59	1.31	1.66	1.25	1.72	1.19	1.80
38	1.43	1.54	1.37	1.59	1.32	1.66	1.26	1.72	1.21	1.79
39	1.43	1.54	1.38	1.60	1.33	1.66	1.27	1.72	1.22	1.79
40	1.44	1.54	1.39	1.60	1.34	1.66	1.29	1.72	1.23	1.79
45	1.48	1.57	1.43	1.62	1.38	1.67	1.34	1.72	1.29	1.78
50	1.50	1.59	1.46	1.63	1.42	1.67	1.38	1.72	1.34	1.77
55	1.53	1.60	1.49	1.64	1.45	1.68	1.41	1.72	1.38	1.77
60	1.55	1.62	1.51	1.65	1.48	1.69	1.44	1.73	1.41	1.77
70	1.58	1.64	1.55	1.67	1.52	1.70	1.49	1.74	1.46	1.77
80	1.61	1.66	1.59	1.69	1.56	1.72	1.53	1.74	1.51	1.77
90	1.63	1.68	1.61	1.70	1.59	1.73	1.57	1.75	1.54	1.78
100	1.65	1.69	1.63	1.72	1.61	1.74	1.59	1.76	1.57	1.78

注：1. α 表示检验水平，T 表示样本容量，k 表示回归模型中解释变量个数（不包括常数项）。

2. d_U 和 d_L 分别表示 DW 检验上临界值和下临界值。

3. 摘自 Dubrin-Watson (1951)："Testing for Serial Correlation in Squares Regression"，Biometrika Vol. 38, 150—177。

表 A3.6　EG 和 AEG 检验临界值表

EG 检验临界值表

变量个数 N	样本容量 T	检验水平 α		
		0.01	0.05	0.10
2	50	−4.32	−3.67	−3.28
	100	−4.07	−3.37	−3.03
	200	−4.00	−3.37	−3.02
3	50	−4.84	−4.11	−3.73
	100	−4.45	−3.93	−3.59
	200	−4.35	−3.78	−3.47
4	50	−4.94	−4.35	−4.02
	100	−4.75	−4.22	−3.89
	200	−4.70	−4.18	−3.89
5	50	−5.41	−4.76	−4.42
	100	−5.18	−4.58	−4.26
	200	−5.02	−4.48	−4.18

注：1. N 表示协整回归式中所含变量个数。
2. EG 检验用回归式是 $\Delta u_t = \rho u_{t-1} + \varepsilon_t$。
3. 摘自 Engle-Yoo(1987)。

AEG 检验临界值表

变量个数 N	样本容量 T	检验水平 α		
		0.01	0.05	0.10
2	50	−4.12	−3.29	−2.90
	100	−3.73	−3.17	−2.91
	200	−3.78	−3.25	−2.98
3	50	−4.45	−3.75	−3.36
	100	−4.22	−3.62	−3.32
	200	−4.34	−3.78	−3.51
4	50	−4.61	−3.98	−3.67
	100	−4.61	−4.02	−3.71
	200	−4.72	−4.13	−3.83
5	50	−4.80	−4.15	−3.85
	100	−4.98	−4.36	−4.06
	200	−4.97	−4.43	−4.14

注：1. N 表示协整回归式中所含变量个数。
2. AEG 检验用回归式是 $\Delta u_t = \rho u_{t-1} + \sum_{i=1}^{k} \Delta u_{t-i} + \varepsilon_t$。
3. 摘自 Engle-Yoo(1987)。

参 考 文 献

[1] 贺铿. 经济计量学教程. 2版. 北京:中国统计出版社,2010.
[2] 古扎拉蒂. 计量经济学基础. 5版. 费剑平,译. 北京:中国人民大学出版社,2011.
[3] 伍德里奇. 计量经济学导论:现代观点. 5版. 张成思,李红,张不昜,译. 北京:中国人民大学出版社,2015.
[4] 李占风. 经济计量学. 北京:中国统计出版社,2010.
[5] 张晓峒. 计量经济学基础. 4版. 天津:南开大学出版社,2014.
[6] 李子奈,潘文卿. 计量经济学. 3版. 北京:高等教育出版社,2010.
[7] 詹姆斯 H.斯托克,马克 W.沃特森. 经济计量学精要. 王庆石,李玉杰,译. 大连:东北财经大学出版社,2008.
[8] 白砂堤津耶. 通过例题学习计量经济学. 2版. 瞿强,译. 北京:中国人民大学出版社,2012.
[9] 罗伯特 S.平狄克,丹尼尔 L.鲁宾费尔德. 计量经济模型与经济预测. 4版. 钱小军等,译. 北京:机械工业出版社,1999.
[10] 高铁梅. 计量经济分析方法与建模——Eviews应用与实例. 北京:清华大学出版社,2009.
[11] 盛骤,谢式千,潘承毅. 概率论与数理统计. 4版. 北京:高等教育出版社,2008.